A Confraria de Salomão
e as origens da Maçonaria
finalmente reveladas

Christopher Knight
Alan Butler

A Confraria de Salomão
e as origens da Maçonaria
finalmente reveladas

Os Segredos dos Maçons, da Igreja e dos Illuminati

Tradução
Mário Molina

Editora
Pensamento
SÃO PAULO

Título do original: Solomon's Power Brokers.

Copyright do texto © 2007 Christopher Knight e Alan Butler.

Publicado originalmente no UK em 2007 por Watkins Publishing, Sixth Floor, Castle House, 75-76 Wells Street, London W1T 3QH England.

Todos os direitos reservados. Nenhuma parte desta obra pode ser reproduzida ou usada de qualquer forma ou por qualquer meio, eletrônico ou mecânico, inclusive fotocópias, gravações ou sistema de armazenamento em banco de dados, sem permissão por escrito, exceto nos casos de trechos curtos citados em resenhas críticas ou artigos de revistas.

A Editora Pensamento-Cultrix Ltda. não se responsabiliza por eventuais mudanças ocorridas nos endereços convencionais ou eletrônicos citados neste livro.

Coordenação editorial: Denise de C. Rocha Delela e Roseli de S. Ferraz
Preparação de originais: Roseli de S. Ferraz
Consultor técnico: Marcello Borges.
Revisão: Maria Aparecida Salmeron.

Dados Internacionais de Catalogação na Publicação (CIP)
(Câmara Brasileira do Livro, SP, Brasil)

Knight, Christopher
A confraria de Salomão e as origens da Maçonaria final-
mente reveladas: os segredos dos maçons, da Igreja e dos
Illuminati / Christopher Knight, Alan Butler ; tradução Mário
Molina. – São Paulo: Pensamento, 2010.

Título original : Solomon's power brokers.
Bibliografia.
ISBN 978-85-315-1686-3

1. Maçonaria – História I. Butler, Alan. II. Título.

10-08478	CDD-366.09

Índices para catálogo sistemático:

1. Maçonaria: História   366.09

O primeiro número à esquerda indica a edição, ou reedição, desta obra. A primeira dezena à direita indica o ano em que esta edição, ou reedição, foi publicada.

Edição	Ano
1-2-3-4-5-6-7-8-9-10-11	10-11-12-13-14-15-16

Direitos de tradução para o Brasil
adquiridos com exclusividade pela
EDITORA PENSAMENTO-CULTRIX LTDA.
Rua Dr. Mário Vicente, 368 — 04270-000 — São Paulo, SP
Fone: 2066-9000 — Fax: 2066-9008
E-mail: pensamento@cultrix.com.br
http://www.pensamento-cultrix.com.br
que se reserva a propriedade literária desta tradução.
Foi feito o depósito legal.

Este livro é dedicado à memória do conde William Sinclair,
construtor da Capela Rosslyn e criador da Maçonaria.

Agradecimentos

Direta e indiretamente muita gente nos prestou ajuda na elaboração deste livro e agradecemos a todos. Gostaríamos, no entanto, de agradecer especificamente às seguintes pessoas:

Nossas companheiras, Caroline Knight e Kate Butler, pela paciência e tolerância; a Kate também pela dedicação ao Índice.

Nosso editor, Michael Mann, que dá orientação e conselho, mas não manipula.

Peter Bently, cuja incrível preparação da edição deste livro levou-o a ultrapassar em muito as exigências do dever.

John Ritchie, pela permissão para reproduzir o material escrito sobre a Capela Rosslyn e as excelentes fotografias que também nos permitiu usar.

Também gostaríamos de apresentar nossos agradecimentos ao prof. Philip Davies, ao dr. Jack Millar e ao prof. Tiago Charlesworth.

Sumário

	Ilustrações no Texto		11
	Estampas		13
	Introdução		15

Capítulo	1	No Princípio	19
Capítulo	2	O Filho da Estrela	43
Capítulo	3	Para Salvar um Império	73
Capítulo	4	A Ascensão das Famílias da Estrela	89
Capítulo	5	Os que Dormem Acordam	107
Capítulo	6	A Primeira Nova Ordem Mundial	121
Capítulo	7	Um Ato Perverso	145
Capítulo	8	O Novo Templo da Shekinah	171
Capítulo	9	O Segredo Sagrado	207
Capítulo	10	Todos Irmãos	223
Capítulo	11	O Novo Mundo e a Nova Jerusalém	243
Capítulo	12	Maçonaria e Revolução	259
Capítulo	13	O Fim do Começo	289

Pós-Escrito A Questão de Rosslyn 321

Notas 325
Cronologia 331
Bibliografia 335

Ilustrações no texto

Todas as ilustrações foram criadas, fotografadas ou, quando se trata de um emblema heráldico de domínio público, manipuladas pelos autores, a menos que se declare de outra maneira.

Figura 1. Diagrama mostrando a origem astronômica solar do Selo de Salomão ou Estrela de Davi.

Figura 2. O emblema do leão da cidade de Jerusalém.

Figura 3. A insígnia heráldica da Normandia (dois leões dourados num campo vermelho).

Figura 4. O leão da Inglaterra (também dourado num campo vermelho, como o emblema da Normandia)

Figura 5. O brasão real do Reino Unido.

Figura 6. Mapa da França, mostrando Paris e as cidades principais de Champagne e do norte da Borgonha.

Figura 7. Imagem do Agnus Dei (Cordeiro de Deus).

Figura 8. O brasão de Halifax, Yorkshire, Inglaterra, como representado nos portões da Piece Hall.

Figura 9. Planta baixa da Capela Rosslyn mostrando o Triplo Tau e o Selo de Salomão.

Figura 10. Desenho do Castelo Rosslyn, mostrando em primeiro plano São Mateus com seu cajado e árvore – cortesia de John Ritchie.

Figura 11. A Árvore da Vida Cabalista. Cada globo representa uma *Sefirah*. Elas estão conectadas por trilhas.

Figura 12. O quadro associado ao Primeiro Grau da Maçonaria – de um antigo quadro maçônico de manufatura desconhecida.

Figura 13. Vista exterior da caixa de luz na extremidade leste de Rosslyn – cortesia de John Ritchie.

Figura 14. Mapa astronômico mostrando a Sagrada Shekinah que ocorreu em 21 de setembro de 1456 (Dia de São Mateus).

Figura 15. A Vesica Piscis.

Figura 16. Uma ilustração do século XIX do símbolo maçônico de *A Bela Virgem do Terceiro Grau* – origem desconhecida, reprodução de uma estampa maçônica americana de domínio público.

Figura 17. O escudo de armas de Washington (estrelas e barras vermelhas sobre um campo prateado).

Figura 18. Mapa de Washington D.C., mostrando o padrão de pentagrama de suas ruas planejadas – tirado de um antigo mapa das ruas de Washington D.C. com o pentagrama sobreposto por Alan Butler.

Estampas

Estampa 1. Abadia de Clairvaux, Champagne, o quartel-general de São Bernardo de Clairvaux – Alan Butler.

Estampa 2. Capela Rosslyn, como ela se apresentava em 1917 – cortesia de Peter Stubbs, Edimburgo.

Estampa 3. As ruínas da antiga Capela de São Mateus, que se encontram agora num cemitério perto da atual Capela Rosslyn – cortesia de John Ritchie.

Estampa 4. Estampa contemporânea de São Bernardo de Clairvaux, que hoje pode ser vista entre as relíquias da Catedral de Troyes, juntamente com partes do esqueleto de São Bernardo – Alan Butler.

Estampa 5. A Catedral de Troyes em Champagne, França. Troyes foi o quartel-general das Famílias da Estrela do século XI ao XIV – Alan Butler.

Estampa 6. A janela leste da Capela Rosslyn com a caixa de luz mostrada claramente na ponta do arco – cortesia de John Ritchie.

Estampa 7. O interior da caixa de luz de Rosslyn é extremamente reflexivo, como demonstrado aqui quando uma lanterna de alta potência foi acesa na abertura – cortesia de John Ritchie.

Estampa 8. Uma estrela de cinco pontas ou pentagrama gravada no reboco de uma igreja em Yorkshire, Inglaterra. Este exemplo do século XV prova de modo conclusivo que o pentagrama foi frequentemente usado como símbolo cristão – Alan Butler.

Estampa 9. Será isto uma representação em pedra da Sagrada Shekinah sob uma aparência de anjo? – cortesia de John Ritchie.

Estampa 10. Diz-se que este entalhe da Capela Rosslyn descreve uma iniciação de estilo maçônico, numa época em que a Maçonaria* nem sequer existia! – cortesia de John Ritchie.

Estampa 11. Exemplos de entalhe botânico dentro da Capela Rosslyn. Aqui está representada alguma forma de aloé ou cacto – cortesia de John Ritchie.

Estampa 12. O Pórtico Sul da Capela Rosslyn – cortesia de John Ritchie.

Estampa 13. Um entalhe muito raro de Rosslyn: está representando uma Mulher Verde – cortesia de John Ritchie.

Estampa 14. Um entalhe do Homem Verde do exterior da Capela Rosslyn – cortesia de John Ritchie.

Estampa 15. A Coluna do Conde ou Coluna do Mestre da Capela Rosslyn – cortesia de John Ritchie.

Estampa 16. Um Horrível Homem Verde do exterior da Capela Rosslyn – cortesia de John Ritchie.

Estampa 17. A chamada Coluna do Aprendiz na Capela Rosslyn – cortesia de John Ritchie.

Estampa 18. As famosas três colunas da Capela Rosslyn – cortesia de John Ritchie.

Estampa 19. As Sete Virtudes num entalhe da Capela Rosslyn – cortesia de John Ritchie.

Estampa 20. O brasão de Halifax, na Inglaterra, mostrando a cabeça de João Batista e o Agnus Dei com a bandeira templária e o cajado de São João, como representado nos portões da Piece Hall – Christopher Knight.

Estampa 21. A vista a leste da Capela Rosslyn – cortesia de John Ritchie.

---

* Ao longo desta obra serão empregadas apenas as palavras "Maçonaria" e "maçom" no lugar de Franco-Maçonaria e franco-maçom. (N. do E.)

Introdução

O que tinha acontecido comigo?, eu me perguntei. A noite havia começado de modo inteiramente normal, mas de repente eu fora despojado de minhas roupas e vestido praticamente com trapos. Meus objetos de valor tinham sido levados e eu era empurrado para a frente por dois homens, um de cada lado, ambos me agarrando com força a parte de cima dos braços.

Assim que havia pisado na sala, tinha ficado cego – a escuridão era quase total. Podia, contudo, sentir o grupo grande de pessoas ao meu redor – o estranho ranger de uma cadeira, uma tosse abafada, o arrastar ocasional de pés. Meus guias me faziam andar de um lado para o outro, uma boa distância, com perguntas sendo disparadas de vez em quando.

Então os que cuidavam de mim me fizeram parar e afrouxaram o aperto. Um vulto se moveu subitamente, bem na minha frente. Embora os olhos já tivessem se acostumado ao escuro, não consegui distinguir o rosto dele, mas parecia ser muito alto e começou a me contar uma história – algo sobre um antigo mestre de obras e um templo em Jerusalém.

As palavras não faziam nenhum sentido para mim e eu tinha fechado os olhos por um ou dois segundos. Abri-os de novo a tempo de ver de relance alguma coisa saindo rapidamente do escuro em minha direção e senti um golpe resvalar com estalo pelo meu rosto. Antes que pudesse piscar, mãos me agarraram – obrigando-me a pôr um joelho no chão. Recuperei o equilíbrio e recebi, sem demora, um segundo golpe e depois um terceiro me atingiu bem em cheio na testa. Fui derrubado antes de ser enrolado num lençol por muitas mãos invisíveis.

Nesse momento tive indiscutivelmente a impressão de estar num sonho bizarro, pois uma fúnebre música de órgão encheu o ar e passos incontáveis pareceram estar circulando em volta do meu corpo caído. Tudo parou de repente depois de cerca de um minuto e o lençol foi desgrudado do meu rosto. Um homem tirou minha mão do sudário e tentou me pôr de pé, mas caí para trás quando a mão escapuliu. Outro tentou me levantar, mas não conseguiu... Então senti uma poderosa mão envolvendo o meu pulso direito num aperto firme e fui puxado para uma posição vertical.

De repente, a luminosidade aumentou um pouco. Tudo ficou monocromático mas, graças a um raio de luz em forma de estrela sobre o ombro do meu agressor, pude perceber as dezenas de faces que enchiam o aposento sem janelas. O homem que estava na frente apontou para trás de mim e mandou que eu me virasse e que desse uma olhada no lugar onde estivera caído. Lá, sob a luz da única estrela, pude apenas distinguir um pequeno amontoado de objetos. A princípio não consegui reconhecê-los, mas quando do fixei o olhar por entre a meia-luz pude distinguir um crânio humano e ossos de algum cadáver há muito decomposto.

O ritual estava terminado. Tornei a vestir minha gravata e meu terno pretos e me juntei às celebrações com os irmãos, pois o mundo tinha agora mais um Mestre Maçom. A partir desse momento, eu era um maçom de Terceiro Grau plenamente qualificado.

Então, por fim, tive permissão de pedir que meus parceiros maçons explicassem todos os três rituais a que eu fora submetido durante os últimos seis meses. "Isso vai ser interessante", eu disse a mim mesmo.

Era setembro de 1976. Trinta anos já se passaram desde que saí do Templo Maçônico usando o pequeno avental de couro de Mestre Maçom que me fora dado pela autoridade da Grande Loja Unida da Inglaterra. Eu estava transbordando de curiosidade e entusiasmo – mas não fazia a menor ideia de como, exatamente, os procedimentos daquela noite iam mudar minha vida.

Para falar com franqueza, eu tinha me juntado ao "Ofício" antes de mais nada por uma questão de simples curiosidade. Queria saber o que aqueles homens faziam atrás de portas fechadas, pois isso tinha dado origem a todo tipo de rumores. Sabia que a Maçonaria era uma ordem fraterna de caráter reservado, encontrada principalmente na Europa e nas áreas do globo onde o Império Britânico ou seu rebento, o "império" americano, tinham tido influência. Mas seria ela a organização benigna que parecia ser ou possuía uma agenda secreta como os críticos às vezes sugerem?

Como um jovem Mestre Maçom, comecei lentamente a compreender que nenhum dos que orgulhosamente se intitulavam maçons tinha uma pista acerca do que realmente tratavam os rituais. Eles fariam uma refeição e tomariam muita cerveja depois que o ritual da noite estivesse terminado e se congratulariam pela "sinceridade" com que tinham cumprido a parafernália ritual decorada – mas nunca havia qualquer discussão sobre o que tudo aquilo significava ou de onde vinha.

De Calcutá a Calgary e de Camberra à Cidade do Cabo, homens trajados com esplêndidas insígnias – ainda que um tanto esquisitas – reuniam-se em salas sem janelas para executar ao pé da letra rituais misteriosos sem compreender por quê. Os rituais são transmitidos de geração a geração, palavra por palavra... mas para quê?

Como todo candidato ao Terceiro Grau, eu devia desempenhar o papel de Hiram Abiff, o homem que teria sido o arquiteto do Templo do Rei Salomão em Jerusalém, quase 3.000 anos atrás. A lenda conta como os próprios trabalhadores atacaram Hiram porque queriam extrair um grande segredo dele. O arquiteto se recusou a lhes passar o segredo não especificado e foi morto pelo terceiro de três golpes na cabeça.

Comecei uma investigação pessoal sobre as origens da Maçonaria assim que percebi que não existiam respostas para minhas inúmeras perguntas. À medida que os anos de pesquisa foram correndo e passei a descobrir alguns fatos inquietantes, comecei a achar que um livro sobre o assunto poderia interessar pelo menos a algumas pessoas. Recrutei a ajuda de um parceiro maçom, Robert Lomas, e vários anos mais tarde o resultado foi finalmente publicado com o título *A Chave de Hiram*.

Uma das pessoas que leram esse livro foi Alan Butler, que viu semelhanças evidentes com sua própria pesquisa. Alan me contatou e demos início a um processo de compartilhar nossas descobertas mais importantes sobre as origens da Maçonaria e a ciência extraordinariamente antiga que encontramos por trás dela.

Já há dez anos eu e Alan estamos levando à frente uma pesquisa conjunta. Este é o terceiro livro que escrevemos juntos e é o que não hesita em recuar 3.000 anos para contar toda a história de um grupo hereditário de supersacerdotes de Jerusalém, decididos a mudar o mundo. *A Chave de Hiram* foi o livro que revelou a antiga herança por trás da Maçonaria mas que, inevitavelmente, suscitava muito mais perguntas do que fornecia respostas.

A tarefa a que nos propusemos neste novo livro é uma investigação mais ampla e profunda para reconstituir, passo a passo, o progresso de um antigo clero que, de acordo com o ritual maçônico, foi estabelecido pelo rei Salomão. Essas pessoas eram quase um culto dentro de um culto – judeus com um conhecimento secreto dos movimentos de uma estrela flamejante que chamavam de Shekinah. A brilhante maravilha astronômica iluminou o céu de Jerusalém antes do amanhecer no dia da consagração do Templo de Salomão e tornou a aparecer, em momentos propícios, anunciando grandes acontecimentos – incluindo o nascimento do prometido Messias um milênio mais tarde.

A marca desses seguidores sigilosos – que chamamos "as Famílias da Estrela" – eram dois símbolos equiláteros sobrepostos um ao outro para formar uma estrela de seis pontas, uma figura que, como explicaremos no capítulo 1, descreve com precisão a latitude de Jerusalém em termos astronômicos.

Este emblema das Famílias da Estrela permaneceu invisível para o mundo exterior até o momento em que os exércitos da Europa foram induzidos, pela influência das Famílias da Estrela, a marchar sobre Jerusalém e retomar dos muçulmanos a cidade sagrada, de onde as famílias tinham sido expulsas séculos atrás, na época do domínio romano. Ele passou então a ser um emblema usado pela ala militar das Famílias da Estrela: os Cavaleiros Templários. Hoje é uma importante peça simbólica para a Maçonaria e foi adotada (depois de muito debate) pelo estado de Israel.

Nos capítulos seguintes, vamos descobrir como os seguidores de Salomão influenciaram, e inclusive dirigiram, o desenvolvimento do mundo ocidental infiltrando-se na Igreja Católica Romana e nos governos nacionais. Nossa investigação revela um audacioso e empolgante jogo de poder desde a época do Templo de Salomão, em Jerusalém, até a Casa Branca de George W. Bush, na cidade de Washington.

Partimos do princípio de todo o ritual e mitologia judeu-cristãos – o Livro do Gênesis. E terminamos refletindo sobre a enormidade do potencial fim de jogo, um jogo que parece estar muito próximo de sua dramática conclusão.

Christopher Knight

Capítulo 1

No Princípio

A biografia de Deus não é apenas doçura e luz

No princípio, segundo o Livro do Gênesis, Deus criou os céus e a terra antes de fazer os mares, a terra seca, as plantas e os animais, e finalmente os seres humanos. A sequência em que executou seus atos de criação varia de acordo com as diferentes tradições do Antigo Testamento, mas sem dúvida conhecemos dois fatos muito importantes acerca de Deus graças ao versículo 26 do Gênesis, onde ele diz: "Façamos o homem à nossa imagem, como nossa semelhança". Isso nos conta que, de acordo com o Gênesis, Deus era, pelo menos na aparência, um homem – e como Deus usa a palavra "nossa", o mesmo ao que parece se aplica a seus colegas.

Hoje, a maioria dos judeus e cristãos aceita plenamente o ponto de vista científico de que o universo tem muitos bilhões de anos e que os seres humanos evoluíram para sua presente forma por volta de 115.000 anos atrás. Conclui-se, portanto, que um período de tempo verdadeiramente gigantesco transcorreu entre a criação dos céus e da terra e a de Adão e Eva. Mesmo depois da chegada dos primeiros seres humanos se passariam mais 110.000 anos antes que possamos definitivamente identificar Deus interagindo com as criaturas que se pareciam com ele.

Embora haja muitas referências a Deus na Bíblia sugerindo que ele falava com personagens do Oriente Médio como Noé, Enoque e Abraão e os dirigia, é geralmente aceito por estudiosos bíblicos que tratava-se aqui de tradições que diziam respeito a inúmeras divindades. Elas foram fundidas, um ou dois milênios mais tarde, pelas pessoas que primeiro redigiram o Antigo Testamento.

Dessas histórias, o mais antigo relato de Iahweh realmente aparecendo na Terra ocorre por volta de 3.500 anos atrás. Ele era a divindade tribal de um pequeno clã de pessoas que trabalhavam os metais e viviam nas montanhas da Península do Sinai, aquela região triangular do deserto que tem o Mar Mediterrâneo ao norte, o Golfo de Suez a oeste e o Golfo de Ácaba a leste. É um lugar remoto e inóspito com poucos recursos além de pedras preciosas e minerais dispersos que têm sido extraídos de lá desde o início do antigo período dinástico egípcio. A vida deve ter sido dura para o clã conhecido como cainita, que vagava pelas montanhas áridas e por ondulantes dunas de areia à procura de minerais dos quais extrair os metais que tão bem sabiam trabalhar. O Antigo Testamento fala de sua grande habilidade na arte de trabalhar tanto o ferro quanto o bronze para inúmeras finalidades, especialmente a manufatura de instrumentos musicais.

Os cainitas tiravam seu nome da crença de que eram descendentes de Caim, filho de Adão e Eva, e o deus deles era Iahweh, que era considerado uma divindade da tempestade das montanhas do Sinai.

Moisés e o Êxodo

A vida também deve ter sido muito pacata para os cainitas e pode-se imaginar como deve ter sido grande a surpresa que tiveram estes isolados homens tribais quando viram uma interminável coluna de pessoas avançando em sua direção, cruzando e contornando o denso amontoado de pontudos picos de rocha que se erguem a mais de 2.500 metros sobre o mar ao redor. Os estrangeiros explicaram como tinham escapado do cativeiro no Egito e passado por entre as águas do Rio Nilo sob a liderança de um ex-general do exército de 80 anos chamado Moisés.[1]

O próprio Moisés, contudo, não era um estranho para os cainitas. Conheciam-no porque Moisés havia trabalhado para eles como pastor durante pelo menos 40 anos. Aquele andarilho barbado fora originalmente um general bem barbeado do exército egípcio e importante membro da corte real até cometer um assassinato e entrar fugido no deserto do Sinai. Moisés se casara com Séfora, filha de Raguel, que era o "jetro", ou sumo sacerdote, e chefe dos cainitas. Moisés e o irmão Aarão tinham também sido iniciados no sacerdócio dos cainitas e começado a cultuar seu deus, Iahweh.

Em certo ponto, Moisés deixou seu povo e subiu a maior montanha do Sinai. Lá teve um encontro com aquele senhor das tempestades, Iahweh. A divindade presenteou o velho soldado com uma série de instruções de vida, incluídas no que hoje conhecemos como Dez Mandamentos. Contudo, a relação entre Deus e Moisés nem sempre era fácil. Em certa ocasião a esposa, Séfora, teve de resgatar Moisés (e, segundo alguns estudiosos bíblicos, o filho mais velho deles, Gérson) de um ataque levado a termo por Iahweh que, por razões desconhecidas, tinha decidido matá-lo.

Moisés anunciou que sua nação móvel ia continuar sua jornada, levando com ela o deus cainita numa caixa especialmente construída chamada de "Arca da Aliança". O plano era avançar numa vaga direção nordeste em busca de uma terra que Iahweh lhes prometera. O problema era que centenas de tribos de cananeus já ocupavam a terra.

A caixa em que conduziam Deus tinha um *design* inteiramente egípcio. Era feita de madeira *shittim* ou acácia – a única árvore que tem pelo menos um crescimento mínimo nas areias áridas desta região desértica – e sobre ela se achavam duas figuras, banhadas a ouro, de esfinges aladas. Quando Deus tivesse conversas com Moisés, a voz divina emanaria da área da caixa entre essas duas esculturas douradas.

A horda de hebreus que fugiam do Egito continuou sua jornada com a divindade, que havia manufaturado o universo inteiro, em segurança dentro da pequena caixa. A caixa fora construída com quatro varas compridas para que pudesse ser carregada pelo terreno acidentado que desafiava os hebreus. Iahweh assumiu efetivamente a liderança da coluna, ditando o ritmo dos passos dos que o transportavam: tornava-se absurdamente pesado quando queria que parassem e mais leve quando queria ir mais depressa.

Enquanto o povo do êxodo viajava pelo deserto, a Arca era levada a uns seguros 2.000 cúbitos (cerca de 800 metros) à frente do grupo principal. E, com base numa antiga tradição, somos informados de que Iahweh abria uma trilha segura para a nação por entre cobras ardentes, escorpiões e espinhos com dois jatos de fogo, como se houvesse lança-chamas montados sob a estrutura da Arca revestida de ouro.

Para infelicidade dos seguidores de Moisés, seu novo deus era propenso a ataques de mau temperamento. Por exemplo, quando os sobrinhos de Moisés, Nadab e Abiú, usaram um recurso não aprovado para acender o fogo que ofereceria um sacrifício ardente a Iahweh, foram imediatamente consumidos pelo disparo de uma chama que, segundo o Antigo Testamento, Iahweh atirara de dentro de sua caixa. Iahweh continuou a se irritar com facilidade. Os sacerdotes que cuidavam da Arca tinham de pensar em cada movimento que faziam, pois o simples fato de olhar para a caixa num momento impróprio resultaria em imediata imolação numa bola de fogo.

Um Retorno Planejado?

Em nossa opinião, a jornada de 40 anos dos israelitas para a terra de Canaã não foi um acontecimento acidental; em vez de uma fuga espontânea da escravidão egípcia, foi quase certamente um retorno planejado a uma antiga terra natal.

Sabe-se hoje que, por volta de 200 anos antes do êxodo, as condições de tempo haviam subitamente mudado e a terra de Canaã fora crestada por temperaturas elevadas. Cidades de um lado a outro de áreas do interior da parte leste tinham quase se esvaziado, enquanto a rápida mudança climática secava as fontes de água e fazia murchar as colheitas antes que elas pudessem ganhar vigor. Pequenas aldeias perderam grande parte de seus habitantes e as pessoas tentavam, em vão, tirar a sobrevivência do solo endurecido. A seca interminável parecia uma maldição dos deuses e a única solução foi viajar para o sul, para a terra do Rio Nilo doador de vida, e trabalhar para os egípcios, ou se dirigir para o norte, para o clima mais temperado do frondoso Líbano.

Dois séculos mais tarde, o clima retornou ao normal tão de repente quanto se tornara impróprio. No correr de uma ou duas décadas, o verão em Canaã voltou a ser simplesmente muito quente em vez de uma verdadeira fornalha. Os rios começaram a correr e as fontes foram reabastecidas. Gente tanto do norte quanto do sul começou a retornar à velha terra natal.

O grupo liderado por Moisés, e mais tarde por seu sucessor Joshua (Josué) – palavra hebraica para Salvador –, avançou para o leste e para o norte até a terra de Canaã, que mais uma vez estava prometendo ser "uma terra de fartura". Ao chegar, começaram a destruir cada lugarejo com que deparavam para se apoderar da comida e do suprimento de água. O trecho seguinte é típico da matança para a qual parecem ter sido instruídos por Deus:

Disse-me então Iahweh: "Eis que já comecei a entregar-te a Seon, juntamente com sua terra. Começa a conquista para tomar posse da sua terra". Seon saiu ao nosso encontro com todo o seu povo, para batalhar em Jasa. Iahweh, nosso Deus, no-lo entregou e nós o vencemos, bem como seus filhos e todo o seu povo. Apossamo-nos então de todas as suas cidades e sacrificamos cada uma delas como anátema: homens, mulheres e crianças, sem deixar nenhum sobrevivente, exceto o gado, que tomamos para nós como despojo, como também o saque das cidades que conquistamos.[2]

Ao que parece, seguindo instruções explícitas de Deus, cada homem, mulher e criança foi assassinado e seus bens saqueados em vilas e cidades numerosas demais para serem listadas.

O tempo se passou e Iahweh e seu povo ocuparam boa parte da "terra prometida". Mais de quatro séculos depois, o povo eleito de Iahweh chegou à Cidade Santa de Jerusalém, que foi finalmente submetida a Davi, rei dos israelitas. Afirma-se que Davi encarregou 30.000 homens de escoltar a Arca e seu conteúdo divino para sua nova capital. Para cumprir a etapa final da jornada, a casa móvel de Iahweh foi colocada num carro novo, conduzido por Oza e Aio, filhos de Abinadab.

Enquanto o carro seguia adiante, Oza de alguma maneira invadiu acidentalmente o espaço pessoal de Iahweh e morreu instantaneamente numa bola de fogo. Davi ficou muito irritado com a divindade temperamental e decidiu não prosseguir. Depois de algum tempo, no entanto, foram feitos arranjos para que a viagem continuasse e Davi fez o melhor que pôde para agradar a Deus, sacrificando um boi a cada seis passos, e no tradicional estilo cananeu, com música e seu pessoal dançando em volta do carro enquanto ele seguia tropegamente à frente.

Um Templo para Iahweh

Na chegada a Jerusalém, Davi decidiu construir um templo para Iahweh e sua Arca num local acima da cidade, que teria sido o ponto exato onde Abraão pretendera sacrificar o filho Isaque, talvez quase uns 1.000 anos antes, como descrito no capítulo 22 do Gênesis.

Os israelitas se instalaram em sua nova cidade capital e, conforme o 2º Livro de Samuel, Davi logo se apaixonou por uma bela mulher chamada Betsabeia, que tinha visto de sua janela quando ela estava no banho. Betsabeia era esposa de Urias, um dos oficiais de Davi, mas mesmo assim o rei fez com que a trouxessem para seus aposentos onde teve prontamente relações com ela. Isso resultou numa gravidez e o rei astuciosamente decidiu chamar Urias do campo de batalha para que relaxasse, se banhasse e tivesse algum tempo para "visitar" a esposa – na esperança de que a gravidez fosse atribuída a Urias.

Mas Urias recusou a oferta do rei, dizendo que não podia "ir para minha casa, para comer, beber e me deitar com minha esposa" enquanto seus companheiros soldados estavam numa situação miserável, ao relento no campo de batalha. Não podendo se arriscar a ser alvo da ira de um popular general, Davi tomou providências para que Urias fosse colocado na frente de combate, onde logo foi morto.

Davi tomou Betsabeia como esposa, que posteriormente deu à luz o filho dos dois. Mas a criança morreu, a despeito das muitas preces de Davi a Iahweh.

Betsabeia, no entanto, deu logo outro filho a Davi. Conforme o 2º Livro de Samuel, 12,25, deram-lhe o nome de Jedidias, que significa "amado de Iahweh", embora o versículo anterior diga que a criança foi chamada de Salomão (Shelomoh em hebraico). Vários estudiosos sugeriram que seu nome normal era Jedidias e que só tomou o nome de Salomão quando o reino que coubera a Davi durante 40 anos chegou ao fim e o trono foi ocupado por ele. Essa interpretação faz muito sentido porque "Salomão" é um nome cananeu, que celebrava o velho deus da cidade. *Shelomoh* era uma espécie de jogo de palavras relacionado com Salém, nome original de Jerusalém – significando o planeta Vênus –, que por sua vez estava associado com a paz (é também a raiz da palavra *shalom* em hebraico).

E foi o rei Salomão que construiu o que é provavelmente o templo mais famoso de toda a história – um templo que se tornaria a peça central do ritual maçônico.

A ascensão de Salomão ao trono teve lugar em 971 a.C. ou possivelmente no início do ano seguinte, segundo o estudioso bíblico E. R. Thiele e outros. Isso deixou seu pai, Davi, livre para passar o tempo reunindo materiais para a construção de um novo templo em Jerusalém, uma residência permanente para Iahweh e sua morada terrestre, a Arca da Aliança.

Durante seu reinado de 40 anos, Salomão se cercou de todo luxo e toda grandeza externa de um típico monarca cananeu, mantendo, segundo se diz, um número assombroso de 700 esposas e 300 concubinas. O prédio que criou para seu harém era, por necessidade, extremamente espaçoso – tinha de fato muitas vezes o tamanho do templo planejado para alojar Iahweh e a Arca. Salomão é lembrado pela grande sabedoria e não há dúvida de que seus primeiros anos trouxeram grande prosperidade e influência para o pequeno reino israelita.

Juntamente com a tradicional devoção israelita a Iahweh – o deus que o povo adotara na época do êxodo e que era agora mantido numa caixa dourada –, Salomão cultuava uma série de outros deuses. Venerar um grande número de divindades era prova de uma monarquia cosmopolita e, nesse período, a ideia de que o deus tribal de Israel era o único deus existente ainda não havia criado raízes. O próprio Salomão – ao contrário dos estudiosos judeus posteriores que começaram a preparar a Bíblia – não via incoerência em sua devoção a uma série de divindades.

Entre as práticas mais desagradáveis adotadas por ele estava o sacrifício dos filhos ao deus Moloque, uma antiga divindade solar cananica. Acreditava-se que fosse um procedimento necessário para os cananeus que quisessem ser verdadeiros reis – designados e habilitados pelos deuses do céu. Foi uma prática que a nação israelita levaria a termo durante centenas de anos antes de abolir de vez o procedimento e inventar técnicas menos grotescas de definir o direito ao trono.

Deve ter sido muito fácil para Salomão mandar os guardas selecionarem alguns dentre suas centenas de filhos nascidos de concubinas como sacrifícios para o deus Moloque. A própria palavra Moloque deriva da raiz *malak*, significando rei. "Moloque" significa literalmente o ato de se tornar ou ser o monarca, reinando sob a autoridade dos deuses. O sacrifício a Moloque era o único meio de conseguir que lhe fosse assegurado poder absoluto, com base numa autoridade além do mundo dos homens.

Segundo 1 Reis, 11.7, Salomão edificou "um santuário" para Moloque "sobre o monte fronteiro a Jerusalém". A localização desse santuário onde ocorria o sacrifício de crianças era a leste da cidade de Jerusalém, numa área chamada Tofet, no Vale de Ben-Enom, também conhecido como "Vale da Matança", perto de onde se acredita que esteja a tumba do rei Davi. A prática de sacrificar os filhos do rei continuou por centenas de anos antes de ser finalmente suprimida. O 2º Livro dos Reis 23.10 declara para que "...ninguém mais pudesse passar pelo fogo seu filho ou sua filha em honra de Moloque".

Quer isso se devesse ou não a sacrifícios humanos, Salomão e seu governo prosperaram e ele entrou numa aliança com Hiram I, rei fenício de Tiro, que lhe deu grande auxílio em suas extensas obras de construção – muito particularmente no grande templo onde Iahweh poderia residir.

O Poder da Shekinah

A evidência, no entanto, sugere que, embora a Arca de Iahweh fosse realmente mantida no templo, quando a construção começou a ser erguida ela não era dedicada a Iahweh. A monarquia politeísta de Salomão exigia um templo que fizesse conexão com os deuses – uma espécie de "centro de comunicações" que desse ao governante "um canal para o reino dos deuses nos céus". A chave para uma tal construção se encontrava numa compreensão da astronomia e, muito particularmente, nos movimentos a longo prazo do planeta Vênus – a deusa Astarte.

O culto da deusa Astarte (também conhecida como Ishtar, Anat, Ashtar, Asherat, Baalat-Gebal e Asherah) era de suma importância para Salomão. Astarte estava relacionada com a fertilidade, a sexualidade e a guerra, sendo seus símbolos o leão, o cavalo, a esfinge, a pomba e sobretudo uma estrela dentro de um círculo – indicando o planeta Vênus, que era a manifestação visível dessa divindade astral.

Vênus se acha dentro da órbita da Terra ao redor do Sol e é o segundo planeta a contar do Sol, vindo depois de Mercúrio. Visto da Terra, Vênus é de longe o objeto mais brilhante do céu depois do Sol e da Lua e aparece pouco antes do amanhecer, como "estrela da manhã", ou logo depois do anoitecer, como "estrela vespertina". Também parece se ajustar, no correr do tempo, a um padrão realmente notável quando observado da Terra.

A cada oito anos Vênus retorna ao mesmo ponto no céu, mas as estrelas que estão no fundo são agora diferentes; astronomicamente falando, Vênus cumpriu um quinto do caminho através do zodíaco. E a cada 40 anos Vênus executa uma volta completa do zodíaco – terminando onde havia começado. Esse movimento é preciso mais ou menos até o último segundo e sempre forneceu um esplêndido relógio e calendário aos astrônomos-sacerdotes. Ao viajar através dos céus, o planeta parece desenhar uma estrela de cinco pontas em volta do Sol – e essa é a base do pentagrama que sempre possuiu uma importância mística para os seres humanos de todas as culturas.

Para Salomão, o ciclo de Vênus de precisamente 40 anos era de fundamental importância. Como os reis antes e depois dele, Salomão sabia que cada aspecto importante da vida era governado por aquele período divino de 40 anos, como registra o Antigo Testamento:

- Moisés tinha conduzido o povo pelo deserto durante 40 anos, desde a idade de 80 anos (início do seu terceiro ciclo de Vênus) até sua morte aos 120 (fim do seu terceiro ciclo de Vênus);
  - Por todo o Antigo Testamento Deus frequentemente permite que a terra repouse por 40 anos;
  - Israel agiu mal e Deus lhe deu um inimigo por 40 anos;
  - Eli foi juiz (um protorrei) de Israel durante 40 anos;
  - Saul, o primeiro rei ungido de Israel, tornou-se rei aos 40 anos de idade e governou por exatamente 40 anos;
  - Isbaal (filho de Saul) tinha 40 anos quando começou seu reinado;
  - O rei Davi, pai de Salomão, governou por 40 anos.

Salomão sabia que ele próprio só poderia reinar por 40 anos, e assim o fato se realizou.

Havia apenas um poder astral maior que Vênus e seu ciclo de 40 anos; era a sagrada *Shekinah*. Esta brilhante "estrela" apareceria no céu em períodos de cada 12 ciclos de Vênus – a cada 480 anos. Ela se mostraria várias vezes durante alguns anos antes de desaparecer de novo.

De fato a Shekinah era (e ainda é) causada pela conjunção dos planetas Mercúrio e Vênus – o que significa que, vistos da Terra, eles se sobrepõe e parecem uma única estrela, extremamente brilhante.

Acreditava-se que o aparecimento da Shekinah anunciava os momentos mais notáveis da história israelita e judaica. Uma particular importância, no entanto, era atribuída a cada terceira aparição da Shekinah – que tinha lugar a cada 1.440 anos –, quando o brilhante objeto está exatamente no mesmo lugar dentro do zodíaco (as estrelas do fundo). Um tal aparecimento da Shekinah deveria cair no solstício de inverno do ano de 967 a.C. e Salomão ordenou que o terreno fosse limpo no topo da colina ao norte da cidade como preparação para o lançamento, exatamente nesse dia, da pedra fundamental do seu planejado templo. Segundo os cálculos sacerdotais, a divina Shekinah apareceria no ainda escuro céu matutino como um farol brilhante, pouco antes da aurora.

Dizia-se que aquela data estaria ocorrendo precisamente 1.440 anos após a arca de Noé, com seu carregamento de animais sobreviventes, ter conseguido parar em terra seca depois do grande Dilúvio bíblico, quando as nuvens de tempestade do Dilúvio finalmente se separaram e a luz divina brilhou por entre elas, trazendo um novo pacto entre Deus e a humanidade. Além disso, Salomão e seus astrônomos-sacerdotes acreditavam que o aparecimento anterior da Shekinah, 480 anos antes, tinha ocorrido quando Moisés conduziu o povo através do Mar Vermelho.

A Shekinah era uma coisa maior que Iahweh, Astarte ou qualquer outro deus tomado isoladamente. Salomão compreendeu que a luz da gloriosa Shekinah anunciava o acasalamento da divindade total com a totalidade do mundo dos homens. As forças do deus e da deusa fundiam-se em uma. Era a totalidade do mundo dos seres humanos se associando ao reino dos deuses – Terra e céu unidos como uma só coisa.

Parece que se via o feixe de luz "masculino" da estrela no céu penetrando o solo "feminino" e fértil; quando o intercâmbio atingia seu clímax, as identidades do masculino e feminino se fundiam numa só. Como no ato sexual, elas se tornavam uma única entidade com todos os atributos misturados e unidos. Suavidade e dureza, hedonismo e espiritualismo, agressão e amor, dor e êxtase. Toda a polaridade entre a terra feminina e o falo masculino do raio de luz canalizada se alterava tão depressa que eles se tornavam uma coisa só – macho e fêmea simultaneamente, explodindo num orgasmo de poder e fertilidade.

Desde o quinto milênio a.C., os templos tinham sido construídos para canalizar a luz de Vênus através de aberturas, para fazê-la penetrar profundamente na Terra em momentos astronomicamente importantes. Talvez o maior de todos fosse a estrutura que ainda hoje se conserva em Newgrange, na Irlanda. Mil anos mais antiga que a Grande Pirâmide e mais de dois mil anos mais velha que o Templo de Salomão, essa construção extraordinária permite que a luz de Vênus penetre em sua cavidade central uma vez a cada oitavo solstício de inverno.[3]

A motivação de Salomão era certamente mais complexa que um simples desejo de cumprir a vontade de seu pai, Davi, construindo um templo em Jerusalém para venerar Iahweh. Ele queria mais que isso: queria um templo que funcionasse como uma máquina para produzir uma resposta à luz da Shekinah. O que era completamente diferente de um templo de simples veneração – seria um mecanismo cuidadosamente contruído que agiria como um canal para todos os deuses. Uma espécie de centro de telecomunicações entre a humanidade e o reino dos seres divinos que controlavam o futuro e podiam conceder sucesso ou fracasso aos reis terrestres.

Para se tornar um "verdadeiro" rei, com inquestionável poder, Salomão precisava de um dispositivo shekinah de comunicações que o conectasse, por meio do seu deus Iahweh, com o cosmos acima. Infelizmente, nem ele nem qualquer um de seus sacerdotes conheciam o segredo de como construir uma tal estrutura.

Hiram, o Maçom

A Arca da Aliança e seu divino conteúdo tinham de estar no lugar certo para receber a luz da gloriosa Shekinah. No entanto, embora Salomão soubesse tudo sobre a importância dessas aparições da Shekinah, nem ele nem ninguém do seu povo possuía o conhecimento astronômico para construir um templo que funcionasse como um perfeito observatório da Shekinah. Por essa razão, Salomão teve de pedir a Hiram, o novo rei da cidade-estado fenícia de Tiro, na costa do atual Líbano, para ajudá-lo com a madeira adequada, trabalhadores qualificados e um engenheiro sacerdotal que compreendesse a obra dos deuses. Em troca, Salomão taxou violentamente o povo, extraindo somas economicamente desastrosas de produtos como azeite, trigo e vinho para serem mandados a Tiro.

Os sofisticados habitantes de Tiro eram ricos e extremamente instruídos. Astarte era sua divindade principal e a compreensão que tinham dos movimentos de Vênus era inigualável, mesmo em comparação com os astrônomos-sacerdotes do Egito e da Babilônia.

O homem enviado pelo rei fenício com a incumbência de edificar o novo templo em Jerusalém foi Hiram Abiff, um mestre artesão e alto sacerdote, descendendo talvez do clã cainita. Todos os pedreiros selecionados por ele para construir o templo eram também sacerdotes – muito provavelmente venerando os mais diferentes deuses, incluindo a poderosa Astarte e o deus tribal dos israelitas, Iahweh.

Parece possível que Hiram Abiff tivesse ancestrais cainitas porque era acima de tudo um habilidoso metalúrgico. Foi ele que criou as duas colunas de bronze, com uma decoração muito exclusiva, conhecidas como Boaz e Jaquim, que foram erguidas na frente do templo, marcando os extremos do solstício do Sol no horizonte.

Com a ajuda de Hiram Abiff, a pedra fundamental do novo templo foi devidamente lançada em 967 a.C., quatro anos depois de Salomão ter subido ao trono em Jerusalém e dois anos depois de Hiram ter se tornado rei de Tiro. Parece provável que um dos primeiros atos oficiais do rei Hiram tenha sido mandar seu homônimo projetar o Templo de Jerusalém. Teria sido preciso pelo menos um ano inteiro para fazer as observações astronômicas e os cálculos necessários para conceber um templo que funcionasse de acordo com a vindoura Shekinah.

O centro exato do templo tinha de ser erguido no terreno alto ao norte da cidade, que agora faz parte do Monte do Templo, para que a luz do sol nascente, durante todo o ano, irrompesse no horizonte em pontos precisos sobre a encosta da colina a leste. O sol se levanta exatamente a leste duas vezes por ano, uma na primavera e outra no outono, nos dois equinócios, quando há exatamente 12 horas de luz do dia e 12 horas de escuridão.

Um observador visitando o local proposto para o templo todo dia ao amanhecer, durante um ano, começando no equinócio da primavera, veria cada manhã o sol se levantando mais cedo e mais longe, no horizonte ao norte, durante precisamente três meses até o solstício de verão – o momento do ano com o maior número de horas de luz do dia. A partir daí, a hora do amanhecer chegaria mais tarde e o ponto do nascer do sol retornaria para o leste, atingindo de novo o ponto central (leste exato) três meses mais tarde, no equinócio de outono. O amanhecer continuaria a chegar cada vez mais tarde à medida que o sol se levantasse cada dia um pouco mais longe ao sul, até que, após outros três meses, ele alcançava sua extremidade no solstício de inverno – o dia mais curto.

Se a cada manhã a pessoa tirasse uma foto do nascer do sol e fizesse um filme com isso, o efeito seria como um pêndulo balançando, com os equinócios no centro e os solstícios nos extremos do balanço do sol através do horizonte. Esse conhecimento era fundamental para os astrônomos-sacerdotes de 3.000 anos atrás.

A localização de Jerusalém não era acidental, pois se trata de um lugar ideal para observar o nascer e o pôr do sol. O ângulo das sombras projetadas pelo sol nascente e poente varia de acordo com a longitude. No Equador, cada dia é mais ou menos igualmente dividido em luz e escuridão e o sol surge exatamente a leste e se põe exatamente a oeste. Nos polos, o sol nunca se põe no verão e nunca surge no inverno. No meio desses extremos, o ângulo entre os dois solstícios aumenta à medida que a pessoa se afasta do Equador. A latitude de Jerusalém é 31° 47' norte, o que significa que o ângulo das sombras projetadas pelos solstícios de inverno e verão é precisamente de 60 graus.

Para observar isso, só se precisava desenhar um círculo no solo e colocar uma estaca vertical no leste e outra do outro lado, no oeste.

Na manhã do solstício de inverno, a estaca do leste projetaria uma sombra de 30 graus ao norte do centro e nessa noite a estaca do oeste projetaria uma sombra de 30 graus ao sul do oeste. Aconteceria o oposto no solstício de verão, criando uma forma de diamante dentro do círculo. Uma linha norte-sul cruzando os dois ângulos produz um sinal indicativo que é único para essa latitude – e em Jerusalém forma a perfeita estrela de seis pontas que é conhecida como Selo de Salomão ou Estrela de Davi.

Assim, o símbolo que em termos relativamente recentes se tornou o emblema do judaísmo e do moderno estado de Israel é um diagrama solar que celebra a notável posição geográfica que a cidade de Jerusalém ocupa.

Hiram Abiff teria compreendido isso perfeitamente bem, porque exatamente por essa razão Jerusalém tinha sido um famoso local de culto desde a Idade da Pedra. Mas seu interesse não se limitava aos padrões básicos do nascer e do pôr do sol. O nome "Jerusalém" na língua cananeia significa "fundação para observar a ascensão de Vênus" e Hiram queria calcular os movimentos de Vênus e dos padrões extremamente complexos da Shekinah quando ela se ergue à frente do sol.

Quem quer que visite hoje Jerusalém será informado que o Templo de Salomão foi construído no Domo da Rocha, onde se encontra há cerca de quatorze séculos e meio a mesquita de Al-Aqsa. Esse é realmente o ponto mais alto do monte – mas não é o local onde antigamente ficava o templo judeu.

Acreditamos que o Templo de Salomão foi construído um pouco mais para o norte, num lugar agora conhecido como "Domo dos Espíritos". A razão dessa crença é o alinhamento da encosta a oeste, que sempre tinha tornado Jerusalém especial. Esse minúsculo domo tem apenas algumas centenas de anos, mas embaixo dele se acha o ponto mais sagrado da Terra. Ele assinala a linha leste-oeste, observada do Portão Dourado, correndo do alto do Monte das Oliveiras (Oliveti) através das duas cúpulas do Santo Sepulcro no oeste. Era no alto do Monte das Oliveiras, segundo a Mixná, que o sumo sacerdote costumava se colocar quando sacrificava a Bezerra Vermelha. Diz-se que, durante essa cerimônia, ele teria de olhar para o interior do sacrário do Templo e borrifar o sangue do sacrifício em sua direção. Mais importante ainda, a luz da Shekinah surgiria no leste, sobre o pico, atravessaria o Portão Dourado e penetraria pelos vidros do telhado do Templo de Salomão, onde brilharia sobre a Arca da Aliança.

De modo totalmente independente das pesquisas de Chris Knight nesta área, o professor Asher Kaufman, da Universidade de Notre Dame, apresentou exatamente a mesma teoria sem qualquer referência à Shekinah.

Os antigos mulçumanos, sob o domínio do califa Omar, ocuparam pela primeira vez Jerusalém e o Templo do Monte, em 638 d.C., com a intenção de construir uma grande mesquita no local sagrado que conheciam como rocha *Shtiah*. Os homens do califa descobriram o ponto exato entre as ruínas do templo graças aos judeus prestativos que mostraram o lugar correto por entre as pilhas de cascalho. Mais tarde, Abd el-Malik construiu o Domo da Rocha nesse lugar. Esse fato está registrado em muitas fontes tanto de judeus quanto de não judeus, assim como na Guenizá do Cairo. Em algum ponto da Guenizá, está escrito que os judeus entraram em Jerusalém com Omar e lhe mostraram a localização do templo. Uma fonte similar à Guenizá declara que guias judeus ajudaram a expor a rocha *Shtiah*.

O povo judeu, no entanto, tem paixão pelo seu templo devastado, que é o lugar mais sagrado do judaísmo. Certamente o senso comum sugeriria que eles dariam *deliberadamente uma informação errada* a qualquer não judeu que pretendesse construir num local tão sagrado.

Talvez nós, assim como o professor Asher Kaufman, estejamos fazendo surgir alguns probleminhas levantando esta questão e nenhuma autoridade de qualquer religião em Jerusalém vai admiti-la. Velhas convenções, ainda que erradas, tendem a ganhar vida própria; seja como for, só os verdadeiros peritos vão se preocupar com isso.

Mas retornemos ao tempo de Salomão.

Pode-se imaginar o momento em que a Shekinah chegou, como previsto, em 967 a.C., 1.440 anos depois do Dilúvio de Noé – no momento em que a pedra fundamental do novo templo era lançada. A estrela flamejante surgiu rapidamente no leste, o clarão brilhante iluminando toda a paisagem, todos os presentes caindo de joelhos quando a luz do céu despontou sobre eles. Passaram-se pelo menos dez minutos antes que a esfera vermelha do sol nascente se derramasse pelo horizonte.

Segredos do Templo

Então, como agora, conhecimento é poder. Os israelitas esperavam que o artífice fenício Hiram Abiff, além de construir o templo, revelasse a

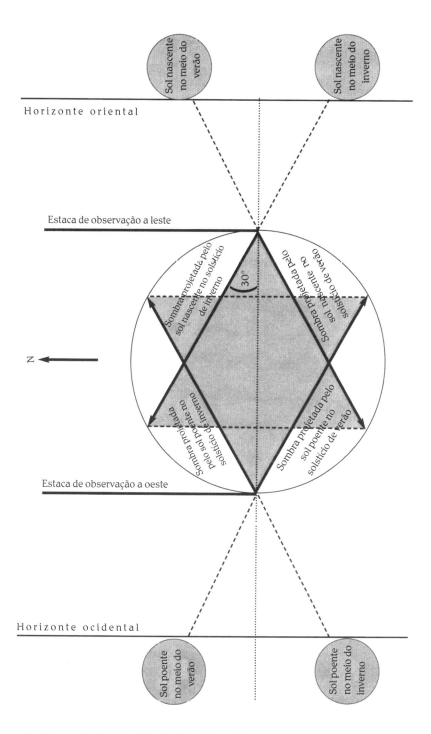

Figura 1. Como o símbolo do Selo de Salomão, ou Estrela de Davi, se deriva do nascer e do pôr do sol nos solstícios na latitude de Jerusalém.

eles os segredos da astronomia e os rituais necessários para fazê-lo funcionar como um canal para os deuses.

O Antigo Testamento não se detém nos detalhes do trabalho de construção do templo, mas talvez surpreendentemente as tradições orais da Maçonaria o fazem. Elas descrevem os acontecimentos cercando a construção do templo do rei Salomão em considerável detalhe e o ritual maçônico do Terceiro Grau é uma parte importante dessa informação.

Compreendemos muito bem que a maioria das pessoas possa encarar com extremo ceticismo indícios tirados de algo tão arcano quanto os rituais usados por uma organização sigilosa que tem sido acusada de tudo, de culto ao demônio a subversão política. Mas tem sido demonstrado que os rituais contêm um conhecimento que não deveria estar disponível para uma organização relativamente moderna como a Maçonaria, que pode ter no máximo 550 anos.

Diz-se no ritual de Terceiro Grau da Maçonaria que o rei Salomão, o rei Hiram e Hiram Abiff foram três Grandes Mestres. Isso sugere que ocupavam um lugar numa ordem secreta que estaria de alguma maneira conectada à Maçonaria ou seria análoga a ela. Diz-se que eles se encontravam numa câmara secreta diretamente sob o "sacrário" do Templo – o santuário interno onde ficava a Arca da Aliança. Essa câmara subterrânea se conectava por um corredor ao palácio de Salomão, na cidade ao sul.

Segundo a cultura maçônica, como expressa no rito de Terceiro Grau, quando o templo estava quase completo, quinze veteranos pedreiros-sacerdotes israelitas, que estavam trabalhando como feitores, começaram a se preocupar com o fato de ainda não possuírem os segredos e decidiram recorrer a todos os meios para obtê-los – mesmo se isso significasse recorrer à violência. A natureza precisa desses segredos não é descrita na tradição maçônica, mas a nosso ver eles só poderiam estar relacionados como o conhecimento de como capturar o poder da Shekinah dentro do templo.

Esses pedreiros-sacerdotes rebeldes resolveram preparar uma emboscada para Hiram e arrancar seus segredos pela força. Mas doze dos quinze acharam a coisa perigosa demais e saíram da trama. Os três conspiradores que sobraram colocaram-se nas entradas do templo quase completo, que ficavam no leste, norte e sul, e esperaram que o mestre chegasse para venerar o deus Sol. Sabiam que ele sempre fazia isso quando dava meio-dia, quando o sol estava no zênite.

Tendo concluído suas orações, Hiram tentou retornar pela entrada sul, onde foi desafiado pelo primeiro dos sacerdotes que, segundo a lenda, tinha se armado com uma pesada régua de prumo. Erguendo a arma de modo ameaçador, exigiu ser inteirado dos segredos de um Mestre Maçom, advertindo que a consequência de uma recusa seria a morte.

Hiram Abiff respondeu que aqueles segredos só eram conhecidos por três pessoas no mundo e que, sem o consentimento e cooperação dos outros dois (o rei Hiram e o rei Salomão), não poderia, nem queria, divulgar os segredos e que preferia ser executado a trair a confiança sagrada depositada nele. O feitor, então, dirigiu um violento golpe para a cabeça de Hiram, mas não conseguiu acertar sua testa e só o atingiu de raspão na têmpora direita, o que fez o mestre cambalear e cair sobre o joelho esquerdo. Recuperando-se do choque, Hiram avançou para a entrada norte.

Lá foi abordado pelo segundo dos conspiradores, que estava armado com um prumo. Hiram novamente repeliu a exigência que o homem fazia de conhecer os segredos e foi imediatamente atingido por um violento golpe, dessa vez na têmpora esquerda, que o fez cair no chão apoiado no joelho direito. Vendo sua retirada impedida naquelas duas saídas, Hiram cambaleou, fraco e sangrando, para a entrada leste, onde o terceiro conspirador estava à espera, armado com uma marreta. Depois de Hiram de novo se recusar a revelar seus segredos, o terceiro homem atingiu-o com um golpe fatal na testa. O mestre caiu sem vida aos pés dele.

Os três conspiradores entraram em pânico quando perceberam que tinham assassinado seu mestre e continuavam sem o conhecimento dos grandes segredos. Enrolaram o corpo e rumaram para as colinas, onde enterraram Hiram Abiff num túmulo raso, apressadamente preparado, que marcaram com um raminho de acácia.

A ausência de Hiram foi logo percebida e, com medo de que algo terrível tivesse acontecido, alguns dos sacerdotes mais antigos foram contar a Salomão sobre o desaparecimento do mestre. O rei ordenou de imediato uma chamada geral dos trabalhadores em cada um dos diferentes departamentos e logo ficou claro que três feitores também haviam sumido. No mesmo dia, os doze artesãos que tinham originalmente se juntado à conspiração compareceram diante do rei e fizeram uma confissão voluntária de tudo que sabiam, até o momento em que haviam se retirado do grupo dos conspiradores.

Então o rei Salomão selecionou rapidamente quinze de seus melhores homens e ordenou-lhes que fizessem uma busca cuidadosa de Hiram para verificar se ainda estava vivo ou se a tentativa de extorquir-lhe os grandes segredos havia resultado na sua morte. Muitos dias transcorreram em busca infrutífera até que um dos homens agarrou-se a um arbusto que, para sua surpresa, saiu facilmente do solo. Ao examinar mais de perto, ele descobriu que a terra fora recentemente revolvida e, cavando alguns centímetros com seus companheiros, logo encontrou o corpo mal enterrado de Hiram. Eles o cobriram de novo de terra, com todo o respeito e reverência, enfiando um galho de acácia na cabeceira do túmulo para marcar o local. O grupo então retornou diretamente a Jerusalém para dar a triste notícia ao rei Salomão.

Diz-se que, quando a raiva e a dor do rei abrandaram, ele ordenou que os homens voltassem e levassem o corpo de Hiram Abiff para um sepultamento adequado. Feito isto, a missão deles passou a ser encontrar os responsáveis pelo homicídio. Eles viajaram, então, na direção de Jopa (a atual Jafa) e estavam prestes a retornar a Jerusalém quando, cruzando a entrada de uma caverna, ouviram sons de gemidos em seu interior.

Ao entrar na caverna, o grupo encontrou três homens que correspondiam à descrição dos que haviam desaparecido. Os gemidos se deviam ao remorso deles, que já então haviam percebido a enormidade do crime perverso que tinham cometido. Ao serem acusados do assassinato e vendo que não dispunham de qualquer possibilidade de fuga, fizeram uma confissão integral de culpa. Foram então amarrados e levados para Jerusalém, onde o rei Salomão sentenciou-os a uma morte terrível.

O templo foi finalmente concluído, mas diz-se no ritual maçônico que os verdadeiros segredos continuaram perdidos, inclusive até os dias de hoje.

Nova Ordem Mundial de Salomão

Posteriormente o rei Salomão convocou uma assembleia de todos os sacerdotes que viviam em sua terra e pronunciou o julgamento de que todas as crenças e deuses eram parte de uma única verdade integral. Apesar dos muitos nomes que damos aos deuses, ele declarou, há, de fato, apenas uma presença divina, a despeito de muitas manifestações. Ele é Ela e Ela é Ele. E a luz da Shekinah é a verdadeira luz de todas as verdades.

Deduzimos que o que Salomão dizia (ou está sendo creditado, nesse relato, como tendo dito) era que todos os deuses são apenas fragmentos de uma singularidade integral, que é a mesma e a única divina. Exatamente como todas as pessoas são meramente facetas da força que é a humanidade.

Para nós isso é um conceito vigoroso. Hoje a Maçonaria aceita qualquer pessoa que acredite num único Deus – e isso inclui os hindus, por exemplo, que nomeiam muitos deuses (mas as divindades hindus são apenas fragmentos de uma grande força que atravessa o universo e portanto eles têm, em última análise, um único Deus).[4]

Para os israelitas, mesmo o demônio era parte de Deus. No Livro dos Jubileus, que se acredita ter sido revelado por um anjo a Moisés no Monte Sinai, acontecem coisas ruins devido às obras de Mastema – que era simplesmente o lado sombrio de Iahweh.[5] O demônio, como ele é agora chamado, era portanto, originalmente, Deus num dia ruim.

O que Salomão mais respeitava eram as tradições de Enoque, que antigamente eram para muitos judeus ainda mais importantes que as de Moisés.

Segundo a tradição antiga, Enoque (que é mencionado, brevemente e um tanto enigmaticamente, em Gênesis 5.18-24) esteve na Terra quase 2.000 anos antes de Moisés nascer e a existência do clero enoquiano parece retroceder nas profundezas do tempo até muito antes de haver qualquer conceito de "judaísmo". Há um grau maçônico chamado "O Real Arco de Enoque", que remonta a 1740, e existe também um documento muito antigo conhecido como Livro de Enoque. Ficou-se sabendo que esse documento fora popular entre os cristãos primitivos (é citado na Carta de Judas, no Novo Testamento), mas passou a ser mal visto por volta de 500 d.C. e a maioria das cópias foi destruída. O trabalho ficou perdido para a cristandade ocidental por mais de 1.000 anos. Permanece, contudo, popular na isolada Etiópia, onde faz parte até os dias de hoje da Bíblia etíope. Foi na Etiópia que esteve um maçom escocês do século XVIII, Tiago Bruce, em busca do livro há muito desaparecido. Ele o descobriu em 1774 – quase três décadas depois de o ritual maçônico do mesmo nome ter passado a existir.

Esse grau maçônico não foi "trabalhado" (usado) por mais de 200 anos, mas utiliza um triângulo de 60 graus, que é descrito como o "Delta de Enoque". Trata-se, é claro, do ângulo dos solstícios em Jerusalém (ver p. 27). O ritual afirma que Enoque originalmente usou esse particular triângulo no ponto exato onde o Templo de Salomão foi construído, milhares de anos mais tarde. Ele também declara que alguns grandes segredos foram enterrados numa câmara subterrânea nesse local, que foram descobertos mais tarde, durante a construção do templo.

A cópia do Livro de Enoque trazida de volta pelo Irmão Bruce foi considerada pelo mundo acadêmico estranha demais para ser a peça original. Estava cheia de material científico relativo à observação astronômica e aos efeitos da latitude sobre o nascer do sol, o pôr do sol e os solstícios. Também parece indicar muito claramente que Enoque visitou as estruturas megalíticas em Stonehenge, na Inglaterra, e em Newgrange, na Irlanda.[6]

Contudo, quando os famosos Manuscritos do Mar Morto foram descobertos e decifrados há mais de 50 anos, descobriu-se que a maior parte deles era constituída de cópias do Livro de Enoque – e isso provou que a cópia de Bruce era inteiramente exata.

O ritual maçônico conta como o rei Salomão decidiu empossar uma nova ordem sacerdotal baseada nos mistérios e ritos do clero enoquiano. E parece que a missão deles era nada menos que instaurar uma nova ordem mundial. Esta, deduzimos, deveria ser um mundo onde todos os deuses seriam vistos como parte de um só. Muito simplesmente parece que Salomão inventou o moderno conceito de monoteísmo – uma divindade que abrange tudo, baseada em Iahweh como força suprema, um amálgama de todas as interpretações da força criativa. Essa nova divindade suprema é o Deus dos modernos judaísmo, cristianismo e islã.

Os membros da ordem sacerdotal de Salomão deviam estar inteirados dos segredos que seriam passados de pai para filho. O clero deveria ficar invisível para o homem comum. Sua missão era construir um mundo em que usariam sua influência para assegurar que todos os deuses fossem dignificados para a glória da divindade máxima. Sua tarefa era unificar o mundo inteiro numa sociedade única, pacífica e tolerante, onde Deus governasse por meio do rei, seu regente na Terra. Deviam alcançar esse objetivo por qualquer meio, incluindo o uso criterioso do dinheiro, influência política e, se tudo mais falhasse, a força.

Naturalmente, o centro dessa nova grande ordem ia ser Jerusalém.

Esses sacerdotes enoquianos deviam se transformar num clero hereditário que transmitiria seu antigo conhecimento às novas gerações. E, como demonstraremos, 2.500 anos mais tarde, esse corpo sacerdotal continuaria suas obras sob a capa de uma ordem chamada Maçonaria.

Segundo a tradição, Salomão fez um "selo" que seria a marca de sua sagrada força-tarefa. Criou a figura de uma estrela constituída de uma pirâmide e uma pirâmide invertida para formar um símbolo da Shekinah. Como vimos, esta figura – o Selo de Salomão – foi a marca astronômica de

Jerusalém, derivada dos ângulos criados pelas sombras lançadas pelo nascer e pôr do sol nos dois solstícios. Para Salomão, ela representava o poder do céu alcançando a Terra e o poder do rei e seu povo chegando até o céu.

O Selo de Salomão devia se tornar o selo da força que seria aplicada durante 3.000 anos para tentar construir a "Nova Jerusalém" – o estado e sociedade ideais – por todo o planeta. As linhagens que levariam essa missão à frente passaram a ser conhecidas como as "Famílias da Estrela": sacerdotes hereditários que levariam sua missão secreta aos quatro cantos do mundo.

Depois que Salomão morreu, o país se fragmentou sob as pressões econômicas que ele deixou para trás. Seus territórios se dividiram em dois reinos israelitas, um chamado Israel, ao norte, e o outro Judeia, ao sul, que travaram uma longa guerra civil.

Com o passar do tempo, o reino do norte se tornou política e economicamente muito mais importante que seu vizinho do sul e, sob o rei Jeroboão II (782-746 a.C.), Israel atingiu um alto nível de prosperidade. Iahweh passou a ser reconhecido como o deus mais importante, mas as divindades cananeias eram ainda populares e cultuadas em grandes templos, como os de Betel e Dan, e nos "lugares altos", que eram círculos de pedra pré-históricos correspondentes aos encontrados na Europa ocidental, como Stonehenge. Os ritos ali executados pelo povo judeu eram tão antigos quanto os círculos de pedra em torno dos quais eles dançavam, e incluíam indulgência em massa para atos sexuais, como os que ocorriam em locais semelhantes das ilhas britânicas.

As terras de Israel e Judá entraram numa violenta decadência – e o clero secreto de Salomão não estava feliz. Os profetas Amós e Oseias registraram a terrível perversidade dos acontecimentos:

Não há fidelidade nem amor, nem conhecimento de Deus na Terra. Mas perjúrio e mentira, assassínio e roubo, adultério e violência, e o sangue derramado soma-se ao sangue derramado. (Oseias 4.1-2)

Havia uma crença generalizada de que Iahweh defenderia seu povo desde que, vez por outra, fosse executado algum sacrifício em sua homenagem. Mas alguns já estavam profetizando a destruição do reino como castigo pela depravação do povo.

A Queda dos Reinos Israelitas

Depois do reinado de Jeroboão II, o reino de Israel começou a se desintegrar numa série de curtos e instáveis governos de reis que geralmente abriam caminho para o trono por meio do assassinato e acabavam sendo eles próprios mortos pelo próximo aspirante ao cargo. Contudo, vale a pena observar aqui que toda a verdade está na mão do vencedor. Boa parte da visão negativa acerca de Israel chega até nós pela pena dos escribas do reino adversário – Judá. Ao mesmo tempo, a potência cada vez mais forte da região, a Assíria, voltava um olho faminto para os pequenos estados belicosos que se encontravam entre ela e o Mediterrâneo.

Finalmente, em 722 a.C., o rei assírio Sargon II invadiu o reino de Israel. Uma inscrição encontrada nas ruínas do palácio de Sargon em Nínive conta como ele levou 27.290 cativos de Israel. O reino israelita do norte transformou-se na província assíria de Samaria e milhares de forasteiros estabeleceram-se em suas terras. Da miscigenação dos vários e novos povos com os remanescentes de Israel surgiram os samaritanos, cuja religião permanece distinta do judaísmo até os dias de hoje.

O reino meridional de Judá conservou sua independência por outro século e meio, mas em 586 a.C. sucumbiu ao poderio da sucessora da Assíria como superpotência regional, o Império Babilônio, sob Nabucodonosor. O exército de Nabucodonosor destruiu Jerusalém enquanto a maioria dos judeus (certamente todos os que tinham posições de influência, a começar pelo rei) foi levada em cativeiro para a Babilônia. Muitos do clero escolhido e secreto de Salomão fugiram para o Egito, principalmente para a ilha de Elefantina, no Rio Nilo, perto de Assuã, onde construíram um templo que teria sido idêntico ao Templo do Rei Salomão.

Essas evacuações deixaram apenas na terra de Judá os camponeses mais pobres. A independência israelita chegara ao fim.

Depois do Exílio

Em 538 a.C., o rei persa Ciro, que havia derrotado os babilônios, emitiu um edito permitindo que todos os hebreus vivendo em seus domínios voltassem à terra natal. Contudo, muitos judeus que viviam na Babilônia não retornaram no final do período de exílio, tornando-se parte da Diáspora judaica, juntando-se aos que viviam entre nações estrangeiras fora da terra natal ancestral.

Ciro também decretou que o templo em Jerusalém devia ser reconstruído e ordenou que as relíquias do templo sagrado capturadas por Nabucodonosor fossem mandadas de volta. Contudo, como registrado no livro bíblico de Esdras, o trabalho no templo foi impedido pela luta de facções e só foi verdadeiramente iniciado alguns anos mais tarde, sob o governo do rei Dario. O governante persa permitiu que Zorobabel, herdeiro da linhagem real davídica, cumprisse o decreto de Ciro e reconstruísse sem impedimentos o templo de Jerusalém. O antigo documento conhecido como Livro de Esdras registra como o jovem líder judeu teve de decifrar uma adivinhação para que lhe permitissem reconstruir o arruinado Templo de Iahweh – a resposta à adivinhação era: "O vinho é forte, um rei é mais forte, as mulheres são ainda mais fortes, mas a verdade vence tudo".

Em menos de um ano, em 487 a.C., a pedra fundamental de um novo templo estava lançada, um acontecimento que coincidia com o reaparecimento da Shekinah precisamente 480 anos depois do início da construção do templo original de Salomão. Os judeus se defrontavam com um futuro novo e aparentemente otimista.

Província do império persa, mas de novo livre para cuidar dos seus próprios assuntos religiosos, a Judeia ficou extremamente devotada a Iahweh. Durante o exílio, seus habitantes tinham se dedicado a purificar a religião, lançando as bases daquilo a que nos referimos como judaísmo (e, estritamente falando, é a partir desse ponto que podemos falar dos "judeus" – seguidores da revigorada religião da Judeia). Eles tentaram "corrigir" as muitas colisões e contradições dentro do labirinto histórico de mito e lenda. Foi nessa época que redigiram o grosso da Bíblia Hebraica (o que os cristãos chamam de Antigo Testamento) – fundindo diferentes tradições para produzir alguma coisa próxima de uma história coerente. A partir desse novo início, a devoção a Iahweh tornou-se o centro da sociedade judaica e religiões e divindades estrangeiras deixaram de ser toleradas como acontecia antes. Os não judeus eram perseguidos e as religiões estrangeiras repelidas. A Judeia se transformou numa terra onde Iahweh, e apenas Iawheh, era cultuado.

Antes do exílio, durante muitos séculos todos os israelitas tinham acreditado que a alma humana após a morte ia para o pó de uma sombria e informe morada subterrânea chamada *sheol*, onde permanecia por algum tempo antes de se dissolver lentamente no nada. Depois do exílio babilônico, desenvolveu-se um novo ponto de vista entre o grupo de comando dos sacerdotes de Salomão, segundo o qual o mal era uma força das trevas, que chamavam de Satã, oposta a Iahweh. Eles também adotaram uma crença numa vida após a morte, com a justiça cósmica sendo aplicada depois da morte do que durante a vida da pessoa, o que teve o efeito de criar maiores responsabilidades para as ações de cada indivíduo.

O Messias que Vem

Em meados do século II a.C., os membros desse grupo clandestino estavam se afastando cada vez mais da tendência principal do judaísmo, na expectativa de grandes acontecimentos que estariam por vir. Passados 1.000 anos desde o governo de Salomão, eles continuavam seu trabalho; na realidade, durante todo esse tempo, as "Famílias da Estrela" haviam tentado provocar mudanças. Tinham sofrido, no entanto, um grande revés quando os babilônios os forçaram a se exilar no Egito. Em 64 a.C., sofreram outro, quando os exércitos de Roma marcharam para a sua terra.

As Famílias da Estrela, contudo, acreditavam que um aparecimento da Shekinah anunciaria o surgimento de um grande salvador nacional ou Messias ("ungido"). A Shekinah tinha retornado devidamente em 487 a.C., 480 anos depois que a pedra fundamental do templo original de Salomão fora lançada, mas nenhum grande líder surgira nessa época. Agora, passados outros 480 anos, no ano 7 a.C., eles estavam na expectativa do próximo aparecimento da grande "estrela" flamejante sobre Jerusalém. Será que dessa vez surgiria o Messias? É natural que a chegada da Shekinah fosse avidamente esperada por todos naquela terra – incluindo o próprio soberano títere posto no trono da Judeia pelos invasores romanos: o rei Herodes, o Grande.

Capítulo 2

O Filho da Estrela

No ano 8 a.C., o retorno iminente da Shekinah era um segredo conhecido. Quase todos na terra de Israel estavam cientes de que tinham se passado 960 anos desde que o rei Salomão lançara a pedra fundamental do templo, por isso o segundo aparecimento da Shekinah era devidamente esperado. Mais importante ainda, havia se completado também um perfeito ciclo de 1.440 anos da Shekinah desde que Moisés conduzira seu povo através do Mar Vermelho, o que foi sempre considerado o rito inaugural de toda a nação hebraica – a abertura das águas por ordem de Deus sendo análoga ao jorro de líquidos amnióticos de uma mãe prestes a pôr uma criança no mundo.

Como exatamente 1.440 anos tinham se passado, a Shekinah apareceria precisamente no mesmo ponto do zodíaco (contra o mesmo fundo de estrelas). Teria, portanto, atravessado cada um dos doze signos do zodíaco, que eram equiparados às doze tribos israelitas. Considerava-se que esse retorno a seu ponto de partida nos céus significava que a vida em Israel também se renovaria e que um "novo Moisés" surgiria para conduzir o povo eleito de Deus, tirando-o das mãos daqueles que então o oprimiam.

Um Novo Templo

Da última vez que a divina Shekinah saíra brilhando de Sagitário, os egípcios eram os escravizadores do povo hebreu, mas agora eram os romanos que ocupavam a terra dos judeus, mantendo-os cativos no próprio solo que Deus lhes dera. O governante de Israel era um títere chamado Herodes ("o Grande", que governou de 30 a 4 a.C.). Tinha pouco tempo para seus súditos ou pouco interesse por eles, mas era famoso por um ambicioso programa de obras. Nada desse tipo fora visto desde a época de Salomão e Jerusalém estava começando a ficar com uma aparência mais impressionante que a própria Roma.

Onze anos antes do retorno da Shekinah, em 19 a.C., Herodes, o Grande, deu instruções para que o decrépito tempo de Iahweh, de 500 anos, fosse reconstruído e ampliado sobre um Monte do Templo, que seria também expandido. Desconfiados de Herodes, os judeus só levaram seu plano a sério quando viram, reunido no local da construção, todo o material necessário para dar início à edificação do novo Monte do Templo. Por mais que detestassem seu rei, tratava-se de uma oportunidade imperdível para restaurar o templo sagrado.

O trabalho no novo templo foi conduzido exclusivamente por pedreiros que eram também sacerdotes – exatamente como acontecera no Tempo de Salomão e de novo quando o templo fora reconstruído no século V a.C. por Zorobabel. Não menos de 10.000 sacerdotes teriam sido usados na construção do Templo de Herodes, que ia levar quase 90 anos. O complexo ainda não estava de todo concluído quando foi destruído em 70 d.C., muito tempo depois da morte de Herodes.

Segundo a Lei judaica, a localização e as medidas do templo tinham sido predeterminadas por Deus, por isso Herodes não tinha a possibilidade de mudá-lo de lugar ou construí-lo mais largo ou mais comprido. O templo, contudo, poderia ser mais alto e construído com materiais mais esplêndidos. O maior empenho na construção foi, portanto, voltado para o levantamento de uma nova e vasta plataforma para formar uma magnífica base para o templo. Expandindo a área do Monte do Templo para o norte, oeste e sul, Herodes criou um gigantesco platô artificial cobrindo mais de 36 acres (14,5 ha). O muro oriental que dava para o ribeiro de Cedrom, no entanto, continuou como sempre fora, devido à exigência de que a luz da Shekinah penetrasse no sacrário.

Quando a Shekinah chegou como previsto, pouco antes do amanhecer do dia 21 de dezembro do ano 8 a.C., a construção das fundações estava ainda num estágio inicial e o velho templo continuava apoiado em sua base original graças a uma demolição cuidadosamente conduzida e ao uso de estruturas temporárias de apoio.

A Vinda do Messias

Nessa época, o rei Herodes estava dolorosamente consciente de que os judeus esperavam a vinda de um "novo Moisés" para destroná-lo e estabelecer um novo "reino de Deus". Referiam-se a esse líder esperado como o "Messias" – um termo cujo significado para os judeus de 2.000 anos atrás era muito diferente do significado que tem para os cristãos de hoje.

O termo Messias (do hebreu *mashiach*) tem o sentido literal de "ungido" ou "coberto com óleo" – ato ritual que era uma indicação de retidão sacerdotal e régia. Não tinha um sentido sobrenatural e os judeus certamente não consideravam que esse Messias seria o próprio Deus ou o literal "Filho de Deus". Esses conceitos só iriam surgir muito mais tarde, entre estrangeiros com ideias religiosas exóticas. O povo de Israel estava procurando um homem que fosse seu rei e os conduzisse à vitória numa grande guerra contra seus inimigos em geral e os romanos em particular.

Os judeus tinham uma boa razão para antipatizar com Herodes. Depois da ascensão ao trono, ele ordenara o assassinato de seus rivais entre a precedente dinastia dos asmoneus (antes da conquista romana em 63 a.C., os asmoneus tinham governado o último estado judeu independente até o século XX) e passou a confiscar os bens da aristocracia de Jerusalém para pagar os débitos com Roma e com o exército. Herodes afirmava ser judeu, mas na realidade seu pai era idumeu e sua mãe uma árabe nabateia. Um século antes, os asmoneus tinham conquistado os idumeus – os edomitas bíblicos, que viviam ao sul da Judeia e eram inimigos tradicionais dos israelitas. Sob pressão dos asmoneus, os idumeus tinham formalmente se convertido ao judaísmo, mas os judeus continuavam desconfiando deles. O pai idumeu de Herodes, Antípatro, fora nomeado procurador da Judeia durante o período de Júlio César, 40 anos atrás, e agora Herodes servia como governante local em nome dos romanos. A partir de certo momento, Herodes começara a tornar a vida difícil para os fariseus, uma seita judaica tradicionalista, pela insistência deles de que o novo Messias provocaria o fim do seu governo.

O rei Herodes deve ter ficado extremamente irritado com a crença universal de que logo estaria sem trabalho, apesar de tudo que havia feito para dar aos judeus uma capital de importância mundial. Se Herodes acreditava de fato ou não que um Messias judeu estivesse a caminho não importava: seus súditos judeus acreditavam e isso só poderia trazer problemas. O rei, como todo mundo, sabia o que a antiga "Profecia da Estrela" vaticinava. Ela aparece no Antigo Testamento, em Números 24.17, onde previa:

Eu o vejo, mas não agora; eu o contemplo, mas não de perto. Um astro procedente de Jacó se torna chefe, um cetro se levanta, procedente de Israel. E esmaga as têmporas de Moab e o crânio de todos os filhos de Set.

Essa profecia associava a vinda do Messias ao retorno da Shekinah – e a estrela divina de fato apareceu no solstício de inverno do ano 8 a.C. Mercúrio e Vênus estavam em perfeita conjunção e, pouco antes do amanhecer de 21 de dezembro, brilharam como um farol no céu sobre Jerusalém.

A Shekinah apareceu com um brilho tão formidável que deixou todos profundamente impressionados e os judeus deram início ao processo de tentar identificar quem seria o Messias. A Shekinah (incorretamente chamada de "Estrela de Belém" na tradição cristã posterior) é descrita no Evangelho de Mateus (2.1) como uma referência óbvia ao cumprimento da Profecia da Estrela:

> Tendo Jesus nascido em Belém da Judeia, no tempo do rei Herodes, eis que vieram magos do Oriente a Jerusalém, perguntando: "Onde está o rei dos judeus recém-nascido? Com efeito, vimos sua estrela no seu surgir [ou 'no Oriente'] e viemos homenageá-lo".

Esses sábios eram Magi,* o que significa que eram astrólogos-sacerdotes, originalmente da antiga Pérsia, mas por essa época o termo já se referia a qualquer pessoa com conhecimento astrológico-astronômico. Durante toda a história, as pessoas com capacidade de prever os movimentos dos céus foram vistas como dotadas de poderes além da compreensão humana normal e os modernos termos "magia" e "magos" originam-se dessa palavra, que em última análise vem do persa. Parece provável que esses astrônomos especiais fossem realmente empregados por Herodes para calcular a data da Shekinah a fim de que ele pudesse estar preparado para enfrentar qualquer sublevação potencial ou desobediência generalizada entre os naturais da Terra.

Mateus 2 também nos conta que o rei Herodes ordenou a matança de todas as crianças de até 2 anos em Belém e nas áreas circunvizinhas. Contudo, por mais incomodado que Herodes pudesse ter ficado com a lenda do Messias, a história desse massacre é quase certamente uma ficção inventa-

---

* Magi, plural de magus – homens sábios da Babilônia.

da pelos primeiros cristãos. Não obstante, ela reflete fielmente os recursos notoriamente cruéis que Herodes usou para proteger seu trono; já perto do final da vida, quando a história é situada, ele executou vários membros da própria família.

O calendário moderno se baseia no ano que se presume seja o do nascimento de Cristo e a história é tradicionalmente dividida em duas metades, ficando uma de cada lado desse acontecimento, "a.C." (antes de Cristo) e "d.C." (depois de Cristo). Esses termos são hoje frequentemente expressos como "antes da era comum" e "era comum" ou "da era cristã". Não havia ano zero; por isso, nesse cálculo, Cristo nascera no ano 1 d.C., o que significa que muita gente também comemorou a recente entrada do milênio um ano mais cedo, já que os dois mil anos do nascimento de Cristo caíam em 2001, não em 2000.

Mas sem dúvida esse cálculo está errado, porque os registros nos dizem claramente que Herodes morreu em Jericó pouco antes de seu septuagésimo aniversário, por volta de fins de março ou princípios de abril do ano 4 a.C. – imediatamente depois de um eclipse da Lua. Antigamente essa data criou um grande problema para os estudiosos cristãos porque Herodes dificilmente poderia ter tentado matar alguém nascido quatro anos depois de sua própria morte. Em nossa estimativa e seguindo a tradição da Shekinah, Jesus nasceu no ano 8 a.C., não em 1 d.C. como muitos cristãos ainda presumem, portanto as vidas de Jesus e Herodes tiveram de fato um período de coincidência.

Jesus, então, pode ter nascido no ano em que a Shekinah estava nos céus, a 21 de dezembro. Parece, no entanto, mais provável que os relatos do nascimento de Jesus sejam todos uma ficção para justificar a reivindicação posterior de que era ele o prometido Messias. Mas Jesus não é a única figura em torno da qual foram feitas reivindicações messiânicas. Muitos judeus realmente acreditavam que um Messias havia chegado e há evidências de que seu nome não era Jesus, mas João.

João, o Cristo?

De acordo com o Novo Testamento, muita gente considerava que João Batista era o esperado Messias e certamente ele foi uma figura de grande importância. No Evangelho de Lucas (1.15-17), somos informados que João:

será grande diante do Senhor; não beberá vinho, nem bebida embriagante, ficará pleno do Espírito Santo ainda no seio de sua mãe e converterá muitos dos filhos de Israel ao Senhor, seu Deus. Ele caminhará à sua frente, com o espírito e o poder de Elias, a fim de converter os corações dos pais aos filhos e os rebeldes à prudência dos justos, para preparar ao Senhor um povo bem disposto.

E somos ainda informados em Lucas 3.15 que "como o povo estivesse na expectativa e todos cogitassem em seus corações se João não seria o Cristo".

É certo que muitos, se não todos, da "Igreja de Jerusalém" sustentavam que João era o prometido Messias (em grego *khristos* – o Cristo). Era um homem santo e batizou Jesus como um de seus seguidores, um acontecimento que foi virado ao contrário para sugerir que ele estava meramente abrindo caminho para Jesus.

De acordo com o Novo Testamento, João era membro da linhagem sacerdotal de Jesus. Contudo, um importante grupo, os mandeus, contestou essa afirmação. Os mandeus são um culto antigo, de caráter secreto, monoteísta, encontrado principalmente no sul do Iraque e na província iraniana do Khuzistão. Remontam à Jerusalém da época de Cristo e foram descritos por um pesquisador como "uma comunidade pequena, mas persistente" que "segue uma antiga forma de gnosticismo" e "pratica a iniciação, o êxtase e alguns rituais que se assemelhariam aos dos maçons".[1]

Os mandeus acreditam que João Batista, que chamam de *Yahia* no *Sidra d-Yahia* (Livro de João), foi o último e mais importante de todos os profetas e rejeitam a ideia de que Jesus Cristo (*Yshu Mshiha*) fosse um messias ou um profeta. Para eles João Batista foi o único e verdadeiro Messias.

Achamos muito interessante que uma seita remota, com uma memória cultural direta da Jerusalém nas primeiras décadas do século I d.C., tivesse rituais que pareçam de natureza maçônica. Não menos interessante é o fato de que um grupo que venerava João de preferência a Jesus tenha existido desde a época que precedeu o ministério de Jesus até os dias atuais.

Pouco se duvida de que muitos outros grupos tenham um dia concordado com a tendência geral do pensamento dos mandeus. Segundo Hugh Schonfield, um dos principais estudiosos que trabalham com os Manuscritos do Mar Morto, não pode haver dúvida de que João foi a primeira personalidade messiânica e o fundador do "Caminho" – o movimento que se transformou na Igreja de Jerusalém.[2]

Toda a evidência disponível saída de fontes primárias sugere que João foi visto como o prometido Messias e que foi executado exatamente por essa razão pelas autoridades nomeadas pelos romanos.[3] Josefo, o historiador dos judeus no século I, que é considerado pela maioria dos historiadores seculares uma testemunha mais confiável do que os Evangelhos, registrou que Herodes (isto é, Herodes Ântipas, um filho de Herodes, o Grande) matou João para sufocar uma possível insurreição no ano 36 d.C. Isso tem causado problemas para os teólogos cristãos, que acreditam que João morreu antes de Jesus e considera-se que Jesus foi crucificado pelo menos três anos antes dessa data. Contudo, como vamos mostrar, não há problema, porque provas consistentes demonstram que Jesus realmente morreu depois de João.

De fato, parece que Jesus foi o *sucessor de* João como líder da Igreja de Jerusalém, também conhecida como Igreja dos Ebionitas. Assim, *ambos* foram considerados como o Messias – e podemos ter certeza que o povo judeu acreditava que o Messias definitivamente havia chegado. Um documento contemporâneo, que veio à luz em tempos recentes, nos conta muita coisa. Ele diz: "Uma estrela marchou de Jacó, Um cetro se ergueu em Israel, E ele vai despedaçar os templos de Moab, E destruir os filhos de Set".[4]

Isso é tirado de um dos Manuscritos do Mar Morto, os antigos documentos judaicos escondidos em cavernas de Qumran, no deserto da Judeia, e redescobertos em 1947. O primeiro versículo confirma que o prometido Messias realmente chegou e o segundo versículo diz que ele está prestes a dar início à guerra contra o inimigo do povo judeu. O cetro é o símbolo da realeza em quase todas as culturas e, portanto, confirma a condição do recém-chegado como o esperado Messias rei. Contudo, a chegada desse novo Messias não poderia ter ocorrido na povoação de Belém, como afirma equivocadamente o Evangelho de Mateus, porque esse lugarejo está no estado meridional da Judeia. Para surgir da antiga terra de Israel, como profetizado, ele teria de ter vindo de uma região bem ao norte. Um lugar como Nazaré, na Galileia. (Neste contexto nos referimos a Israel em termos de sua original localização geográfica e não como uma palavra para toda a nação judaica, que foi finalmente o significado que veio a ter.)

Jesus, o Pedreiro

Hoje, a história por trás do cristianismo está centrada na chegada de um Messias judeu, nascido de uma virgem sob a luz de uma estrela que brilhava muito no Oriente. Ele passou a realizar milagres e foi finalmente executado antes de ser ressuscitado e retornar aos céus.

Não se pode saber se o homem que agora chamamos de Jesus Cristo nasceu no momento da chegada da Shekinah, mas podemos ter certeza que ele afirmava ser, ou seus seguidores afirmavam que ele era, o rei Messias que vinha sob a luz da estrela divina. O autor do Apocalipse 22.16, escrevendo pelo menos 40 anos depois da morte tanto de João quanto de Jesus, cita Jesus assim: "Eu sou o rebento da estirpe de Davi, a Brilhante Estrela da Manhã".

Pouco se sabe do início da vida de Jesus, mas quase certamente ele nasceu na Galileia, possivelmente num lugarejo muito pequeno chamado Nazaré, e viveu em Cafarnaum, que também fica na Galileia.

O nome atual "Jesus" vem do latim *Iesus* e do grego *Iesous*, versões de um nome hebreu, antigamente comum, que se grafava como *Yeshua*, que é uma contração de *Yehoshua* (Yahoshua, Joshua), significando "ajuda de Iahweh", mas trazendo implícito o sentido da palavra "salvador".

A palavra "Cristo" vem do grego *khristos*. Trata-se simplesmente da tradução direta da palavra hebraica Messias (*mashiach*) – que, como observamos acima, significa "ungido com óleo" ("crismado"),* como sinal de retidão sacerdotal e régia. Muita gente trata a palavra "Cristo" como um sobrenome, como se "Jesus Cristo" fosse o equivalente da moderna expressão "Jesus Salvador". Mas "Cristo" era efetivamente um título, por isso "Jesus Cristo" seria traduzido não como "Jesus Salvador", mas como "Jesus, o Salvador". Pois a intenção era que esse Jesus fosse o salvador da nação judaica.

É tradicionalmente ensinado que Jesus era carpinteiro como o pai. Contudo, a palavra grega original usada nos Evangelhos do Novo Testamento era *tekton*, que significa simplesmente um artesão – mais comumente um artífice trabalhando com a pedra. Não pode haver dúvida de que, se as linhagens sacerdotais e davídicas que os Evangelhos reivindicam para Jesus (Mateus 1.1-17, Lucas 3.23-28) estiverem de alguma forma próximas de uma informação precisa, ele teria sido um sacerdote hereditário e é extremamente provável que fosse um dos 10.000 homens santos que chegaram a Jerusalém para trabalhar em obras de cantaria no grande e novo templo.

---

* A palavra *crisma* significa o óleo usado na administração de certos sacramentos e um sacramento especial, a crisma. (N. do T.)

O fato é que havia poucos carpinteiros em Jerusalém, porque naquela época as construções que se faziam lá utilizavam pouca madeira, mas o lugar estava formigando de incontáveis pedreiros-sacerdotes que trabalhavam no novo templo de Herodes. Sobretudo não há dúvida de que Jesus fosse um sacerdote – portanto ele não podia ter sido um humilde carpinteiro.

Na 1ª Epístola de Pedro 2.4-9, somos informados (supostamente pelo homem mais tarde reverenciado como o primeiro papa de Roma), em termos relacionados às obras de cantaria, que Jesus era um sacerdote de descendência real, sendo seu poder equiparado à luz sagrada da Shekinah:

E vos aproximando dele – uma *pedra viva*, rejeitada, é verdade, pelos homens, mas escolhida de Deus e preciosa – vós também, *como pedras vivas, vos transformais numa casa espiritual, num sacerdócio santo*, para oferecer sacrifícios espirituais aceitáveis por Deus através de Jesus Cristo. Motivo pelo qual está contido nas Escrituras: "*Eis que ponho em Sião uma pedra angular, eleita, preciosa, e quem nela crê não será confundido*". Para vós, portanto, que credes, ela é preciosa mas, para os que não creem, a *pedra que os pedreiros rejeitaram e que se tornou a mais importante da quina é uma pedra de tropeço e um pedregulho de escândalo*. Eles tropeçam na palavra porque não creem, cumprindo, aliás, aquilo para que foram destinados. Mas vós sois uma geração eleita, *um sacerdócio real*, uma nação santa, um povo peculiar, que deveis proclamar as virtudes *daquele que vos chamou das trevas para sua esplêndida luz* [itálicos nossos].

Hoje, a maioria dos estudiosos aceita que o *tekton* grego tem um significado mais amplo e, a nosso ver, a tradução que há muito tempo se faz da palavra como "carpinteiro" é um erro óbvio. Há pouca evidência ou mesmo lógica razoável para defendê-la, enquanto há um forte conjunto de justificativas para que a palavra seja vista como se referindo a um artífice que trabalha com a pedra. Em inglês, os Evangelhos usam treze vezes a palavra "rabino" e 47 vezes a palavra "mestre" para se referir a Jesus – e essas duas palavras modernas servem para indicar um sacerdote de categoria superior. Somos informados que forasteiros se aproximavam de Jesus e lhe pediam para expulsar demônios, curar doentes, resolver disputas e validar testamentos. Logicamente ele devia *parecer* um sacerdote, pelo jeito, pela vestimenta ou por ambas as coisas, e ser considerado como tal.

Agora, portanto, podemos concluir que é bastante razoável considerar que Jesus era, ou afirmava ser:

- De uma linhagem real, descendente de Davi e Salomão.
- Nascido no momento em que a Shekinah chegou como vaticinado pela Profecia da Estrela – exatamente 1.440 anos depois de Moisés conduzir o povo através das águas do Mar Vermelho.
- O novo Messias, de quem se esperava que se tornasse rei dos judeus e liderasse uma sublevação contra os romanos.
- Um sacerdote de alto escalão, que trabalhou como pedreiro no novo templo.

Os Essênios

Até meados do século XX se considerava que o vocabulário da Igreja de Jerusalém representava algo nitidamente novo e original. Mas a descoberta dos chamados Manuscritos do Mar Morto mudou essa visão de uma vez por todas.

O grupo original de pessoas envolvidas com João Batista, e mais tarde com Jesus, referiam-se a si próprias como seguidoras do "Caminho" e se reuniam no que hoje chamaríamos de Igrejas. Mas a mesma coisa, como revelaram os manuscritos, fazia o grupo que deixou os documentos rotos em cavernas acima de Qumran, no deserto da Judeia. Parece muito provável, como concordam inúmeros estudiosos bíblicos, que esses dois grupos, incluindo os próprios João e Jesus, fizessem parte do mesmo movimento: os essênios. Os essênios eram uma irmandade judaica extremamente religiosa que diferia em muito do judaísmo dominante. A diferença mais fundamental era que estruturavam seu calendário e dias santos a partir dos movimentos do Sol e não da Lua, como era comum na prática judaica. Nos Manuscritos do Mar Morto, os essênios se referiam a si mesmos de diferentes maneiras, frequentemente como "Filhos da Luz", os de "Mente Pura", os "Pobres" e os seguidores do "Caminho", enquanto seus inimigos eram descritos como "Filhos das Trevas". Seus registros mostram como se consideravam "os abençoados", que viviam na "casa da santidade", pois o "Espírito Santo" habitava com eles. Seus ensinamentos estavam voltados para o amor a Deus, o amor à virtude e o amor ao próximo.

Os que redigiram os Manuscritos do Mar Morto usaram meios de se descreverem que teriam sido exclusivos dos seguidores de Jesus. Referiam-se aos fiéis como "os Eleitos" e os "Filhos da Luz" – expressões usadas no Novo Testamento para descrever os cristãos (Tito 1.1, 1 Pedro 1.2, Efésios 5.8).

Esse grupo, no entanto, não é mencionado na Bíblia cristã nem em escritos religiosos judaicos posteriores. Na época de Cristo, havia vários grupos importantes atuando na vida religiosa e política de Jerusalém e espalhados pelo país afora. Os mais significativos eram os fariseus, os saduceus, os herodianos e os essênios. O Novo Testamento, porém, não faz sequer uma referência de passagem aos essênios, embora mencione com frequência os outros grupos. É uma omissão extremamente estranha, principalmente se levarmos em conta que vários importantes autores não cristãos da época – Filo; Plínio, o Velho, e Josefo – escreveram sobre os essênios.

Uma narrativa sobre os essênios do historiador judeu Filo de Alexandria (20 a.C. – 40 d.C.) estimou que havia um pouco mais de 4.000 deles distribuídos amplamente pela zona rural, onde quer que se encontrassem judeus. Seus escritos contam como só homens maduros eram admitidos na seita e como preferiam viver em aldeias em vez de cidades. Filo diz que cuidavam dos doentes e idosos, e que eram agricultores, pastores, vaqueiros, apicultores, artesãos e artífices, mas que não fabricavam armas nem se dedicavam ao comércio.

Os essênios rejeitavam a escravidão, acreditando que a relação natural entre os homens era a fraternidade, que tinha sido, no entanto, corrompida pela cobiça. Embora lessem bastante, não se interessavam por filosofia em geral, mas apenas por moral. Voltavam do trabalho com um ar alegre, como se tivessem passado o dia numa festa, e encaravam a satisfação interior como a maior das riquezas. Os membros eram instruídos a praticar a piedade e a santidade. O amor que tinham pelas pessoas ficava comprovado, dizia Filo, por sua benevolência, retidão e pelo fato de compartilharem todos os bens, possuindo-os em comum.

Plínio, o Velho (23-79 d.C.), o naturalista romano, escreveu que o objetivo dos essênios era receber "o arrependimento dos outros" e se alongou um pouco para descrevê-los, declarando que se reuniam numa "assembleia" e se consideravam "nascidos de novo".

Os essênios, em suma, viviam de acordo com o que hoje chamaríamos de valores "cristãos" e usavam termos que são agora vistos como absolutamente "cristãos".

Os essênios não tinham o desejo de possuir coisas terrenas e distribuíam os bens de acordo com as necessidades. Tinham também paixão por uma limpeza escrupulosa – o que envolvia banhar-se em água fria e usar vestes imaculadamente brancas. Proibiam rogar pragas, prestar juramentos – excluindo seus próprios juramentos de fidelidade ao grupo – e rejeitavam qualquer participação em negócios ou comércio.

Escreveu-se que os essênios tiravam seus recrutas das fileiras dos que tinham renunciado às coisas materiais – os que estavam preparados para "nascer de novo". Mas seu principal método de crescimento se dava por meio da adoção de crianças, que eram criadas no reino de Deus. Isso dá sentido à de outro modo curiosa citação atribuída a Jesus em Lucas 18.16:

> Jesus, porém, chamou-as, dizendo: "Deixai as criancinhas virem a mim e não as impeçais, pois delas é o reino de Deus".

Esse influente grupo de pensadores espirituais, centrado em Jerusalém, se designava por muitos nomes. Um dos que se tornaram mais amplamente usados por outros para descrevê-los foi os "Pobres", que em hebraico era *ebyonim* – dando origem mais tarde ao termo ebionitas.

Filo nos conta que essa gente sagrada devotava toda a sua atenção ao estudo da moral, usando como elementos de instrução as leis de seu país, que, eles sugeriam, mentes humanas não teriam sido capazes de conceber sem uma inspiração divina. Ele mencionou como essas leis eram ensinadas em todos os momentos, mas muito especialmente no sétimo dia, acrescentando: "Pois o sétimo dia é considerado sagrado, durante o qual eles se abstêm de quaisquer outras ocupações e frequentam suas sinagogas, como chamam esses lugares".

O uso da palavra "sinagoga" por Filo parece, à primeira vista, confirmar o caráter judaico dessas pessoas – mas não é necessariamente o caso. Na época, todo culto judaico na Judeia estava voltado para o templo em Jerusalém e não havia sinagogas no sentido moderno. Essa é simplesmente uma palavra grega usada por Filo para traduzir um termo aramaico (língua da Palestina na época) usado pelos essênios, que nada mais significava além de "casas de encontro" para aqueles que eles consideravam como "pobres" e "povo de Deus".

É provável que uma "casa de encontro" do "povo de Deus" tivesse sido chamada de "casa de Deus" ou *domos kuriakos* – raiz da palavra inglesa "church" [igreja]. A única igreja em funcionamento na capital após a morte de Jesus era a "Igreja de Jerusalém", conhecida por ter sido supervisionada por Tiago, irmão de Jesus.

Filo explicou como essas igrejas essênias eram governadas:

> Então alguém, de fato, ergue o volume sagrado e lê alguma coisa dele, e outro dos homens mais experientes se adianta e explica o que não está muito claro, pois uma grande quantidade de preceitos são apresentados sob modos de expressão enigmáticos, e alegoricamente, como se fazia antigamente, e assim ensina-se às pessoas piedade, santidade, justiça, economia, a ciência de regular o estado, o conhecimento de coisas naturalmente boas, más ou indiferentes, e a possibilidade de escolher o que é certo e evitar o que é errado, usando uma tríplice variedade de definições, regras e critérios, nomeadamente amor a Deus, amor à virtude e amor pela humanidade.

Aqui Filo está descrevendo o uso de parábolas por sacerdotes essênios de posição mais elevada – exatamente como Jesus teria feito, segundo a descrição dos Evangelhos cristãos; e acreditamos que Jesus pertencia a essa seita.

Vida e Ritual Essênios

O mais prolífico dos que escreveram sobre os judeus no século I foi Josefo (cerca de 37 d.C. – cerca de 100 d.C.). Ele sugere que foi pessoalmente iniciado na irmandade essênia. Em seus dois livros famosos, *A Guerra Judaica* e *As Antiguidades dos Judeus*, declara que a maioria dos essênios não se casava. Algumas ordens de essênios, porém, o faziam, embora mantendo regras estritas sobre as relações sexuais. Eles encaravam todo o prazer como coisa má e se disciplinavam para a continência e o autocontrole; usavam túnicas brancas e se referiam a si mesmos como "líbano", o que em aramaico significa "branco".

Segundo Josefo, essas pessoas começavam cada dia se virando para o Oriente e rezando, "como se suplicassem pelo nascer do sol". Banhavam-se frequentemente em cisternas de água fria e se reuniam para uma refeição sagrada numa sala à qual só os iniciados tinham acesso. Depois de uma prece de humildade dita pelo sacerdote, compartilhavam o pão e um único tipo de comida. Concluíam a refeição com outra prece em louvor a Deus, como o provedor da comida.

Josefo também declarou que as vidas dos essênios eram inteiramente reguladas por "supervisores" (do grego *episkopos* – de onde "bispo") que dirigiam suas tarefas diárias, deixando os irmãos fazerem apenas duas coisas de livre e espontânea vontade: assistir aos que sofriam necessidade e mostrar misericórdia. Tiago, irmão de Jesus, era conhecido como o *episkopos*, ou bispo, de Jerusalém.

Para ser admitido, o prosélito tinha primeiro de viver à maneira de um essênio durante um ano, para provar a si mesmo antes de ser batizado. Depois tinha de continuar vivendo à maneira deles por mais dois anos para comprovar seu valor. Era nesse estágio avançado que prestava juramentos solenes para se tornar um membro pleno e participava da refeição sagrada. Tinha de jurar devoção a Deus, ser justo com todos os homens e jamais fazer mal a alguém por iniciativa própria ou a mando de outro.

Os essênios faziam votos que exigiam que eles:

- praticassem a piedade para com Deus;
- observassem a justiça com relação a todos os homens;
- mostrassem fidelidade a todos os homens, especialmente aos que ocupavam cargos de autoridade;
- fossem perpetuamente amantes da verdade;
- mantivessem suas doutrinas secretas.

Os essênios se consideravam os "eleitos" de Deus e revelavam todos os indícios de ser parte do importantíssimo clero da Família da Estrela, que tinha sobrevivido desde os tempos de Salomão. Quem quebrasse o juramento essênio ou fosse julgado culpado de alguma falta era punido com a expulsão da igreja.

Ser expulso era uma punição terrível, pois o infrator não podia aceitar qualquer auxílio de um forasteiro sem a permissão do bispo e acabaria morrendo de fome. A excomunhão era, portanto, uma sentença de morte, porque nenhum essênio renunciaria a seus votos, mesmo quando rejeitado por seus pares. Na realidade, a comunidade costumava aceitar a volta dos transgressores ao rebanho quando sentia que já tinham sido suficientemente punidos.

Um exemplo desse sistema essênio em ação é dado no Novo Testamento, numa história que só parece fazer sentido depois que somos informados dessa regra de punição. O acontecimento tem lugar depois de Tiago, o irmão de Jesus, ordenar que todos os novos membros vendessem suas posses e dessem o dinheiro apurado para a Igreja. Um casal, Ananias e Safira, foi surpreendido tirando uma parte do dinheiro obtido com a venda de sua propriedade. Como é contado em Atos 5.1-11, o apóstolo Pedro realiza ostensivamente uma dupla execução do casal por desonestidade. Na realidade, o que aconteceu foi quase certamente o seguinte:

Um homem chamado Ananias e sua esposa Safira "renasceram" quando se juntaram ao grupo essênio liderado por Tiago, irmão de Jesus. Eles venderam devidamente seus bens para dar o rendimento à Igreja, mas se espalhou a notícia de que tinham guardado parte do dinheiro para si mesmos.

Ananias trouxe o dinheiro da venda e entregou-o ao antigo membro da Igreja chamado Simão (Pedro). "Por que encheu Satanás o teu coração para mentires ao Espírito Santo, retendo parte do preço do terreno?", Simão perguntou friamente. Ananias parecia apavorado e não respondeu.

"Porventura, mantendo-o não permaneceria teu, e vendido, não continuaria em teu poder? Por que, pois, concebeste em teu coração este projeto? Não foi a homens que mentiste, mas a Deus!", disse Simão.

A partir desse momento Ananias foi considerado "morto". Sua condição de "nascido-de-novo" acabara de ser revogada porque ele estava excomungado da Igreja. Foi então escoltado para fora do local e atirado entre "os mortos".

Três horas depois chegou Safira, esposa de Ananias, sem saber que a tramoia fora descoberta e que o marido tinha sido excomungado. Simão estava à espera dela:

"Dize-me, foi por tal preço que vendeste o terreno?, ele perguntou.

Safira confirmou que a venda já tinha sido feita, mas mentiu acerca do valor.

"Porque vos pusestes de acordo para tentardes o Espírito do Senhor?", Simão perguntou, apontando de novo para a porta. "Eis à porta os pés dos que sepultaram teu marido; eles levarão também a ti."

A mulher, assim como o marido, foi imediatamente considerada "morta".

Os redatores posteriores, não essênios, dos Atos confundiram a ação de Pedro com um assassinato em sentido literal de Ananias e Safira em vez de uma excomunhão pela desonestidade. A incompreensão do modo como as palavras eram usadas por esse grupo de judeus tem levado os cristãos a rotular falsamente seu Príncipe dos Apóstolos de executor do seu próprio povo. Atribuir a morte dessas pessoas, por uma falta relativamente pequena, diretamente a Deus seria escarnecer por completo do conceito cristão de uma divindade amável, clemente.

Há uma incompreensão semelhante na ideia de que Jesus andava arbitrariamente revivendo cadáveres aqui e ali como favores feitos aos amigos. A história de Lázaro é um exemplo claro. Parece óbvio para nós que Lázaro não morreu em sentido literal, mas foi excomungado por quatro dias até Jesus lhe permitir voltar a conviver entre os vivos. Jesus, como todos os essênios, acreditava na ressurreição dos mortos – algo que ia acontecer com todos no final dos tempos, quando o reino de Deus fosse estabelecido. Seus seguidores certamente não esperavam que o Messias-rei revivesse corpos mortos no mundo atual. Para eles, essa ideia teria sido uma loucura.

Mas ser excomungado da Igreja não era uma boa coisa nesta vida nem na próxima. Ao contrário de outros grupos judeus, os essênios acreditavam que, após a morte física, os "Filhos da Luz" seriam ressuscitados no reino de Deus no terceiro dia. Só eles seriam ressuscitados num mundo ideal porque eram o povo perfeito de Deus. Tudo pareceria como fora em vida, mas seria perfeito – o Reino de Deus seria na Terra, mas estaria livre do pecado. Eles viveriam para sempre em corpos incorruptíveis como recompensa por serem os justos.

Os essênios eram fundamentalmente diferentes de todos os outros judeus, muito especialmente, como observamos, porque regulavam os dias santos pelos movimentos do Sol e não da Lua. Josefo registrou como ensinavam ciência às crianças que acolhiam, sendo famosos por seu conhecimento de medicamentos. O estilo de vida cuidadoso e limpo, somado à sabedoria médica, indica que tinham vidas longas. Josefo escreveu que muitos passavam dos 100 anos de idade.[5]

Jesus: o Suposto Messias Essênio

Essa gente amante da paz estava dispersa por uma vasta área que ia de Alexandria a Damasco, embora sua localização mais conhecida estivesse nas costas do mar Morto, na região mais baixa do planeta, cerca de 400 metros abaixo do nível normal do mar. Aqui, no litoral noroeste desse lago de tóxica salinidade – no ponto em que ele mais se aproxima de Jerusalém

– se encontra Qumran, uma povoação que existiu de meados do século II a.C. até cerca de 68 d.C. Fora brevemente abandonada no ano em que Herodes assumira o trono da Judeia porque um terremoto devastador fizera os muros desabarem nessa região fronteiriça do deserto – um acontecimento que deve ter aumentado a ira contra Herodes e o desejo de ver o prometido Messias chegar.

Foi nas cavernas acima de Qumran que os famosos Manuscritos do Mar Morto foram descobertos entre 1947 e 1956. Os restos de algo entre 825 a 870 manuscritos distintos foram identificados. Esses documentos de valor inestimável revelam que os essênios eram de fato uma seita messiânica, apocalíptica, que usava o batismo e acreditava ter feito um "novo pacto" com Deus. Os manuscritos descrevem como seguiam um líder que chamavam de "Mestre da Justiça", um homem que sofreu oposição, e foi possivelmente morto, pelo clero estabelecido em Jerusalém.

Fragmento de um Manuscrito do Mar Morto recentemente publicado, conhecido como "Apocalipse Messiânico" (4Q521), contém três referências importantes que associam a comunidade essênia à mais primitiva igreja cristã. Primeiro, o texto fala de um Messias que governará o céu e a Terra. Depois disso, descreve claramente a expectativa da ressurreição dos mortos durante o tempo desse Messias. Por fim, dá instruções sobre como identificar o esperado Messias quando ele chegar. Diz o manuscrito essênio:

Ele vai curar os doentes, ressuscitar os mortos e trazer boas-novas para os pobres.

Jesus chegou à Judeia, vindo da Galileia, afirmando ser o prometido Messias quando diz aos discípulos de João Batista:

Os mortos ressuscitam e aos pobres é anunciado o Evangelho.[6]

Não pode haver dúvida séria de que, assim que sucedeu João, Jesus soube que tinha de preencher as expectativas messiânicas que estavam disseminadas na tradição essênia. Os essênios se consideravam como os "vivos", enquanto todos os forasteiros seriam os "mortos". E Jesus estava convertendo judeus comuns, às centenas, à nova concepção das igrejas, que existiam para o "Povo de Deus". Jesus era o Messias guerreiro – o novo rei que os conduziria para a esperada guerra apocalíptica entre o grande Satanás (os romanos) e os Filhos de Deus.

A nova ordem mundial finalmente estava chegando.

As palavras de Jesus sobre os mortos sendo ressuscitados indicavam simplesmente que ele era de fato o prometido Messias, que conduziria todo o seu povo pelo caminho da luz. Ele sabia que tinha de preencher todas as condições:

- Precisaria ter nascido no momento em que a Shekinah se erguia no Oriente.
- Comandaria o céu e a Terra como seu eterno reino.
- Seu espírito estaria sobre os pobres.
- Ressuscitaria os que têm fé.
- Devolveria a visão ao cego.
- Mostraria uma afetuosa generosidade.
- Curaria os doentes.
- Traria boas-novas para o pobre.
- Seria o "pastor" do seu "rebanho" de seguidores santos.
- Seria chamado de "filho de Deus".

De acordo com as antigas regras da realeza israelita, tudo acontecia em blocos de 40 anos. Saul, Davi, Salomão e outros grandes reis governaram por 40 anos e Moisés tirou o povo do Egito no início do seu terceiro bloco de 40 anos, aos 80 anos de idade, antes de morrer aos 120.

Como Jesus nasceu em 8 a.C., podemos ver que, se ele começou sua campanha pelo reino aos 40 anos, estava de fato atuante por volta de 35 ou 36 d.C., ano em que João Batista foi provavelmente morto.[7] O próprio Jesus foi crucificado meses depois da morte de João.

Essa datação explica por que em João 8.57 as palavras seguintes são ditas a Jesus:

Não tens ainda 50 anos.

Embora se trate de um comentário razoável para alguém no início ou no meio da faixa dos 40, não seria lógico dizer isso para quem não tivesse mais de 30 e poucos anos.

Como todos os essênios, Jesus ensinava um Evangelho de paz e amor, mas ele e seus seguidores sabiam que uma terrível guerra era inevitável. Ele esperava liderá-la e se acreditava que a guerra ia durar 40 anos. A sabedoria do Messias incluía um conhecimento do calendário segundo o qual todo ato tinha de ser executado precisamente no momento certo, assim como da maneira certa. Como Jesus nasceu sob a luz da Shekinah, quando ele atingiu 40 anos, Vênus havia completado exatamente um ciclo de 40 anos. O documento essênio de Qumran conhecido como "Regra da Comunidade" estabelece que os membros da seita não deviam "fugir da ordem de Deus relativa ao tempo que lhes foi designado; não devem chegar nem cedo nem tarde a qualquer uma das horas que lhes foram prescritas".[8]

Exigia-se deles que se mantivessem em harmonia com "as leis da Grande Luz do Céu".[9]

Aqueles que seguiam o caminho da Shekinah eram os "filhos da luz" – "os nascidos da verdade", que seguiam o caminho de paz, humildade, paciência e bondade. Todos os outros, incluindo os judeus que seguiam os caminhos da Lua (incluindo o clero oficial de Jerusalém na época) eram os "filhos das trevas", que tinham "nascido da falsidade".

Os Manuscritos do Mar Morto nos contam como, sob o comando do príncipe da congregação, os Filhos da Luz atacariam o exército de Satanás – eliminando primeiro os judeus ímpios e depois os próprios romanos. Haveria uma guerra severa e sangrenta antes que o próprio Deus interviesse para dar a vitória a seus filhos. Depois chegaria verdadeiramente a era do Messias, "que trará um ensinamento de retidão no fim dos tempos". Nesse ponto, os justos que tivessem morrido seriam ressuscitados para compartilhar a glória final, eterna.

Jesus começou sua fase final passando 40 dias sendo "tentado" por Satanás. Cada dia representava um ano e a palavra "tentação" significava "prova de resistência". Jesus compreendia o que tinha de ser feito. A Terra com seus seres humanos era refletida exatamente pela hoste celeste. Deus estava prestes a restaurar a ordem que Ele queria que existisse entre o céu e a Terra. Hoje, cristãos do mundo inteiro usam elementos das preces messiânicas essênias sem nada compreender:

Venha a nós o Vosso reino. E seja feita a Vossa vontade assim na Terra como no Céu.

Esse com certeza era o momento para o qual o rei Salomão havia criado o clero hereditário. Suas escolhidas Famílias da Estrela estavam prestes a transformar a visão do antigo rei em realidade. Jesus sabia que sua hora era certa – há muito profetizada por magos, traçada pelos movimentos dos céus com a autoridade específica de Deus. As tropas dele podiam ser pouco numerosas, mas os romanos não tinham chance contra o poder da Shekinah – a luz de Deus. Como resultado de sua confiança, Jesus fez o inconcebível e entrou efetivamente no templo, causando um tumulto ao quebrar, com seus seguidores, as barracas dos ambulantes (não esqueça, os essênios rejeitavam o comércio).

Embora Jesus e todos que seguiam o Caminho falassem de paz, mantinham-se conscientes de que a guerra ia ser assustadoramente real. Jesus apontou cinco de seus seguidores como os mais importantes: os dois Simões, Judas, Tiago e João – que descreveu como "filhos do trovão". Um dos Simões era um *sicário*, um "perito" no uso da faca. Em Lucas 22.35-38, Jesus ensina aos seguidores que é hora de os pacíficos se armarem:

> "Quando vos enviei sem bolsa, nem alforje, nem sandálias, faltou-vos alguma coisa?" – "Nada", responderam.
> "Agora, porém, aquele que tem uma bolsa, tome-a, como também aquele que tem um alforje; e quem não tiver uma espada, venda seu manto para comprar uma."
> [...]
> "Senhor, eis aqui duas espadas."

Em Mateus 10.34, Jesus acrescenta: "Não vim trazer paz, mas a espada".

Mas não havia de ser. Jesus não era o Messias prometido e nem viveria para ver a grande guerra contra Satanás. Os romanos prenderam o suposto Messias, com base no que chamaríamos de acusações de terrorismo, praticamente assim que ele tornou pública sua missão. Jesus foi executado muito depressa e a Igreja de Jerusalém teve de se reagrupar sob a liderança do irmão mais novo de Jesus, o santo homem Tiago. Tiago, o Justo, irmão de Jesus, era agora o Messias do grupo.

Paulo de Tarso

A vida continuou e os judeus essênios se perguntavam como iriam realizar o reino de Deus. Tiago também se mostraria um fracasso como

Messias e provavelmente teria sido esquecido pela história não fosse um estrangeiro que chegou a Jerusalém alguns anos depois da crucificação. Esse estrangeiro vinha de Tarso, capital da província da Cilícia, na Ásia Menor, onde a religião principal era o mitraísmo – uma forma persa de culto ao Sol que, na época, era popular de uma ponta à outra do Império Romano. Esse ambiente ia ter um efeito profundo sobre a versão particular de judaísmo adotada pelo homem. O estrangeiro era filho de um casal mitraísta que tinha se convertido ao judaísmo. Como judeus de língua grega, deram ao filho um nome hebraico, Saul, assim como um nome grego, Paulos. Ele é geralmente conhecido por Paulo. Homem fisicamente forte, Paulo fazia tendas por profissão, mas era inclinado a certas preocupações espirituais. Quando da chegada a Jerusalém, encontrou emprego com o sumo sacerdote saduceu da cidade, como um "reforço" político para manter diferentes oponentes religiosos em seu lugar. Tornou-se rapidamente bastante conhecido pela forma rude como tratou uma incômoda seita de judeus que tinham sido seguidores de um rebelde recentemente executado, um homem que afirmava ser o prometido rei judeu – o Messias. Mas então, de repente, esse capanga saduceu passou por uma "experiência mística" pessoal.

Paulo deve ter ouvido muita coisa sobre o essênio que afirmara ser o Messias, capaz de ressuscitar os mortos, e que acabara tendo uma morte horrível. Os ecos da educação mistraísta em Tarso rodaram em sua cabeça e as ideias do judaísmo essênio de repente ganharam vida em sua imaginação quando ele fundiu as duas concepções.

Aqui houve um admirável ajuste: só ele poderia compreender o que tudo aquilo significava. A família e os seguidores de Jesus não compreendiam absolutamente, mas num ofuscante lampejo de inspiração Paulo acreditou que tinha penetrado em verdades profundas que Deus comunicara a ele, e só a ele.

Pelas descrições da experiência "divina" de Paulo e da cegueira temporária na estrada para Damasco, peritos médicos sugeriram que sua alucinação foi provavelmente desencadeada por um ataque epilético. Qualquer que tenha sido a causa, a ideia que entrou na mente daquele fabricante de tendas foi um acontecimento, algo que o levou a criar uma nova religião: o cristianismo.

É como se o problema médico o tivesse levado a acreditar que Deus lhe dera uma compreensão da missão de Jesus que estava totalmente em desacordo com a de Tiago, irmão de Jesus, e dos outros seguidores próximos de

Jesus que, na época, ainda estavam vivos. Esse estrangeiro proclamava que o Deus dos judeus revelara a verdade somente a ele e que sua missão era levar a mensagem aos não judeus: muito provavelmente porque sabia que o povo que conhecia a verdade não lhe daria ouvidos um único segundo.

Deus julgou conveniente... revelar em mim seu Filho, para que eu o envangelizasse entre os gentios.[10]

Ele anunciou orgulhosamente como estava preparado para ser todas as coisas para todas as pessoas, como era um judeu quando isso se adequava a seu propósito e como não estava interessado em se colocar em segundo plano em benefício de ninguém – nem mesmo do irmão de Jesus, Tiago, que era agora o líder da Igreja. Recorreria a todos os meios para vencer.[11]

Embora a ideia da morte e da ressurreição física de Jesus esteja no centro da fé cristã, estudiosos sérios sabem que ela não tem base sólida. Um perito nas origens do cristianismo, extremamente respeitado, disse:

A frase [de Paulo] "revelar em mim seu Filho" é reconhecidamente curiosa [...] As palavras realmente constituem uma afirmação espanto-sa, sem dúvida disparatada para qualquer pessoa fazer, em especial al-guém com os antecedentes de Paulo [...] A conclusão a que chegamos é que Paulo é o expoente de uma interpretação que pode ser mais bem descrita como tradicional ou histórica.[12]

Outro importante estudioso da Igreja primitiva disse:

Os Evangelhos expõem uma crença ou defendem a concepção de que Jesus era um ser semidivino que nasceu de forma contrária às leis da natureza e que venceu a morte. Essa não é a crença dos seguidores ori-ginais de Jesus, nem foi ele quem sustentou tais pontos de vista.
As cartas de Paulo são os mais antigos documentos, cristãos ou não, relativos às origens do cristianismo que sobreviveram; contudo, são praticamente inúteis para estabelecer os fatos acerca de Jesus.[13]

Desde o primeiro momento Paulo estivera em franco desacordo com Tiago, que liderava a Igreja de Jerusalém depois da crucificação do irmão. Tiago, como o próprio Jesus, era um sacerdote das Famílias da Estrela e era pleno conhecedor dos verdadeiros conhecimentos de seu falecido irmão. Paulo, por outro lado, não fora uma testemunha ocular dos acontecimentos que tinham ocorrido envolvendo Jesus ou seus seguidores. Era um forasteiro e não tinha a menor noção da íntegra do conceito que cercava a verdadeira missão do Messias judeu. Não sabia nada da Shekinah e recebera a pouca informação que tinha sobre Jesus de fontes no mínimo de terceira mão, numa época em que o coquetel atordoante de seitas religiosas e pelejas políticas em Jerusalém e ao seu redor estava no auge. Paulo era alguém à procura de uma causa e, se não pôde encontrar uma já adaptada a seus gostos individuais, não hesitou em "reescrever" a história de Jesus para ajustá-la às suas necessidades.

Paulo, no entanto, não foi muito original no que diz respeito à sua narrativa fictícia acerca de Jesus. Cada aspecto da "nova" história já existia como uma descrição de Mitra – a divindade que tinha sido popular em sua cidade natal de Tarso. Segundo a crença mistraísta, Mitra nascera de uma virgem, num estábulo, em 25 de dezembro, 600 anos antes. Tinha morrido e ressuscitado na Páscoa para que pudesse agir como mediador entre a humanidade e Deus no Dia do Juízo.

O relato fictício, inteiramente não judeu, que Paulo (um homem que até pouco tempo atrás fora inimigo jurado dos seguidores de Jesus) fez da missão e morte de Jesus, ultrajou a Igreja de Jerusalém. O que houve a partir daí foi um período de choques ferozes entre Tiago e Paulo, mas o astuto fabricante de tendas era alguém de grande charme pessoal e muito mais experiente nos hábitos do mundo romano que Tiago, um homem que representava uma pura, mas complexa teologia judaica. Incapaz de conquistar qualquer influência real no interior da própria Judeia, Paulo tinha se lançado a uma série de demoradas viagens. Durante considerável período de tempo, havia visitado comunidades de um extremo a outro de um vasto trecho do mundo que se achava sob domínio romano, especialmente comunidades da Ásia Menor, pervertendo a mensagem original de Jesus e criando, aos poucos, o que chamamos de cristianismo, uma crença que ele, corretamente, considerou que se adaptaria melhor às sensibilidades dos não judeus. Só poderia ser bem-sucedido falando com gente a quem Tiago jamais confiara os verdadeiros segredos e a mensagem original de Jesus. Paulo afirmava que estava pregando o Evangelho aos não circuncidados – significando não judeus; deixando Tiago pregar para os circuncidados.

Paulo disseminou a palavra de um homem-deus judeu que morrera, ressuscitara e que tinha retornado aos céus. A história era obviamente absurda para o povo da Judeia, mas os não judeus do mundo romano se identificavam com o tema que Paulo lhes trazia. E isso acontecia porque a história que ele estava contando era muito familiar.

Muito depois de Paulo desaparecer de Roma, os Evangelhos que seriam mais tarde escolhidos para inclusão no Novo Testamento foram escritos em Chipre, no Egito, na Turquia e na própria Roma por pessoas que jamais tinham sequer pisado em Jerusalém, excetuando talvez o Evangelho de São João, cujo autor pode ter conhecido a cidade, levando-se em conta as descrições precisas que faz dela.

A Destruição do Templo

Enquanto isso, os sacerdotes de Jerusalém estavam ainda trabalhando na última fase do novo templo de Jerusalém. O templo em si era algo relativamente pequeno, mas a plataforma construída ao seu redor era de fato gigantesca. Os muros de sustentação do Monte do Templo eram feitos de grandes pedras bem cortadas – mesmo as menores pesando mais de duas toneladas. A intervalos ao longo da base dos muros de sustentação, como por exemplo na esquina sudoeste, a construção particularmente robusta exigiu o uso de pedras inteiras com até 50 toneladas. Estavam dispostas em fileiras alternadas alinhadas leste-oeste, depois norte-sul e assim por diante. Os alicerces dos muros eram muito fundos, apoiando-se no leito de rocha, e nem argamassa nem qualquer outro material de ligadura foi usado entre as pedras, sendo a estabilidade alcançada pelo grande peso das pedras e pelo recuo suavemente dosado, de três a cinco centímetros, de cada fileira de pedras.

O método usado de pedra revestida era tão amplamente praticado na época de Herodes que é mencionado como "herodiano" e foi também empregado como tema decorativo em ossários do período, encontrados na área de Jerusalém.

Mesmo enquanto ainda trabalhavam arduamente para concluir o grande e novo templo, os sacerdotes sabiam que ele seria destruído na guerra vindoura que estava profetizada. Sob o templo havia grandes câmaras e casamatas, cuja disposição só era conhecida pelos sacerdotes que as tinham cavado. Foi assim que construíram "lugares secretos" prontos para guardar artefatos importantes, coisas de que precisariam quando o reino de Deus de fato chegasse.

A esperada "grande guerra" contra Satanás realmente veio em 66 d.C. – uns 30 anos depois da morte de Cristo.

Para os judeus, a opressão e tirania romanas atingiram seu clímax em 64 d.C., sob o procônsul Gessius Florus. As sementes da "grande guerra" estavam plantadas e os judeus confiantes de que Deus viria em seu socorro e defenderia sua causa. Em 66 d.C., lançaram um ataque conjunto contra os opressores. O conflito começou em Cesareia e Jerusalém e, em novembro, as forças romanas já tinham sido expulsas da Cidade Santa, deixando mais de 600 soldados romanos mortos e o sumo sacerdote do templo massacrado como simpatizante dos romanos.

O imperador romano, Nero, ficou extremamente irritado e reagiu emitindo duas ordens: destruir Jerusalém e arrasar o templo. Nero escolheu um experiente general de 57 anos, Vespasiano, que seria mais tarde assistido pelo filho, Tito, para a tarefa de cuidar da sublevação judaica. O general tinha construído uma reputação aterradora quando tratara de problemas na Grã-Bretanha e agora avançava para a Judeia com planos para um cerco de Jerusalém.

Finalmente os judeus estavam tão perto de vencer a guerra que Roma foi forçada a usar todo o seu peso militar contra eles para não ser derrotada. Os romanos sabiam que, se os judeus conquistassem a independência, logo todo o império estaria em revolta.

Um homem chamado José ben Matias recebera a tarefa de comandar as forças judaicas. Contudo, os patriotas judeus extremistas não estavam satisfeitos com a forma relativamente branda com que esse homem amante da paz travava, relutantemente, a guerra. Num ciclo sangrento, massacres e revanches sucediam-se uns aos outros com inimaginável crueldade.

Os judeus lutavam com uma bravura e inteligência à altura dos melhores desempenhos das legiões romanas. Provocavam enormes perdas aos romanos, mas o poderio de Roma se fez valer e uma cidade após outra começou a cair. Os romanos tinham sofrido e se desforravam massacrando a população de cada cidade, tornando a rendição uma opção impossível, mesmo se os judeus a tivessem desejado. No fim do primeiro ano de luta, Gabara, Jotapata, Japha, Tarichaea, Gischala, Gamala e Jopa eram cidades fantasmas e os romanos tinham recuperado o controle da Galileia, de Samaria e do litoral oeste da Judeia. No correr do ano seguinte, Vespasiano capturou praticamente todas as outras cidades, deixando apenas as fortalezas de Herodium, Machaerus, Masada e a própria Jerusalém para mais tarde.

Os essênios acreditavam em previsões antigas que sugeriam que a guerra seria quase toda perdida antes que Deus os conduzisse à vitória final, por isso deram início ao processo de esconder seus documentos e os importantes tesouros do templo de que tinham se apoderado.

À medida que o tempo passava, José ben Matias começou a ter certeza da derrota, prevendo uma catástrofe para os judeus. Ele mudou de lado, passando a trabalhar para os romanos numa tentativa de limitar o desastre que estava se abatendo sobre sua nação. Sob o jugo dos romanos, tornou-se conhecido como Josefo e, mais tarde, ia se tornar o famoso historiador dos judeus.

A guerra já parecia quase perdida para os judeus. Mas nesse ponto foi como se a antiga profecia pudesse estar se realizando. O esforço de guerra romano diminuiu subitamente e se espalhou a notícia de que a própria Roma estava com sérios problemas. As legiões da Gália e da Espanha, juntamente com os guardas pretorianos, tinham se rebelado contra o imperador Nero, forçando-o a fugir de Roma. O Senado declarou o imperador inimigo público e ele cometeu suicídio em 9 de junho de 68 d.C.

A diminuição da luta na guerra judaica resultou do fato de o general romano Vespasiano ter retornado a Roma para ser proclamado imperador, deixando o filho Tito encarregado de dar continuidade aos planos de batalha na Judeia. A pausa foi de curta duração e Tito deu início ao cerco de Jerusalém na primavera do ano 70 d.C.

Jerusalém estava cheia de gente devido às festividades da Páscoa e, quando Tito cortou a água e o suprimento de comida, as massas cercadas sofreram terrivelmente. Os que tentaram escapar foram crucificados na frente das muralhas como exemplo para outros e, segundo Josefo, a fome foi tão severa que houve o caso de uma mãe que comeu a carne do próprio filho pequeno.

Tito não queria ver o templo destruído e prometeu poupar os judeus se eles cessassem a resistência. Enviaram Josefo para tentar convencer seus concidadãos a se renderem – mas eles se recusaram, acreditando que seu Deus estava prestes a interceder a favor de sua grande causa.

Os comandantes judeus, João de Gíscala e Simão bar Giora, lutaram com grande habilidade, criando estreitas "áreas de matança". Quando as muralhas fossem rompidas, os invasores se veriam forçados a entrar em pequenos bolsões, onde poderiam ser rapidamente abatidos. Mas a maré de soldados romanos avançou implacavelmente e logo o fogo começou a consumir muitos edifícios. No sábado de 10 de agosto de 70 d.C., o próprio templo estava em chamas.

Desde esse dia, o povo judeu jamais voltou a oferecer sacrifício a seu Deus.

Depois de uma luta acirrada, a cidade inteira caiu em setembro de 70 d.C. A Cidade Santa foi tomada, incendiada, e a Décima Legião acampou na área do templo arruinado, que fora reduzido a cinzas. Depois os romanos seguiram adiante, passando cada homem, mulher ou criança que encontravam a fio de espada. Josefo recorda que, dos dois milhões e meio de pessoas reunidas na cidade durante a Páscoa, um milhão pereceu no cerco e 347.000 morreram em outros locais. Das restantes, 97.000 foram levadas para o cativeiro e 11.000 morreram de fome.

Josefo, contudo, nos conta que, mesmo depois de o templo ter sido destruído, o labirinto subterrâneo de túneis da gigantesca plataforma proporcionou esconderijos para muitos combatentes judeus:

Este Simão [bar Giora], durante o cerco de Jerusalém, ocupara a cidade alta; mas quando o exército romano penetrou nos muros e começou a saquear toda a cidade, ele, acompanhado dos amigos mais fiéis, juntamente com alguns trabalhadores de cantaria, levando as ferramentas exigidas pelo ofício deles e provisões suficientes para muitos dias, mergulhou com todo o seu grupo numa das passagens secretas.

Josefo diz em seguida que Simão e seu grupo emergiram de repente na área do próprio templo, no meio do acampamento romano:

Simão [...] vestido com túnicas brancas e um manto púrpura atado sobre elas surgiu do solo no ponto exato onde antigamente se achava o Templo. Os espectadores ficaram a princípio aterrorizados e se mantiveram imóveis; mas depois chegaram mais perto e indagaram quem era ele [...] Sua saída do solo levou, além disso, à descoberta durante aqueles dias de um grande número de outros rebeldes em passagens subterrâneas.[14]

Simão tinha vestido o traje branco de um essênio coberto com o manto púrpura de um rei. As túnicas brancas e o manto púrpura tinham obviamente sido preparados de antemão porque, mesmo naquela hora medonha, Simão e seus seguidores ainda acreditavam que Deus estaria vindo interceder por eles e transformar uma horrível derrota numa gloriosa vitória dos Filhos da Luz.

Simão estava enganado. Mas nem ele nem qualquer um de seus homens jamais deram aos romanos uma pista do esplendor que se achava profundamente oculto nas passagens secretas sob o Monte do Templo.

Entre 66 e 70 d.C., uma enorme proporção da população da terra natal judaica fora passada pela espada, mas o Novo Testamento não faz a mais leve menção das perdas da própria gente que está no centro da história cristã, o povo onde muitos haviam sido testemunhas oculares do batismo, dos sermões e da crucificação de Jesus. Acreditamos que essa omissão – exceto talvez no caso de Lucas 21.20, onde é feita referência a esses acontecimentos sob a forma de uma profecia de Jesus – demonstra como os novos Evangelhos do cristianismo não tinham praticamente qualquer relação com os judeus e sua busca pelo Messias. O iludido fabricante de tendas de Tarso havia inadvertidamente criado um envoltório atualizado para uma velha religião de mistério que acabaria se tornando uma das grandes fés do mundo.

Os cristãos gentios da Diáspora, que tinham aprendido as estranhas interpretações da vida e morte de Jesus feitas por Paulo, estavam livres para difundir sua história inventada porque muito pouca gente sobrara para contar a verdadeira história. Essas pessoas adotaram o "Messias judeu" como coisa sua, mas nunca se consideraram absolutamente uma seita judaica. Tendo adotado uma versão truncada da história dos Filhos da Luz, viraram as costas para a nação dos judeus, ao mesmo tempo em que falsamente os acusavam de responsáveis pelo assassinato do próprio Messias davídico.

O Filho da Estrela

Mas nem todos os sacerdotes das Famílias da Estrela estavam mortos. Muitos tinham ido para a Europa e alguns permaneceram na Judeia esperando uma oportunidade para travar novamente a guerra. Pouco mais de meio século depois, em 132 d.C., outro membro das Famílias da Estrela acreditou que chegara o tempo de se pôr em marcha como o Messias. Seu nome de família era Simeão bar Kosiba, mas ele assumiu o título de *Bar Kokeba*: "Filho da Estrela".

Para se certificar de que seu exército consistiria apenas dos soldados mais duros, o Filho da Estrela disse que só quem tirasse com uma mordida um dedo da mão direita mereceria estar na tropa. Não menos de 200.000 pessoas passaram nesse horrível teste.

O teste foi mais tarde abandonado mas, depois do término do recrutamento, Bar Kokeba tinha um enorme e feroz exército com cerca de 580.000 pessoas. Esse novo Messias começou seu ataque capturando áreas do país, uma de cada vez, saqueando uma fortaleza atrás da outra, uma cidade atrás da outra, até que, finalmente, retomou toda a Palestina para os judeus e seu Deus.

O imperador romano, Adriano, respondeu trazendo da Grã-Bretanha seu melhor general, Júlio Severo, para comandar um exército contra os judeus. Já então havia 12 legiões do Egito, da Grã-Bretanha, da Síria e de outras áreas prontas para a batalha. Devido ao grande número de rebeldes judeus, em vez de travar uma guerra aberta, Severo cercava cada fortaleza judaica e retinha a comida até os judeus fraquejarem. Só depois de ter quebrado esses pontos nevrálgicos, ele passou à guerra franca. Os romanos arrasaram todas as 50 fortalezas judaicas e 985 povoados. Os romanos também sofreram baixas pesadas e Adriano não enviou sua habitual mensagem ao Senado dizendo "eu e meu exército estamos bem".

Finalmente o exército romano encurralou Bar Kokeba numa pequena área fortificada de Jerusalém chamada Betar, que era considerada impenetrável – mas ela também caiu.

Meio milhão de judeus acabaram mortos no campo de batalha. Os restantes foram vendidos como escravos, estavam escondidos em cavernas ou tinham fugido para outros países. A existência dos judeus como nação em sua terra natal chegou ao fim.

Adriano reconstruiu Jerusalém em nome de Júpiter e rebatizou-a de Aelia Capitolina. Todos os judeus foram proibidos de se aproximar da cidade.

Mas a Igreja de Jerusalém não tinha desaparecido. Um pequeno mas importante grupo dos seguidores de João, Jesus e Tiago havia sobrevivido. O grupo, geralmente identificado sob o título de ebionitas (do hebraico *ebyonim*, "os pobres"), continuou na província romana de Iudaea (uma região maior que a Judeia com o centro em Jerusalém) durante os primeiros séculos da era cristã.

Os ebionitas estavam em conflito teológico com os cristãos paulinos e com os cristãos gnósticos antes mesmo da destruição de Jerusalém. Vários estudiosos modernos, incluindo Hyam Maccoby, Robert Graves, Hugh Schonfield e Keith Akers, sustentam que os ebionitas rejeitavam os ensinamentos de Paulo de Tarso e se prendiam aos autênticos ensinamentos de João, Jesus e Tiago, o Justo.

Longe da agitação da Terra Santa, os sacerdotes das Famílias da Estrela iam vivendo. Tinham de esperar o tempo certo para dar continuidade à sagrada missão de construir uma nova ordem mundial de Deus. Nos séculos que se seguiram, o poder da Roma imperial começou a declinar, mas a força do império estava sendo transferida para o culto do fabricante de tendas. As Famílias da Estrela tinham agora de enfrentar a poderosa religião do cristianismo.

Capítulo 3

Para Salvar um Império

Se Paulo de Tarso foi a pessoa mais importante na história do cristianismo então, possivelmente, a segunda mais importante foi outro cidadão romano que atendia pelo nome de Gaius Flavius Valerius Aurelius Constantinus, mais conhecido como imperador Constantino I.

Constantino nasceu em Naissus (hoje Nis, na Sérvia) em 27 de fevereiro de 272 d.C. O pai, Constantius Chlorus, era general do exército romano e a mãe, Helena, uma filha de estalajadeiro de 16 anos que se tornara prostituta e seguia os soldados.

Em 305 d.C., Constantius foi designado coimperador de Roma, mas morreu em 25 de julho do ano seguinte em Eboracum (York), na Grã-Bretanha, onde havia parado durante uma expedição contra os pictos, na Escócia. Aos 34 anos de idade, Constantino esteve à cabeceira do leito de morte paterno e foi proclamado no mesmo dia imperador pelas tropas leais à memória de seu pai. As relações entre Constantino e seu coimperador Licínio acabaram se deteriorando e seguiu-se uma luta pelo poder que foi resolvida com a derrota e morte de Licínio em 324 d.C. Agora imperador tanto da metade leste quanto da metade oeste do Império Romano, Constantino deu início a muitas reformas administrativas importantes, incluindo a reestruturação do exército e a separação das autoridades civil e militar, providência destinada especificamente a reduzir a possibilidade de comandantes militares se apoderarem do poder. O novo governo centralizado era chefiado diretamente por Constantino e seu conselho, conhecido como *sacrum consistorium*.

Constantino e Religião

Tendo feito mudanças importantes nas rotinas da vida militar e civil, Constantino voltou sua atenção para assuntos religiosos, com o objetivo de promover o máximo possível de unidade e estabilidade entre seus cidadãos. Constantino era seguidor de uma religião solar centrada no Deus Sol Invictus ("o Invicto Deus Sol"), geralmente chamada simplesmente de Sol Invictus – uma fé que estava muito intimamente relacionada ao mitraísmo ou que talvez fosse seu sinônimo. O imperador Aureliano havia introduzido esse culto como a primeira religião oficial do império mais ou menos na época em que Constantino nascera. Aureliano tinha inaugurado o Templo do Sol Invictus, em Roma, a 25 de dezembro de 274 d.C., num festival chamado *Dies Natalis Solis Invicti* ou "Nascimento do Sol Invencível".

A 7 de março de 321 d.C., Constantino decretou que o domingo (o *Dies Solis* romano) deveria ser um dia de repouso em honra do deus Sol. Ele declarava:

> No venerável dia do Sol que os magistrados e o povo residentes nas cidades descansem e que todas as oficinas permaneçam fechadas. No campo, porém, as pessoas ocupadas na agricultura podem de forma livre e lícita dar continuidade a suas atividades porque com frequência acontece não ser conveniente esperar mais um dia para semear o grão ou plantar a videira; para que não negligenciem o momento adequado para tais operações e a doação do céu seja perdida.

Não há dúvida de que o Sol Invictus e a religião iniciática de Mitra eram extremamente populares no próprio centro do Império Romano quando Constantino chegou ao poder, mas essas crenças não estavam sozinhas. O cristianismo também estava prosperando, embora longe de organizado. Havia explodido em inúmeras formas depois da época de Paulo e um sem-número de "Evangelhos" e outros textos religiosos estavam em circulação.

Podemos ter certeza de que as Famílias da Estrela permaneceram ativas durante esse período, não só em Jerusalém e nos seus arredores, mas também muito mais para o Ocidente. Pesquisas históricas e arqueológicas sobre o passado distante da Gália (França) e da Grã-Bretanha mostram que o cristianismo estava presente nesses locais desde uma data muito remota. Aqui ele começou a seguir um padrão muito diferente do modelo paulino estabelecido mais próximo do centro do império em Roma. Como veremos logo a seguir, o desenvolvimento do cristianismo caldeano nas bordas célticas da Europa proporcionava, aos sacerdotes das Famílias da Estrela, um porto seguro no interior de províncias longínquas demais para serem efetivamente controladas pelas dioceses que se desenvolviam muito mais para leste.

A perseguição aos cristãos cessara oficialmente em 313 d.C., quando Constantino e seu antigo coimperador Licínio lançaram em conjunto o Édito de Milão que, no essencial, tornava o cristianismo legal no Império Romano. O fato de Helena, mãe de Constantino, ser cristã pode ter sido um fator que influiu para isso.

Roma geralmente fora bastante tolerante com as várias crenças adotadas por seus muitos cidadãos. Os primeiros governantes romanos não apenas tinham aceito o direito de o indivíduo acreditar no que ele ou ela quisessem em termos de religião, mas a própria Roma frequentemente absorvera longínquas divindades locais, passando a incluí-las em seu próprio e rico panteão de deuses e deusas. Pelo que dizia respeito aos sucessivos imperadores, não teria sido diferente com o cristianismo, não fosse o fato de seus seguidores se recusarem obstinadamente a aceitar que os próprios imperadores pudessem ser divinos ou a acreditar que o primeiro compromisso de fidelidade de uma pessoa era para com Roma e seus governantes. Era célebre a forma como Jesus abrira um espaço entre imperadores terrenos e seu Deus quando disse: "Dai a Deus o que é de Deus e a César o que é de César".

A maioria dos cristãos teria gostado de viver em paz como cidadãos respeitadores da lei, mas diferentes imperadores haviam ardido de indignação quando os cristãos se recusavam a aceitar sua divindade ou sua suprema posição de autoridade. Dezenas se não centenas de milhares de cristãos haviam morrido nos cárceres do império ou sido sacrificados nos anfiteatros e nas margens das estradas – muitos deles seguidores não do Jesus judeu, sobre quem praticamente nada sabiam, mas do quase inteiramente fictício Jesus ressuscitado, criado por Paulo de Tarso.

Constantino era um homem pragmático e pouco lhe importava que religião era popular entre o povo, mas queria obter um clima harmonioso. Sentiu que o cristianismo talvez representasse a instituição de uma religião estável e universal, que poderia ser controlada de Roma. Mas também sabia que isso jamais iria acontecer enquanto o cristianismo fosse representado por uma vasta coleção de diferentes cultos, mesmo dentro do grupo que acreditava que o homem Jesus fosse um deus.

Moldando uma Fé: o Concílio de Niceia

Em 325, Constantino presidiu pessoalmente o primeiro concílio ecumênico da Igreja cristã em Niceia (a atual Iznik, na Turquia), que foi a maior assembleia de bispos e outros líderes da Igreja jamais reunida até aquela data. O concílio começou a 14 de junho e nas semanas seguintes foram tomadas decisões que definiriam a forma da religião na Europa.

Os bispos da Europa, do norte da África e da Ásia que se encontraram em Niceia teriam enorme influência no desenvolvimento de um culto religioso que ainda só tinha três séculos. Nesse tempo relativamente curto, o cristianismo aprendera a se adaptar a quaisquer circunstâncias reinantes e mantivera um modo de agir bastante "local" em muitas das áreas geográficas onde criara raízes. Em alguns pontos, por exemplo na própria Roma, o novo sistema de crença tinha adquirido um toque caracteristicamente "latino", com a interpretação mitraísta da história de Jesus feita por Paulo se adaptando bastante bem às crenças do Sol Invictus.

Não apenas o domingo (o dia do Sol)* ia ser o sabá cristão; também as figuras de Jesus e dos vários santos passariam a ser representadas com o Sol flamejante por trás das cabeças para indicar santidade. Estas imagens de um Sol pessoal tornaram-se conhecidas dos cristãos como "halos". Algumas das mais antigas imagens de Cristo representam-no como Helios, o deus grego do Sol, que cruza todo dia o céu em sua carruagem dourada. Helios era o equivalente direto do deus do Sol romano, centro da religião do Sol Invictus.

A tarefa essencial para Constantino era decidir que documentos deveriam constituir o "Livro Sagrado" dessa nova religião romana. Ele seria chamado de "Bíblia" – era simplesmente a palavra grega para "livros" (*biblia*). Com inúmeras versões disponíveis, uma boa proporção dos Evangelhos já existentes tinha de ser completamente abandonada e parte do material dos Evangelhos restantes precisaria ser cuidadosamente organizada. Por exemplo, o Evangelho de Filipe, que fora amplamente aceito entre grupos gnósticos até aquele momento, foi rejeitado como herético, juntamente com o próprio gnosticismo. O Evangelho de Filipe contém uma passagem notável em que os discípulos se queixam de que Jesus parecia estar tratando melhor Maria Madalena que a eles, e que deixa quase subentendido que ela era esposa de Jesus.

---

* *Sunday* em inglês. (N. do T.)

O Evangelho dos Ebionitas ou Evangelho dos Doze Apóstolos, popular entre as salomônicas Famílias da Estrela, foi outro escrito rejeitado. Epifânio, um estudioso cristão do século IV, escreveu sobre esse trabalho, que ele afirmava ser uma versão "falsificada e mutilada" do Evangelho de Mateus, onde faltava a história do nascimento de Jesus e o episódio da ressurreição.

Contudo, as Famílias da Estrela de Salomão, os sacerdotes judeus hereditários, que haviam estado integralmente envolvidos com a verdadeira Igreja Ebionita de Jerusalém, sabiam que Jesus fora um importante mestre – mas não tão importante quanto o fundador do Caminho: João Batista. Eles acreditavam que a liderança da Igreja de Jerusalém tinha passado de Joao para Jesus e depois para seu irmão Tiago, e repudiavam todos os adornos mitraístas que haviam sido anexados à vida de Jesus. Talvez na verdade a chamada "falsificação" ebionita seja a mais antiga versão do Evangelho, que coloca João Batista em primeiro lugar e não apresenta trechos fantasiosos originados do culto mitraísta estrangeiro desenvolvido por Paulo. É provável que o Evangelho de Mateus – que os estudiosos aceitam como o mais judaico dos Evangelhos cristãos – tenha sido dramaticamente alterado para incluir trechos que o próprio Mateus jamais escreveu.

E, é claro, outro texto extremamente popular entre muitos cristãos até aquele momento, especialmente entre os cristãos de Jerusalém, era o *Livro de Enoque*. Esse livro estava no centro das antigas tradições que serviam de ponto de apoio às Famílias da Estrela. Ele também não conseguiu ser incluído no cânon e todas as suas cópias conhecidas foram destruídas.

Mais de 50 livros foram grandemente alterados ou destruídos por Constantino e os bispos, sobrando o que é essencialmente o Novo Testamento que conhecemos hoje. Cada livro que foi incluído tornou-se "verdade evangélica" e aqueles que foram removidos seriam, daí em diante, declarados "heréticos".

Niceia representou um encontro mais ou menos aberto entre Constantino e os bispos, embora pareça provável que muitas das principais decisões no tocante à direção que se pretendia dar ao cristianismo tenham sido tomadas a portas fechadas. A moldagem final do cânon cristão teve lugar em Niceia e durante os anos imediatamente seguintes.

O Concílio de Niceia, patrocinado pelos romanos e portanto paulino, tinha de subestimar o papel de Tiago, irmão de Jesus, e exagerou grandemente a importância do discípulo Simão Pedro. Os secretários de Constantino concluíram que, com uma criteriosa edição, poderiam criar uma linha irrefutável de sucessão baseada num dito dúbio de Jesus, quase certamente uma adição posterior ao Evangelho de Mateus: "Tu és Pedro e sobre esta pedra edificarei minha Igreja". (Mateus 16.18). Eles então afirmaram que Pedro havia finalmente viajado para Roma para se tornar supervisor (bispo) da Igreja Romana, transformando-se no que seria mais tarde chamado de primeiro papa. Dessa maneira os bispos de Roma adquiriram um mandato do próprio Jesus, que pôde daí por diante ser visto como irrefutável e incontestável. O mais importante é que esse constructo favorecia Roma, o que era a intenção de Constantino.

Contudo, uma coisa poderia complicar a pretensão de Roma ao poder e controle sobre os fiéis: as pretensões dos próprios descendentes de Jesus. É quase certo que os delegados presentes em Niceia não pretenderam praticar qualquer desonestidade com suas ações, pois na época não havia um conceito de "verdade" como absoluto – verdade era o que melhor servia a necessidades políticas. A evidência documental que estava na frente desses homens sugeria, enfaticamente, que Jesus fora casado e tinha filhos – mas esse fato tornaria a sucessão de Pedro completamente inexpressiva, enquanto a linhagem do Messias complicaria a pretensão de Roma ao poder. Como resultado disso, o Evangelho de Filipe foi rejeitado, juntamente com todo e qualquer documento ou passagem que contivesse referências a qualquer coisa que pudesse sugerir que Jesus tivesse tido uma esposa e uma família.

Ritos de Mitra

Apesar do seu interesse de colocar em ordem os assuntos cristãos, não se sabe se Constantino chegou ele próprio a se tornar algum dia cristão – a tradição diz que foi batizado no leito de morte a 22 de maio de 337 d.C., mas isso pode ser apenas uma lenda bem-intencionada, surgida numa igreja que devia seu poder à intervenção dele. Uma olhada mais próxima na vida do imperador antes e após Niceia demonstra que ele se apegava rigidamente à variante do "Sol Invictus" do mitraísmo, que adotara desde muito jovem. Mesmo depois do Concílio de Niceia, Constantino conservou o título tradicional de *Pontifex Maximus*, como o alto sacerdote de Apolo, e suas moedas continuaram a ser gravadas em homenagem à antiga religião: *SOLI INVICTO COMITI*, "Ao Invencível Sol, o Companheiro [do imperador]".

O deus Mitra surgiu do zoroastrismo, antiga religião persa cuja divindade suprema era Ahura Mazda. Com o passar do tempo, considerou-se que Mitra era na realidade idêntico à divindade suprema. Séculos antes do nascimento de Cristo, Mitra havia adquirido uma biografia. Dizia-se que Mitra nascera numa gruta de uma mãe virgem em 25 de dezembro e recebera a adoração de pastores em seu nascimento. Creditou-se a ele uma capacidade pessoal de salvar almas, pregou-se que fora executado na época do ano que hoje conhecemos como Páscoa e que, depois de três dias, havia se levantado dos mortos.

Por meio do culto do Sol Invictus, o mitraísmo se fundiu com o cristianismo em quase todos os pontos, por exemplo nos ideais de humildade e amor fraterno, no batismo, no rito da comunhão, no uso da água benta e na crença na imortalidade da alma, no julgamento final e na ressurreição. Os mitraístas também acreditavam na vida eterna no céu e na tortura dos maus após a morte. Muitas dessas crenças e rituais eram exclusivos do mitraísmo e não foram oficialmente colocados como parte da fé cristã antes do século IV.

Pouca dúvida pode haver de que a ideia maior de Constantino era unificar a mente e a alma de seus súditos amalgamando o maior número possível de crenças e práticas numa só religião, tornando a fé daí resultante propriedade do império. Concluía, de maneira brilhante, que um discípulo de Júpiter em Roma, um druida do distante Ocidente ou um adorador de Ísis, Deméter ou Mitra acabaria finalmente aceitando o mito de Jesus, porque certos aspectos dele já lhe seriam familiares. Mitra não era cultuado abertamente, nas esquinas das ruas, como era Jesus. Pelo contrário, para se tornar um seguidor de Mitra era necessário que o aspirante fosse "introduzido" nas várias formas de culto, todas elas secretas. O mitraísmo ficara originalmente confinado aos soldados romanos e funcionários civis, pois havia um forte aspecto marcial em seu culto e o acesso aos templos mitraístas era restrito aos homens, sem que as mulheres pudessem participar das cerimônias que lá tinham lugar. O mitraísmo tinha muito em comum com outras religiões de mistério que proliferavam de uma ponta à outra do império mas, como elas, não tinha utilidade como instrumento político.

Os templos a Mitra eram pequenos, frequentemente subterrâneos ou construídos para lembrarem cavernas. Têm sido encontrados por todo o antigo mundo romano, em pontos do Ocidente tão distantes quanto a Grã-Bretanha, mas só razoavelmente há pouco tempo o propósito dessas pequenas estruturas retangulares foi identificado. Os templos mitraístas tinham fileiras de bancos de um lado e de outro e espaços vazios no centro e no lado direito, onde cerimônias hoje pouco compreendidas tinham lugar. É improvável que mais de 40 pessoas pudessem se acomodar confortavelmente em qualquer um dos templos mitraístas que têm sido escavados.

Sabe-se que havia vários "graus" de iniciação ao mitraísmo. Provavelmente eram em número de sete, um para cada corpo celeste conhecido na época: Sol, Lua, Mercúrio, Vênus, Marte, Júpiter e Saturno. Uma vez iniciados no primeiro grau dessa religião, os aspirantes eram autorizados a participar de cerimônias básicas, mas os celebrantes eram retirados das fileiras dos que tinham passado por todos os sete graus. A única parte de qualquer uma das cerimônias que é pelo menos remotamente compreendida é a recriação ritualizada de Mitra matando um touro branco sagrado, mas no essencial, mesmo essa estranha cerimônia continua sendo um mistério.

O mitraísmo era uma religião apenas masculina, mas tinha uma contrapartida feminina, que se apoiava em Cibele, a deusa frígia, conhecida de seus seguidores como "a Mãe de Deus". Os sacerdotes de Mitra eram conhecidos como "Pais" e as sacerdotisas de Cibele como "Mães". E de maneira nada surpreendente, os primeiros definidores do culto romanizado de Jesus tornaram-se conhecidos como Pais da Igreja. Até os dias de hoje os sacerdotes católicos romanos são tratados de "Padres" [Pais].

Depois do batismo nos mistérios de Mitra, o iniciado era marcado na testa com o sinal da cruz formado pela elíptica e o equador celestes. Os mitraístas também celebravam um banquete de confraternização, que consistia de broas de pão decoradas com cruzes e vinho – o corpo e o sangue de Mitra.

À medida que o tempo passasse, a nova rotulação do mitraísmo como cristianismo feita por Constantino ficaria quase esquecida, contudo a falta evidente de qualquer originalidade em aspectos cruciais da história do Cristo fez com que as primeiras autoridades da Igreja emitissem uma bula (decreto) papal para atenuar isso. A bula afirmava que a história de Jesus na realidade se originara primeiro, mas que o diabo tinha falsamente colocado Mitra mais recuado no tempo do que ele realmente devia estar com o objetivo específico de fomentar discórdia e confundir os verdadeiros cristãos! Isso é claramente absurdo e continua sendo um fato que o nascimento num estábulo, o nascimento de uma virgem, a crucificação e a ressurreição depois de três dias – e um grande número de outras tradições e crenças ligadas à vida de Cristo – surgiram primeiro no mitraísmo e foram acrescentadas depois ao mito de Jesus.

A Igreja Romana Triunfante

Num período de apenas alguns meses, Constantino alcançou todos os objetivos que fixara para si. Ele sem dúvida esperava que o cristianismo se disseminasse ainda mais pelo mundo conhecido, mas agora fora estabelecido que o centro do culto cristão não seria na Palestina, onde a religião surgira, mas na própria Roma. Daí para a frente quem estivesse procurando orientação e preceitos religiosos teria de se reportar à Igreja em Roma, a cidade que era também o centro da administração civil e legal. Desse modo Constantino procurava restaurar a importância e relevância de Roma e adicionar apoios significativos ao império doente.

Parece quase certo que alguns dos delegados de Niceia estivessem familiarizados com a Igreja de Jerusalém, mas eram homens que tinham aprendido a manter a boca fechada. A verdadeira natureza da vida e do ministério de Jesus era anátema para Roma e estava tão intimamente associada ao constante estado de rebelião da Judeia, e à sua destruição final pelas legiões romanas, que falar dela – mesmo três séculos depois – significaria morte certa. Sacerdotes das Famílias da Estrela aprendiam cedo que tinham de ser pacientes e manipuladores se quisessem que a Nova Jerusalém se tornasse algum dia realidade. Estavam bem cientes de que a forma romana de cristianismo era exatamente tão inimiga quanto o próprio império. A influência das Famílias era forte, mas como ficaria provado ser o caso nos muitos séculos que se seguiram, era secreta e deliberadamente sutil.

O Sagrado Feminino

Na época do Concílio de Niceia, os cristãos já cultuavam uma misteriosa Trindade, que hoje conhecemos como Pai, Filho e Espírito Santo. Desde seus primeiros dias, o cristianismo fora muito influenciado pela Grécia e pelo idioma grego, que era a língua franca no leste do Império Romano. O terceiro componente da Trindade, antes de a Igreja finalmente adotar o termo "Espírito Santo", tinha sido frequentemente mencionado como *Sophia*, um nome feminino grego significando Sabedoria (Sagrada). Esse velho conceito é encontrado no Antigo Testamento e foi também muito importante para os sistemas gnósticos.

Os seguidores de Mitra podem ter aceito o que os primeiros cristãos também parecem ter admitido, algo que era óbvio para as Famílias da Estrela: que não se pode ter um Pai e um Filho sem a presença de uma Esposa e uma Mãe. Não há nada de singular em torno desse quadro. Ele era um componente importante de outras religiões iniciáticas que proliferavam na mesma época que a de Mitra e o cristianismo primitivo. Provavelmente a mais popular delas, uma crença que florescia já bem no período cristão, tenha sido o Mistério de Deméter, cuja celebração ocorria anualmente na Grécia.

Deméter, que significa simplesmente "Mãe Terra", era uma forma de uma divindade antiquíssima que fora cultuada na maior parte da Europa e em vastas regiões da Ásia desde a Velha Idade da Pedra. Embora tenha tido centenas de nomes em diferentes locais, é geralmente mencionada até os dias de hoje como a "Grande Deusa". Não há dúvida de que sua imagem reinou suprema nas vidas espirituais dos indivíduos durante dezenas de milhares de anos. Seu culto tinha passado da Europa à Creta minoica e às costas da terra de Canaã, onde os fenícios, em particular, a haviam adotado com entusiasmo. Era plenamente compreendida pelos ancestrais dos judeus e venerada como "União Sagrada" do masculino e do feminino, que se acreditava ocorrer na época da Shekinah (ver p. 28).

Na época Deméter ganhou destaque, durante o período a que hoje nos referimos como da Grécia Clássica (começando em cerca de 500 a.C.), a Grande Deusa como conceito já tinha milhares de anos e Deméter refletia muito do que fora central no culto da deusa. Uma história popular sugere que Deméter era a deusa da vegetação e que havia mostrado uma preocupação especial para com a humanidade. Dizia-se que tinha uma filha, Perséfone, que fora sequestrada por Hades, o deus do mundo subterrâneo. Enfurecida, Deméter tinha se voltado para Zeus, irmão de Hades e rei dos deuses, exigindo que a filha fosse libertada. Zeus concordou em intervir, mas advertiu que Perséfone só poderia deixar o mundo subterrâneo se não tivesse comido nada durante o período de seu cativeiro. O fato é que ela fora induzida a comer uma semente de romã e Zeus decretou que, daí em diante, Perséfone deveria passar um terço do ano no Hades e os outros dois terços com a mãe no mundo de cima.

Deméter ficava, e ainda fica, tão amargurada pela perda anual da filha que, assim era dito, enquanto Perséfone fica trancada em sua prisão bem debaixo da terra, Deméter chora e toda a vegetação cessa no mundo. Era essa a explicação grega para o inverno e provavelmente é uma variante de uma história que era contada na Creta minoica e, sem dúvida, através de boa parte do mundo em tempos muito antigos.

Além disso, Deméter estava associada com outra personagem, que em histórias diferentes é às vezes um marido, assim como pode ser, com idêntica frequência, um filho. Seu nome era Dionísio, que se tornou uma das mais populares divindades gregas. A preocupação especial dele era com o crescimento das coisas e, principalmente, com o vinho. Histórias acerca de Dionísio relatam que ele foi atacado por bandoleiros que o mataram e depois assaram e comeram sua carne. Graças à intervenção de Deméter, o corpo foi reconstruído e o episódio acabou se tornando um acontecimento cíclico, celebrado anualmente.

O culto da própria Deméter tinha lugar duas vezes por ano na Grécia, em Atenas e em suas redondezas. As cerimônias celebradas ali ficaram conhecidas como "Mistérios de Deméter" porque nenhum relato preciso dos ritos jamais chegou ao conhecimento público. Esse é um indício do respeito concedido às cerimônias e do temor que elas inspiravam. Também era verdade que os segredos tinham de ser guardados pelos iniciados sob pena de morte.

Mais para leste, no Egito, havia surgido outra versão dessa deusa onipresente. Seu nome era Ísis e ela acabou ficando extremamente popular não só no próprio Egito, mas em todo o mundo romano, e até mesmo além dele.

Originalmente, Ísis fora uma divindade lunar e sua presença na religião egípcia era muito antiga; provavelmente tinha existido desde o início mesmo da vida civilizada ao longo do Rio Nilo. Histórias populares fazem-na esposa de Osíris, o mais amado de todos os deuses egípcios, responsável especialmente pelos mortos e a vida após a morte. Osíris governou a Terra até ser enganado por outro deus, Set, que conseguiu que Osíris fosse posto num sarcófago lacrado, que foi deixado à deriva no Nilo. Ísis estava inconsolável e não parava de procurar o marido. O ataúde foi impelido para a praia na longínqua Biblos e acabou preso numa moita de tamarga, que finalmente se transformou numa árvore com o sarcófago dentro do tronco. O rei de Biblos ficou tão fascinado pela árvore que mandou que fizessem uma pilastra com ela para sustentar seu palácio. Ísis finalmente conseguiu achar a pilastra e libertou o marido de sua prisão.

Set, no entanto, não havia terminado. Enquanto Ísis estava ausente fez com que o corpo de Osíris fosse cortado em catorze partes, que distribuiu pelo mundo afora. Ísis passou um longo tempo viajando, reunindo os vários pedaços, que finalmente remontou. Depois devolveu magicamente Osíris à vida pelo tempo suficiente para conceber seu filho, Hórus. Algumas das histórias, no entanto, relatam que Ísis encontrou todas as partes do marido, menos o pênis, e que, para conceber Hórus, manufaturou um falo com cera de abelha. Osíris ingressou no *Duat*, o mundo subterrâneo, onde supervisionava a vida após a morte de todos que acreditavam nele e em sua fiel esposa.

Há várias passagens comuns nas histórias contadas acerca de Ísis e nas histórias de Deméter. Em cada caso existe alguma ambiguidade sobre a relação entre a deusa e o deus. Às vezes o deus é o consorte da deusa e outras vezes é o filho. Num caso ou no outro, porém, o corpo do deus é cortado em pedaços, depois reconstruído pela deusa; e não há dúvida sobre a motivação para a existência dessas histórias. O que encontramos na personagem de Osíris e na de Dionísio são representações de um deus comum de tempos antigos coletivamente conhecido como "Deus do Trigo". Enquanto a Grande Deusa é perpétua e representa as forças da natureza, o Deus do Trigo renasce anualmente, assim como o trigo, que cresce, é cortado e desmembrado porque a humanidade tem de comer. Sob esse ângulo, tanto Osíris quanto Dionísio são representativos não da natureza em si mesma, mas da exuberância que brota a cada primavera.

O Deus do Trigo também se encontra no próprio centro do cristianismo, pelo menos no que diz respeito aos Evangelhos. Isso se torna claro perto do final da vida de Jesus, na época de um acontecimento conhecido como Última Ceia. A refeição ritual é descrita em detalhe na Bíblia cristã. Supõe-se que tenha ocorrido na véspera do dia em que Jesus foi preso, julgado e crucificado pelas autoridades romanas. Nessa refeição especial, Jesus toma vinho numa taça, que passa depois aos discípulos. Segundo Lucas 22.17: "Ele tomou a taça, deu graças e disse: 'Tomai isto e reparti entre vós'".

Em seguida Jesus explicou que o vinho representava seu sangue. Depois voltou a atenção para o pão. Segundo Lucas 22.19: "E tomou um pão, deu graças, partiu e deu-o a eles, dizendo: 'Isto é o meu corpo que é dado por vós. Fazei isto em minha memória'".

É improvável que isso tenha mesmo acontecido. Tal ideia teria desagradado inteiramente a todos os judeus numa época em que sangue e carne morta eram anátema para eles. Como alguém destinado a ser "rei dos judeus", Jesus teria perdido todo apoio se tivesse mesmo feito uma declaração tão chocante. Essa cena foi um adorno muito posterior destinado a atrair os romanos que vinham, há séculos, bebendo o sangue de seus deuses.

Com toda a probabilidade, a Última Ceia foi a habitual refeição comunal desfrutada pela maioria dos judeus na véspera da Páscoa. A ideia do pão e vinho era muito mais antiga que o Cristo, como a própria Bíblia registra. No Gênesis 14.18, lemos que centenas de anos antes de existirem os primeiros judeus, Melquisedeque (significando "rei da justiça"), sumo sacerdote e rei de Jerusalém, trouxe pão e vinho.

Aqui não pode haver ambiguidade. Tanto Melquisedeque quanto Jesus, ou quem quer que tenha primeiro redigido essas histórias, estavam claramente fazendo referência ao Deus do Trigo, extremamente antigo. O que torna o incidente do Novo Testamento ainda mais importante é o fato de que parte da analogia se relaciona especificamente ao pão que, é claro, é feito de trigo.

Se Jesus se equiparava, ou se era equiparado pelos seguidores, ao Deus do Trigo, então também esperaríamos encontrar uma representante da Grande Deusa em algum ponto da história e de fato encontramos. Não é ninguém mais que a Virgem Maria.

Maria, a Genitora de Deus

A importância da Virgem Maria para denominações específicas da Igreja cristã continua sendo algo essencial, talvez até decisivo no conjunto da religião cristã.

Maria já era venerada na época do primeiro Concílio de Niceia. Em locais específicos, e especialmente entre os gregos da Ásia Menor (Turquia), já era mencionada como *theotokos*, a "genitora de Deus". Em 553 d.C., esse título lhe foi oficialmente concedido por todo o mundo cristão. Não obstante, sua posição real dentro do cristianismo sempre foi um tanto ambígua por algumas razões muito importantes.

O imperador Constantino usou o Concílio de Niceia para promover a versão do cristianismo que melhor se ajustava aos seus propósitos. Foi decidido em Niceia que Jesus era indistinguível de Deus – em outras palavras, ele era "da mesma substância" que Deus, como afirma o Credo de Niceia. Sendo esse o caso – e isto é algo absolutamente rejeitado pela Igreja de Jerusalém – pouca dúvida poderia haver sobre a divindade da Virgem Maria, pois quem poderia dar à luz um verdadeiro deus a não ser uma verdadeira deusa? O que tornou a questão ainda mais complicada foi o fato de que se Deus era o pai de Jesus e Maria sua mãe, Maria também deve ter sido a esposa de Deus. E se o próprio Jesus era também Deus, então Maria era também sua esposa. Sob esse ângulo, ela lembra de perto tanto a Deméter grega quanto a Ísis egípcia.

As implicações não passaram despercebidas por Constantino ou por aqueles que vieram em seu rastro e a Igreja cristã se manteve muitos séculos confusa acerca da real posição de Maria dentro da fé. Constantino, no entanto, não parece ter ficado excessivamente perturbado por essas implicações e é possível que elas existam como um legado do mitraísmo. A Virgem Maria é ainda mencionada dentro da Igreja Católica e das Igrejas Ortodoxas orientais como "Mãe de Deus" e "Rainha do Céu". Tem ainda sido constantemente mencionada como a "Noiva de Cristo" ou a "Noiva de Deus", que, se Jesus é indivisível de Deus, são meramente versões diferentes da mesma coisa. Tudo isso foi aceito e compreendido pelas Famílias da Estrela, embora não do modo como acreditavam os cristãos romanos. Para as Famílias da Estrela, a associação da Deusa e do Deus do Trigo, anualmente sacrificado e renascido, era parte de uma crença que remontava a muito antes do advento do judaísmo, a um tempo em que Deus e Deusa eram indistinguíveis em importância. Elas encaravam essas histórias, como a da Deusa e do Deus do Trigo, como importantes alegorias – meios pelos quais as pessoas poderiam acabar aceitando uma mensagem muito mais profunda relativa à natureza do gênero e da Divindade.

Cristianismo Triunfante

Apesar de todo o empenho de Constantino, mesmo uma fé oficial pouco pôde fazer além de retardar o inevitável. Em menos de 200 anos o grande Império Romano desmoronou, com o poder imperial sobrevivendo apenas no Oriente e centrado em Constantinopla. Mas o cristianismo paulino, com suas fortes estruturas e hierarquias centradas em Roma, sobreviveu às incursões dos "bárbaros" que destruíram a secular infraestrutura romana no Ocidente. Os próprios bárbaros foram logo convertidos e a fé continuou a ganhar terreno, chegando por fim aos pontos extremos da Europa, por exemplo à Irlanda, onde o povo tinha se colocado durante muitos séculos contra a miscelânea que era esse culto. Ele, no entanto, acabou se tornando o inquestionável sistema de crença de toda a Europa.

À medida que se difunde, o cristianismo vai perdendo a tolerância com relação a outras crenças que pelo menos ainda era evidente na época de Niceia. Em particular, o cristianismo encontrou meios de satanizar Vênus, um planeta que fora visto como sagrado por tanto tempo que ninguém saberia dizer quando a prática começou. Vênus fazia parte da Divina Shekinah e fora o sagrado "ponteiro" do tempo. Representava o poder supremo da Deusa e, de fato, o planeta ainda conserva seu nome, porque Vênus era meramente a contrapartida romana da Ísis egípcia e da Afrodite grega, que era ela própria apenas outra versão da Grande Deusa. Vênus era também o símbolo da Santa Virgem, algo que não seria esquecido pelos maçons durante muitos séculos futuros, impregnadas como estariam suas práticas com as crenças das Famílias da Estrela.

O cristianismo por fim se afastou inteiramente do culto de Vênus. Claro, ele persistiu nas margens do mundo cristão, em particular na Escandinávia, onde Lúcifer, Senhor da Luz, tornou-se Santa Lúcia, cujas celebrações do solstício de inverno, velas e fogueiras foram embutidas em práticas cristãs locais. Mas no essencial, Vênus, como representação masculina ou feminina, foi violentamente atacado. Lúcifer, que fora originalmente uma divindade ou subdivindade associada a Vênus, era agora tratado simplesmente como outro nome de Satanás. A mágica associação matemática entre os movimentos de Vênus e os do Sol, como vistos da Terra, tornou-se coisa de lenda esquecida e proibida, na medida em que a Igreja cristã perseguia os que meramente contemplassem os céus com uma curiosidade intelectual. Os chapéus altos e pontudos usados pelos "videntes" – aqueles hierofantes instruídos que outrora tinham sido astrônomos-sacerdotes – eram agora considerados chapéus de bruxas e seus bastões usados em medidas astronômicas eram rotulados de "cabos de vassoura".

Qualquer desvio, por menor que fosse, da linha oficial da Igreja era "pecaminoso" e "herético". O bilhete de cada um para uma vida feliz após a morte dependia de obediência irrestrita ao recentemente incorporado culto Mitra-Jesus.

A luz de Lúcifer fora extinta. A ignorância triunfara sobre a sabedoria e a superstição substituíra a lógica. A Igreja espalha um véu de escuridão por toda a Europa enquanto a verdade é virada de cabeça para baixo. A intolerância religiosa se torna a norma e aderir à fé cega era louvado como grande virtude. Os que conservavam uma religião baseada numa compreensão da natureza e da astronomia eram chamados de pagãos, um termo que a Igreja ainda usa de forma enganosa como rótulo para aqueles que vê como sem cultura e depravados.

A Idade das Trevas ia começar.

Capítulo 4

A Ascensão das Famílias da Estrela

As famílias da linhagem sacerdotal judaica que haviam sobrevivido à grande carnificina nas mãos dos romanos na Primeira Guerra Judaica, 66-70 d.C., e na Segunda Guerra Judaica, 132-135 d.C. (*ver* capítulo 2), tinham partido para muito longe de sua amada terra natal. Das costas estrangeiras elas observavam e esperavam. Algumas perderam toda esperança da vinda do reino dos céus, outras foram aos poucos esquecendo essa parte e outras ainda presumiram que devia ser vontade de Deus que o dia delas viesse apenas numa auspiciosa data futura, que ele próprio escolheria. Uma confrontação direta contra os que claramente as oprimiam parecia impossível e o último grupo que tentara remover os romanos de sua terra pela força tinha seguido seu líder, Bar Kokeba, o "Filho da Estrela"... para o esquecimento.

O Apocalipse de João

Um membro famoso, mas paradoxalmente desconhecido, das Famílias da Estrela, que atendia pelo nome de João, deu forma concreta a seus pensamentos. Escreveu um documento vigoroso e profundamente apaixonado sobre a situação difícil de seu povo que, de alguma maneira, conseguiu chegar ao Novo Testamento, fornecendo as palavras finais das escrituras cristãs. No Apocalipse, escrito provavelmente 10 ou 20 anos depois da Primeira Guerra Judaica, esse misterioso João lamenta a perda da Cidade Santa, mas registra suas palavras com esperança e fala de ressurreição e da vinda de novas batalhas entre os poderes do bem e do mal. O escrito é certamente de caráter enoquiano e é completamente diferente do restante do Novo Testamento; lembra também algumas obras das partes apocalípticas do Antigo Testamento, como Ezequiel e Daniel. De alguma maneira conseguiu se esquivar – por pouco – do filtro paulino.

É um tanto estranho que o Apocalipse tenha sobrevivido à seleção levada a termo sob Constantino, mas o debate sobre suas credenciais cristãs jamais cessou. Passaram-se séculos antes que a Igreja Católica Romana finalmente marcasse posição quanto à questão de sua autenticidade. Quinhentos anos atrás, Martinho Lutero, o teólogo e instigador da Reforma Protestante, admitiu que o Apocalipse não tinha relação com o restante do Novo Testamento. Ele disse:

> Não há profeta no Antigo Testamento, para nada dizer do Novo, que trabalhe de forma tão exclusiva com visões e imagens. Quanto a mim, acho que ele se aproxima do Quarto Livro de Esdras; não consigo de modo algum detectar que tenha sido produzido pelo Espírito Santo. Muitos Pais [da Igreja] também rejeitaram esse livro muito tempo atrás [...] Nele, Cristo não é nem ensinado nem conhecido.

O fato de o Apocalipse ter um estilo enoquiano torna altamente provável que tenha vindo de alguém que estava próximo da Igreja de Jerusalém e certamente o associa aos essênios. Como já comentamos, o *Livro de Enoque* era uma obra popular entre os primeiros cristãos, mas ficou quase inteiramente desaparecida por cerca de 1.500 anos.

Enoque estava perdido para o mundo na época de Martinho Lutero, mas é extremamente significativo que Lutero identifique fortes pontos em comum entre o Apocalipse e aquilo a que se referiu como o *Quarto Livro de Esdras (4 Esdras)*. Essa obra é hoje conhecida como *2 Esdras* e se mostrou de capital importância na formação da Maçonaria na Escócia – bem antes da época de Lutero.

No Apocalipse 5.10 João diz:

> Deles fizeste, para nosso Deus, uma realeza e sacerdotes: e eles reinarão sobre a terra.

Isso parece uma descrição das Famílias da Estrela; daquela gente que formava uma linhagem de reis e sacerdotes de Deus – aqueles cujo dever divino era criar uma nova ordem mundial para guiar a humanidade a seu destino final.

Nos capítulos 20 e 21, João faz uma profecia de que, 1.000 anos após a queda de Jerusalém, malfeitores, mencionados como Gog e Magog, atacarão a cidade de Iahweh. Mas nesse momento os abençoados vão se levantar e retomar a terra natal. João diz:

> Vi então um anjo descer do céu, trazendo na mão a chave do abismo e uma grande corrente.
>
> Ele agarrou o dragão, a antiga serpente, que é o Diabo, Satanás, acorrentou o por mil anos e o atirou dentro do abismo, fechando-o e lacrando-o com um selo para que não seduzisse mais as nações até que os mil anos estivessem terminados. Depois disso, ele deverá ser solto por pouco tempo [...]
>
> [...] Os outros mortos, contudo, não voltaram à vida até o término dos mil anos. Esta é a primeira ressurreição [...] quando se completarem os mil anos, Satanás será solto de sua prisão e sairá para seduzir as nações dos quatro cantos da terra, de Gog e Magog, reunindo-as para o combate: seu número é como a areia do mar.
>
> Subiram sobre a superfície da terra e cercaram o acampamento dos santos, a cidade amada: mas um fogo desceu do céu e os devorou.
>
> Vi então um céu novo e uma nova terra – pois o primeiro céu e a primeira terra se foram, e o mar já não existe. Vi também descer do céu, de junto de Deus, a Cidade Santa, uma Jerusalém nova, pronta como uma esposa que se enfeitou para o marido.

O templo dos judeus tinha caído em 70 d.C. A origem precisa do termo "Gog e Magog" é hoje desconhecida, mas estudiosos bíblicos sabem que era usado para se referir a invasores não especificados vindos do norte. Assim, João viu que aconteceria outra invasão depois de 1.000 anos e que "os mortos" seriam ressuscitados após o milênio intermediário. Isso só pode ser uma referência a um esperado ressurgimento das Famílias da Estrela, implicando não que elas estivessem mortas no sentido literal da palavra, mas talvez em termos de influência e êxito. O ataque seria seguido por uma vitória dos ressuscitados que construiriam uma Nova Jerusalém – uma "Nova Jerusalém" *global*, com o Deus dos judeus governando o mundo. Esse seria um mundo, como diz João, "sem mares" – em outras palavras, um mundo unido, sem barreiras internacionais.

Para as pessoas racionais, a ideia de predizer o futuro parece impossível e não é de admirar que profecias de longo alcance que descrevem acontecimentos detalhados terminem invariavelmente se mostrando completamente erradas. Evidentemente, os que acreditam no sobrenatural (como a maioria das pessoas acreditava antes da era da ciência) sentem que existem meios de transcender as leis da natureza. O profeta Elias tinha previsto o surgimento de um novo Messias quando a Shekinah retornasse. Como acontecimento astronômico, era certo que a Shekinah aparecesse numa determinada data e como então as pessoas *esperavam* um Messias, a profecia de Elias parece sólida – até ser reduzida a pó com a morte de Jesus.

Mas, como veremos, independentemente de como ou por que ele chegou a escrever aquelas palavras, a visão que João tem do futuro, expressa no Apocalipse, ia provar ser incrivelmente precisa.

As Famílias da Estrela na França

Na época em que João escreveu o Apocalipse, um grupo substancial de seus compatriotas, depois de vagarem pelos limites do império, tinham lentamente se reagrupado no sul da Gália (França) – um local razoavelmente próspero, mas suficientemente remoto para ser seguro para os exilados. Os portos de mar da região eram centros comerciais significativos, mas secundários, perto o bastante de Roma, a sede do poder, para serem considerados plenamente sob seu domínio, mas suficientemente longe para não terem grande importância.

Nessas áreas cosmopolitas ao redor dos portos meridionais da Gália, as Famílias da Estrela eram apenas outro grupo de estrangeiros que logo se integrariam à vida europeia, adotando o manto de qualquer culto que lhes permitisse permanecer razoavelmente invisíveis. A ascensão final do cristianismo deve ter sido uma bênção, pois assim podiam se apresentar facilmente como judeus que tinham se convertido à nova fé do império. Alguns deles sem dúvida também conservaram seus adornos judaicos, pois os judeus eram em geral aceitos, especialmente nas áreas voltadas para o comércio.

Mesmo entre os que tinham, aparentemente, aceito a nova fé havia uma diferença em suas intenções. Quando louvavam Jesus Cristo dedicavam veneração genuína a um homem que quase fora seu Messias, não à manifestação humana paulina de Iahweh. Com sua herança judaica, devem ter repudiado a incrível ideia de que um homem pudesse ser Deus, mas os povos setentrionais entre os quais estavam agora residindo viam deuses refletidos em toda parte – principalmente nas pessoas de seus frequentemente perturbados imperadores. Para as Famílias da Estrela, Jesus não conseguia ser um Deus, mas era sem dúvida um dos verdadeiros profetas de Iahweh e sua influência fora, e provaria ser, crucial para o mundo.

Jesus, contudo, não era o único profeta que veneravam. Embora tivesse sido posto de lado pelo cristianismo paulino, João Batista continuava ocupando um lugar privilegiado como o primeiro e o mais importante dos profetas das Famílias da Estrela. Parece inteiramente possível que esses sacerdotes salomônicos compartilhassem o mesmo ponto de vista dos mandeus, sustentando que João Batista era o verdadeiro Messias – o Cristo real. Na verdade, as atividades futuras de várias comunidades relacionadas às famílias fortalecem grandemente essa possibilidade.

Um quarto de milênio depois da queda do templo, esses descendentes da Igreja de Jerusalém não devem ter gostado, mas também não devem ter ficado nada surpresos, quando Constantino e os bispos cristãos aprovaram formalmente a designação do líder morto não apenas como um deus, mas como o Deus. Constantino e seus bispos, que eram principalmente forasteiros sem qualquer formação judaica, tinham não apenas adotado Iahweh como coisa sua – tinham feito oficialmente uma fusão entre Ele e o fracassado Messias judeu.

Para Constantino, como vimos, o verdadeiro objetivo fora inteiramente político, não teológico, porque ele estava determinado a tentar manter unido o rangente Império Romano. Se não pudesse mais controlar a população pela força física, faria isso por meios psicológicos.

Não adiantou. Apesar dos esforços persistentes de Constantino e dos imperadores que o seguiram, nada pôde salvar o enorme e pesado Império Romano. Hordas de guerreiros do leste começaram a se derramar pelo império ocidental e mesmo as tribos locais que tinham sido mantidas afastadas pela força das legiões acharam possível passar à revolta aberta. No segundo quartel do século V, as legiões que protegiam tanto a Gália quanto a Grã-Bretanha foram retiradas para que toda a força militar disponível pudesse ser concentrada na proteção da própria Roma.

Como sacerdotes judeus apresentando-se como cristãos, os membros da Família da Estrela que viviam na Gália tiraram partido das mudanças que os cercavam. Aproveitando-se das invasões francas que se seguiram ao colapso do poder romano, começaram lenta mas decididamente a assumir posições de poder e influência numa região atrás da outra dos territórios agora submetidos aos novos governantes germânicos. Permaneceram por muitas gerações nas áreas do sul, mas foram progressivamente se mudando para o norte, para a Borgonha e a Normandia. Por intermédio do comércio e do casamento legal infiltraram-se gradualmente nas fortalezas de condes feudais e outros aristocratas pós-romanos.

Ganharam, em particular, real poder na região de Champagne, uma área pequena mas de importância crucial espremida entre o reino franco (Francia, portanto "França") ao norte e a Borgonha ao sul. Embora não conheçamos o nome das pessoas em questão, uma série de acontecimentos claramente relacionados que ocorreram entre os séculos XI e XIII comprovam a manipulação feita pela Família da Estrela, a partir de sua base em Champagne, da política da Europa Ocidental e mesmo do Oriente Médio.

Há forte evidência de que os condes de Champagne e as principais famílias aristocráticas da região eram cristãos ebionitas – representantes na Europa Ocidental da Igreja de Jerusalém original. Traíam suas origens por suas ações combinadas. Os sacerdotes da Família da Estrela se encontravam em seu meio e foram eles que, em última análise, tiveram o controle dos acontecimentos que acabariam por mudar a face do mundo.

As Famílias da Estrela e os Normandos

Outros sacerdotes da Família da Estrela ganharam influência mais para oeste, na região que se tornaria conhecida como Normandia. Aqui acabaram deparando com outro grupo de recém-chegados. Eram os nórdicos ou vikings, da Escandinávia. Levados por seu desejo de conquista, os vikings haviam invadido a região no século IX e, como em outras áreas, incursões relâmpagos tinham dado lugar ao assentamento. O trono francês cedeu uma grande área no oeste dos domínios reais aos vikings em 911 e o ducado da Normandia – a terra dos nórdicos – começou a existir.

Em algum momento por volta do início do século X, o clero secreto judaico ficou frente a frente com os vikings e descobriu que os segredos que possuía não eram exatamente tão exclusivos quanto eles sempre tinham imaginado. Os membros das Famílias da Estrela devem ter ficado espantados ao descobrir que aquela gente nórdica, aparentemente inculta, tinha muito em comum com eles. Como seus correlativos judeus, os normandos não eram cristãos – pelo menos não em qualquer sentido habitual da palavra.

O duque Rollo (ou Hrolf) foi o primeiro viking normando a ser batizado, mas há fortes indícios de que ele e seus seguidores mais importantes tenham conservado um interesse significativo por suas crenças ancestrais. Tinham uma deusa tutelar, Freyja, e como os sacerdotes da Família da Estrela devem ter ficado surpresos ao descobrir que ela representava o planeta Vênus e era conhecida como "Rainha do Céu" – o mesmo título que fora dado a Vênus pelos judeus, ainda no tempo dos cananeus.

Os normandos haviam abandonado muito de sua língua nativa pela forma local de francês, mas tinham perdido pouco ou nada da antiga teologia. Ficou claro que compreendiam plenamente os ciclos de Vênus e que também identificavam um fenômeno astronômico conhecido como "os chifres" – uma ideia que as Famílias da Estrela devem ter presumido que pertencia exclusivamente à sua própria tradição.

Em tempos antigos os judeus (como todos os povos de Canaã) viam os chifres numa cabeça humana como símbolo de santidade e de força sacerdotal porque o surgimento de Vênus como estrela matutina e seu papel alternativo de estrela vespertina faziam com que ela traçasse um par de chifres nos céus, de um lado e de outro do firmamento: no leste, ao amanhecer, e no oeste, ao cair da noite. Era como se Vênus criasse chifres para todo o planeta.

Embora os chifres fossem de grande importância simbólica para os normandos, a ideia de que os vikings usavam rotineiramente capacetes com chifres é hoje reconhecida como bastante errada. Foi uma incompreensão do interesse *religioso* dos vikings em chifres que se difundiu na mitologia popular no início do século XIX. Ela se tornou comum em muitas pinturas romantizadas do período e foi assim que os "capacetes chifrudos" dos vikings acabaram se fixando na mente das gerações posteriores.

As Famílias da Estrela eram, sem dúvida, menos fluentes acerca de suas principais crenças que suas novas almas gêmeas e pode-se imaginar como devem ter refletido e debatido entre si exatamente o que deveriam dizer a forasteiros – mesmo forasteiros com uma teologia diretamente comparável. Finalmente, devem ter resolvido explicar como os movimentos de Vênus estavam no âmago da aparição da divina Shekinah e como os grandes profetas, como Enoque e Moisés, eram frequentemente retratados usando um par de chifres para assinalar sua santidade.

Os imperativos religiosos dos primeiros normandos e dos judeus da Família da Estrela estavam inexplicavelmente próximos e sua mútua desconfiança da Igreja Romana deve ter rapidamente criado um poderoso laço. Ambos os grupos percebiam que, depois de a Igreja Romana assumir o controle do cristianismo, ideias indesejáveis haviam sido banidas, livros e bibliotecas inteiras destruídos e não conformistas liquidados. O conhecimento de astronomia, que tinha corroborado a missão de Jesus, foi rotulado de maléfico e o símbolo sagrado dos chifres fora, de maneira absolutamente ridícula, associado a Satanás. No século X, o orgulhoso portador da luz e do conhecimento, o arcanjo "Lúcifer", havia ganho os chifres como marca de sua maldade. O distintivo de todos que tinham sido bons e divinos era agora firmemente conectado a uma ideia que ficou conhecida como "o Demônio". O próprio centro do sistema de crença trazido a nós por Jesus Cristo fora substituído por histórias mágicas de um antigo culto persa que nem existia mais.

As Famílias da Estrela e os nórdicos, porém, não acreditavam nisso.

Ambos os grupos tinham antigas tradições centradas em estruturas megalíticas – os círculos de pedra e dólmens pré-históricos encontrados pelas bordas ocidentais da Europa e na terra de Israel. Quando Moisés e Josué levaram os judeus para a terra de Canaã, viram que ela estava cheia de santuários de pedra usados para observação astronômica. O verdadeiro lugar por onde os judeus do êxodo resolveram entrar na "terra prometida", vindos do outro lado do Rio Jordão, foi um local chamado Guilgal – palavra que significa "círculo de pedras". O clero judaico enoquiano parece ter se desenvolvido da antiga teologia cananeia centrada na astronomia de observação em locais de pedras alinhadas.[1] Saul, o primeiro rei dos judeus, foi aclamado nesse santuário de pedras em círculo.

As áreas conhecidas dos vikings estavam igualmente cobertas de dezenas de milhares dessas estruturas de pedra extremamente antigas; particularmente as Ilhas Britânicas.

No correr do tempo, os segredos compartilhados levaram as famílias a se unirem por casamento e surgiu uma estranha lealdade baseada numa desconfiança comum da Igreja e num desejo de permitir que ideias mais racionais, mais sensatas, viessem à superfície. Os normandos eram notoriamente abertos a novas ideias e estavam particularmente dispostos a juntar-se ao plano de construir uma Nova Jerusalém.

No Apocalipse 5.5, o autor declara:

Um dos Anciãos, porém, consolou-me: "Não chores! Eis que o Leão da tribo de Judá, o Rebento de Davi, venceu para poder abrir o livro e seus sete selos".

O Leão de Judá é um símbolo tradicional do rei Davi e da cidade que ele fundou como sua capital, Jerusalém. O termo "rebento de Davi" é uma expressão messiânica associada ao sacerdócio hereditário e, portanto, à construção de uma Nova Jerusalém. O leão aparece no emblema de Jerusalém.

Talvez muito naturalmente a aliança das famílias nórdica/da Estrela, centrada na Normandia, adotou o mesmo leão, duplicado, como seu símbolo (uma escolha de animal sem dúvida estranha para um povo europeu do norte).

Figura 2. O emblema do leão da cidade de Jerusalém.

Figura 3. A insígnia heráldica da Normandia (dois leões dourados num campo vermelho).

Em 1066, William, duque da Normandia, invadiu com êxito a Inglaterra e o Leão de Judá logo se tornou o brasão da terra conquistada – o emblema da "Nova Jerusalém" mencionado por João no Livro do Apocalipse.

Hoje, o brasão real britânico inclui nove animais – oito dos quais são leões. O unicórnio acorrentado da Escócia é a única criatura diferente.

Contudo, a despeito da imagem do unicórnio, o exuberante leão solitário usado pela primeira vez pelos normandos é ainda o principal símbolo heráldico da Escócia.

Figura 4. O leão da Inglaterra (também dourado num campo vermelho, como o emblema da Normandia).

Figura 5. O brasão real do Reino Unido.

A Família do Conde Rognvald

Uma família, mais que qualquer outra, se destaca como crucial nessa união familiar nórdica/da Estrela. A família nórdica envolvida era da linhagem do conde Rognvald que governava More, a parte da Noruega ao redor da atual cidade de Trondheim. A família recebera as ilhas de Órcades e Shetland no norte da Escócia e o irmão de Rognvald, Sigurd, o Poderoso, governou as ilhas como regente de Rognvald.

Foi o filho de Rognvald, Hrolf (Rollo), que invadiu a França e assumiu o controle da Normandia antes de desposar a filha de um membro da Família da Estrela, Popa, filha do conde Berenger de Bayeux. Seus filhos foram, portanto, descendentes dos governantes vikings e do clero judaico. Em 912, numa aldeia do rio Epte, Hrolf assinou um tratado de paz com o rei Charles, o Simples, da França, que foi mais tarde conhecido como Tratado de St-Clair-sur-Epte e designou Hrolf como duque da Normandia. Para selar o tratado, Hrolf se casou com sua segunda esposa, Gisele, filha do rei Charles.

Foi nessa época que Hrolf More e seus primos decidiram formalmente adotar o nome "St. Clair". O nome fora criado pouco tempo antes por um membro da família que se chamou Guillermus de Saint Clair – que traduzido para o inglês significa "William da Sagrada Luz Brilhante".

Pouca dúvida pode haver de que a "sagrada luz brilhante" em questão era a sagrada Shekinah.

Em 1507, um membro desse ramo St. Clair da família More deixou a Normandia para juntar-se à corte inglesa da princesa Margaret, neta do rei Edmundo Ironside e prima-irmã do rei Eduardo, o Convertido. William "o Correto" St. Clair era primo do duque William da Normandia e, quando o duque conquistou a Inglaterra em 1066, William St. Clair escoltou a princesa Margaret para o exílio na Hungria. Lá, o rei Estêvão deu-lhe um fragmento da "Verdadeira Cruz" como parte do dote por seu casamento com o rei Malcolm III Canmore da Escócia. Quando o grupo nupcial finalmente chegou à Escócia, o rei Malcolm deu a William St. Clair terras por todo o seu reino. William é visto como o ancestral dos Sinclair escoceses.

Aqui, na antiga Albion, por intermédio de sua fusão com as linhagens nórdicas, as Famílias da Estrela acreditaram que tinham lançado as bases da Nova Jerusalém.

Cruzada: as Famílias da Estrela Tomam a Iniciativa

Quando chegou o ano de 1070, as Famílias da Estrela, agora espalhadas pela França, Inglaterra e Escócia, ficaram agudamente conscientes de que já se tinham passado 1.000 anos desde que Jerusalém e seu Templo Sagrado haviam sido destruídos pelas tropas de Tito em 70 d.C. Pegaram suas Bíblias e leram de novo como João, autor do Livro do Apocalipse, dissera que a Cidade Santa seria de novo, depois de um milênio, atacada pelas forças de Satanás. As palavras do Apocalipse 20 eram arrebatadoras, mas o significado parecia claro:

> Ele agarrou o Dragão, a antiga Serpente – que é o Diabo, Satanás –, acorrentou-o por mil anos e atirou-o dentro do Abismo, fechando-o e lacrando-o com um selo para que não seduzisse mais as nações até que os mil anos estivessem terminados. Depois disso, ele deverá ser solto por pouco tempo.

E assim foi.

Em 1076, as notícias devem ter se espalhado como fogo não controlado pelas fileiras das Famílias da Estrela, agora dispersas pela França, Inglaterra e Escócia. Os turcos seldjúcidas tinham tomado Jerusalém, destruindo boa parte dela. A primeira parte da profecia se tornara verdadeira e agora era seu dever fazer com que a segunda parte fosse cumprida: eles, descendentes dos sacerdotes que tinham defendido Jerusalém um milênio atrás, precisavam retomar o templo, recuperando os documentos secretos e tesouros que jaziam sob ele. Assim que sua posse estivesse nas mãos da verdadeira Jerusalém, poderiam reinstalar a autoridade de Iahweh e construir um mundo digno de ele governar.

Mas como poderiam alcançar a vitória através de uma distância tão grande e contra as enormes forças à disposição dos turcos muçulmanos?

Tomar a Inglaterra com a ajuda de seus amigos nórdicos fora uma coisa, mas mesmo se todas as famílias normandas concordassem em lutar com eles, ainda assim seriam em número muito pequeno para cruzar meio mundo e desalojar as hordas muçulmanas de sua terra natal.

O plano que foi urdido deve ser reconhecido como o maior golpe de gênio militar que o mundo já conheceu. Envolveu anos de debate, negociação, planejamento, chantagem e todo tipo de jogo de poder. A ideia era extremamente audaciosa. Se fossem bem-sucedidos, teriam de começar assumindo o controle da Santa Sé – e usando a autoridade do papa para mobilizar toda a cristandade numa grande guerra para reconquistar Jerusalém.

Agora a tônica se volta para os sacerdotes da Família da Estrela vivendo em Champagne. Acontecimentos que iriam se desenrolar pelos próximos dois séculos mostram conclusivamente que a infiltração das crenças ebionitas e dos membros da Família da Estrela na elite dirigente de Champagne era quase total. Um de seus elementos, um homem chamado Odo de Lagery, ele próprio parente dos condes de Champagne, estava exatamente na posição certa para fornecer o que era preciso: um papa da Família da Estrela. Com a ajuda dos normandos, isso se transformou em realidade.

Nascido em cerca de 1042, em Châtillon-sur-Marne, em Champagne, Odo veio de uma distinta e influente família aristocrática. Sendo destinado desde muito jovem a viver para a Igreja, logo se tornaria cônego e primeiro diácono da grande catedral de Rheims, que também ficava em Champagne. Depois de um período no mosteiro beneditino de Cluny (que durante muitos séculos se revelou um trampolim para as manobras da Família da Estrela), Odo foi mandado para servir em Roma, sob o papa Gregório VII. Odo brilhava como uma estrela no meio de uma enferma Igreja Romana. Odo também ganhou estatura dando apoio ao papa Gregório em sua luta obstinada para arrancar o controle da Igreja de mãos temporais, como as do Sagrado Imperador Romano.

Gregório VII foi sucedido em 1087 por Vítor III que, por razões desconhecidas e bastante suspeitas, morreu depois de apenas quatro meses em Monte Cassino. Estava cercado no momento da morte por cardeais que haviam chegado à Itália para participar de um concílio da Igreja na vizinha Benevento. A maior parte dos cardeais presentes quando Vítor morreu eram de Champagne ou Borgonha, ou então eram normandos, e deixaram seu leito de morte anunciando ao mundo que o papa moribundo tinha proposto Odo de Lagery como sucessor. A verdade absoluta sobre esses acontecimentos jamais será conhecida, mas Odo acabou se tornando o papa Urbano II em 12 de março de 1088.

Sua entrada em Roma, onde alguns bairros queriam impugnar a designação, foi tornada possível por um contingente de tropas normandas. Isso teve lugar em novembro de 1088, mas apesar da assistência dos normandos, Urbano passou quase três anos em exílio no sul da Itália, numa área que, na época, estava sob domínio normando. Ele teve inúmeros problemas com o Sagrado Imperador Romano e frequentemente temeu por sua vida, mas assim que as circunstâncias permitiram, em novembro de 1095, Urbano convocou um concílio em Clermont, na França. Lá, entre a nobreza da Europa e as fileiras de cardeais e bispos reunidos, pediu uma guerra solene, sagrada, a ser travada contra os turcos, que estavam ameaçando devastar a Igreja oriental. Deixou claro que o objetivo final era conquistar Jerusalém para a cristandade.

O papa esboçou um plano para uma cruzada e apelou para que os ouvintes se juntassem às suas fileiras. Depois mandou que os bispos presentes retornassem às suas casas e recrutassem outros para a cruzada. Urbano também esboçou uma estratégia básica em que grupos individuais de cruzados, de países de toda a Europa, dariam início à jornada para leste em agosto de 1096. Cada grupo seria autofinanciado, responderia a uma liderança própria e seguiria separadamente primeiro para a capital bizantina, Constantinopla, onde os grupos se juntariam num exército maciço. De lá, juntamente com o imperador bizantino e seu exército, se lançariam num contra-ataque sobre os conquistadores selêucidas da Anatólia. Assim que aquela região estivesse sob controle cristão, os cruzados começariam uma campanha contra os muçulmanos na Síria e na Palestina, tendo Jerusalém como objetivo final.

Os planos foram à frente mais ou menos como Urbano havia proposto. Os exércitos marcharam através da Anatólia e da Síria e, em maio de 1099, os cruzados tinham atingido a Cidade Santa de Jerusalém. O cerco foi lançado e máquinas de cerco – construídas de navios genoveses devido à falta de madeira – foram empurradas para atacar as impressionantes defesas urbanas de Jerusalém. A cidade finalmente caiu a 15 de julho de 1099. Uma vez dentro dos muros, os cruzados começaram a destruir tudo e todos. Uma testemunha ocular, Foucher de Chartres, escreveu mais tarde o que viu:

Ao meio-dia da sexta-feira, com trombetas tocando, entre grande comoção e gritando "Deus nos ajude", os francos entraram na cidade. Quando os pagãos viram nosso estandarte plantado na muralha, ficaram completamente desmoralizados, todo o seu arrojo anterior desapareceu e eles se viraram para fugir pelas ruas estreitas da cidade.

Os que já estavam em rápida fuga começaram a se afastar ainda mais depressa. O conde Raymond e seus homens, que estavam atacando a muralha pelo outro lado, ainda não sabiam de tudo isso, até que viram os sarracenos pular da muralha na frente deles. Sem demora, precipitaram-se satisfeitos para a cidade, para perseguir e matar os nefandos inimigos, como seus camaradas já estavam fazendo [...] Muitos fugiram para o telhado do Templo de Salomão [Al-Aqsa], foram alvejados com flechas e assim caíram mortos no chão. Nesse templo, quase dez mil foram mortos. Na verdade, se você estivesse lá teria visto nossos pés coloridos até os tornozelos com o sangue da matança. Mas o que mais devo relatar? Nenhum deles foi deixado vivo; nem as mulheres nem as crianças foram poupadas.[2]

Muitos judeus, que eram vistos como tendo se colocado ao lado dos turcos, não compreenderam a seriedade de sua situação e foram brutalmente massacrados.

Mais uma vez a cidade de Deus era cenário de desenfreada selvageria humana.

Uma semana depois de a Cidade Santa ter sido tomada, as áreas centrais tinham sido limpas dos montes de corpos e o Vale de Hinom, ao sul de Jerusalém e defronte ao Portão dos Essênios, estava sendo usado como túmulo coletivo. Uma fumaça ácida subia das grandes fogueiras que ardiam noite e dia para consumir a carne em decomposição nas pilhas dos recentemente mortos. Muito tempo atrás, esse vale fora o lugar onde crianças eram sacrificadas a Moloque antes de o primeiro templo ser construído e, desde o tempo de Cristo, fora a área de queima do lixo de toda a cidade. Compreende-se que esse pequeno vale tivesse sido a inspiração para a ideia do fogo do inferno.

No prédio da Al-Aqsa (nessa época não mais uma mesquita), a coroa de Jerusalém foi oferecida a Godofredo de Bulhões, líder da parte do exército cruzado que tinha rompido as muralhas da cidade. Ele era neto de Godofredo III, duque da Baixa Lotaríngia (Lorena), que estivera diretamente envolvido na criação do grupo radical de sacerdotes no mosteiro de Cluny. Godofredo tinha previamente lutado contra o papado, mas estava presente quando Urbano II propôs a cruzada e ficou célebre por ter vendido tudo que tinha para juntar-se à expedição que ia tomar Jerusalém e liderá-la.

Como membro da Família da Estrela, Godofredo sabia que não poderia ter a pretensão de assumir o título de "rei de Jerusalém", pois certamente não era o Messias. Em vez disso, pediu que o chamassem de *Advocatus Sancti Sepulchri*, o que significava "advogado" ou "defensor" do Santo Sepulcro.

Imediatamente surgiram problemas quando um sacerdote normando chamado Arnulfo de Zokes, patriarca temporário de Jerusalém, foi substituído por um não membro da Família chamado Dagoberto de Pisa. Dagoberto queria fazer do novo reino de Jerusalém uma teocracia, com o papa à sua frente e o patriarca como representante do papa. Godofredo contornou a questão prometendo passar a coroa ao papado assim que os cruzados tivessem conquistado o Egito – coisa que ele sabia que não ia acontecer.

Lutas pelo Poder

A notícia da gloriosa vitória em Jerusalém chegou aos ouvidos de Urbano II na tarde de 29 de julho de 1099, sábado, apenas duas semanas depois do assalto às muralhas. O papa ficou sem dúvida extasiado, assim como os membros da Família da Estrela que tinham preparado o plano apresentado por Urbano. Mas parece que Urbano teve, então, uma mudança de atitude que ameaçou estragar tudo. Ele anunciou que estava pensando em transferir a sede do cristianismo de Roma para a Cidade Santa de Jerusalém. O motivo disso poderia ser o fato da segurança de sucessivos papas em Roma ter estado em risco e a Itália, como um todo, ser um viveiro de famílias e interesses políticos em conflito. Por outro lado, é possível que o orgulho de Urbano tenha simplesmente tomado conta dele e o feito desejar ser o primeiro papa cristão baseado em Jerusalém, a cidade de Cristo. A coisa acabou não tendo importância. Mais tarde, nessa mesma noite, Urbano sentiu-se indisposto, retirou-se para seu quarto e rapidamente caiu no sono. Ele jamais acordou.

Em 1100, apenas três dias depois do primeiro aniversário da tomada de Jerusalém, Godofredo de Bulhões também morreu subitamente. O patriarca Dagoberto pode muito bem ter sido responsável pela morte de Godofredo. Tendo ou não sido esse o caso, o falecimento de Godofredo provocou uma breve confusão entre as Famílias da Estrela, particularmente quando Dagoberto tentou reivindicar Jerusalém para si próprio. As Famílias rapidamente intervieram antes que ele pudesse ter êxito e proclamaram o irmão de Godofredo, Balduíno de Bolonha, como novo rei de Jerusalém. Balduíno, sem dúvida, estava tão relutante quanto estivera o irmão em aceitar esse título, mas as realidades políticas da situação indicavam que só a autoridade de um rei poderia garantir o futuro da cidade. Talvez ele tenha se consolado ao observar que havia muitos reis no mundo, nenhum dos quais tendo de se proclamar Messias. Ele poderia ser um rei secular sem se considerar culpado de blasfêmia.

Dagoberto estava ausente na época e, em seu retorno, coroou relutantemente Balduíno em Belém, já que se recusou terminantemente a participar, sem autorização papal, de uma cerimônia na própria Jerusalém. A rixa entre Balduíno e Dagoberto continuou por mais dois anos até Dagoberto ir para Roma. Enquanto ele estava ausente, o rei Balduíno tentou substituí-lo por um membro da Família da Estrela, um sacerdote sem grande importância chamado Ehremar. Ehremar, no entanto, foi removido logo depois do retorno de Dagoberto.

Os normandos mantiveram um forte interesse pelos acontecimentos que estavam ocorrendo na Terra Santa e muitos deles tinham lutado ao lado dos cruzados. Contudo, sua nova base na Inglaterra estava provando ser um osso muito mais duro de roer do que William, o Conquistador, duque da Normandia, havia imaginado. Ele derrotara o rei saxão da Inglaterra, Haroldo II, em Hastings, em 1066, mas conquistar o coração do povo inglês não era de modo algum tão fácil. Durante a maior parte do seu período como rei da Inglaterra, de 1066 até sua morte em 1087, percorreu o país sufocando revoltas e impondo sua autoridade sobre o reino.

Lentamente, mas com firmeza, William preparava a Inglaterra para a criação da Nova Jerusalém. A construção de igrejas avançava num ritmo sem precedentes e William foi sabiamente cuidadoso ao garantir aos papas de sua época que era um verdadeiro filho da Igreja estabelecida. Infelizmente, o mesmo não poderia ser dito com relação a seu colérico e impaciente filho e sucessor, William II, popularmente conhecido como William, o Ruivo, por causa do tom avermelhado da pele. William II tinha a ferocidade do pai, mas nenhuma de suas habilidades diplomáticas. Não fazia objeções a profanar Igrejas inglesas, nem a furtar propriedade eclesiástica quando isso se adequava a seus objetivos, e não fazia mistério de seu ódio contra a Igreja estabelecida. Por mais simpatia que os sacerdotes da Família da Estrela em Champagne pudessem ter tido pelas crenças de William, o Ruivo – pois gostavam tão pouco da Igreja quanto ele –, sabiam que muito breve as coisas estariam fora de controle.

William estava pressionando para que a Igreja de Roma fosse substituída por uma nova versão inglesa, com ele próprio à frente, baseada em ideias tiradas da teologia particular da Família da Estrela. Isso era perigoso. As Famílias certamente não queriam ver um cisma se desenvolvendo na Igreja ocidental porque, por mais que pudessem antipatizar com a forma romana de cristianismo, sua continuação era, por ora, central para seu plano.

Na quinta-feira de 2 de agosto de 1100, William II tinha organizado uma expedição de caça na Nova Floresta, uma área de caça que o pai havia criado perto de Winchester, sede do tesouro real. Está registrado que William tinha dormido mal na noite anterior e sonhara que tinha ido para o céu. Acordou de repente, ordenou que lhe trouxessem uma tocha e pediu que os criados ficassem com ele. Um relato da época descreve os preparativos para a caçada daquele dia:

Um armeiro entrou e ofereceu seis flechas [ao rei]. O rei pegou-as de imediato, com grande satisfação, elogiando o trabalho e, inconsciente do que ia acontecer, ficou com quatro delas e ofereceu as outras duas a um amigo chamado Walter Tyrell [...] dizendo: "É apenas justo que as mais afiadas sejam dadas ao homem que sabe atirá-las da forma mais letal".[3]

O grupo perseguia sua presa mas, por algum motivo, William e Walter Tyrell, lorde de Poix, acabaram se separando do grupo principal. Foi a última vez que William foi visto com vida. Afirmou-se que Walter tinha disparado uma forte carga contra um cervo mas que, em vez de acertar o animal, atingira "acidentalmente" William no peito.

As circunstâncias políticas estavam muito mais apaziguadas em Champagne e a próxima parte do plano para minar a Igreja Romana, Paulina, e substituí-la por algo muito mais de acordo com as intenções da Família da Estrela já tinha entrado em movimento um ano antes de as forças do Ocidente conquistarem Jerusalém e dois anos inteiros antes do assassinato de William, o Ruivo. Envolvia outro aristocrata de Champagne e seu nome era Roberto de Molesme.

Capítulo 5

Os que Dormem Acordam

Organizar a Primeira Cruzada fora um empreendimento de proporções gigantescas, mas não fora o único grande projeto que teria de ser cuidadosamente orquestrado pelas Famílias da Estrela. O maior desejo delas era escavar sob o arruinado Templo de Jerusalém para resgatar os tesouros e documentos sagrados que elas sabiam estar enterrados lá. Tinham plena consciência de que seria uma tarefa extremamente difícil, que ia consumir muito tempo, pois os tesouros estavam profundamente enterrados e qualquer escavação óbvia atrairia para a missão uma atenção indesejada.

Os Novos Essênios

No período que se seguiu à captura seldjúcida de Jerusalém, em 1076, enquanto os planos para uma Cruzada estavam sendo discutidos, os líderes das Famílias decidiram fundar uma nova ordem de essênios. Desde o início, pretendia-se que fosse uma rede de homens santos, piedosos, que se manteriam firmes e não teriam o menor vestígio de interesse pessoal em riquezas para proveito próprio. A nova ordem seria instalada no nordeste da França, base de poder das Famílias da Estrela participantes das Cruzadas, e proporcionaria uma rede de apoio espiritual – e político – para quem fosse finalmente escolhido para levar a termo a escavação do tesouro essênio.

A criação de um tal grupo digno de confiança na reta final da Cruzada era essencial porque as Famílias sabiam que, se a Cruzada fosse bem-sucedida, Jerusalém logo estaria inundada de homens do Ocidente que seriam mais bem descritos como "corsários". Era prática aceita entre todos os exércitos medievais que, quando uma cidade caía, os soldados vitoriosos ficavam plenamente autorizados a furtar e pilhar o que pudessem.

A última coisa de que as Famílias da Estrela precisavam era que, entre as hordas de soldados saqueadores, famintos por um butim, que existiam por toda a cristandade, transpirasse a notícia de que havia um tesouro escondido sob o Monte do Templo em Jerusalém. A própria Igreja estava crivada de corrupção. Absolutamente ninguém fora do círculo fechado das Famílias era digno de confiança.

No século XI, o mundo em geral sabia pouco ou nada dos essênios, há muito tempo esquecidos. Mas as Famílias da Estrela não os tinham esquecido e tiraram bom proveito do fato de conhecê-los.

As Famílias da Estrela precisavam de um trampolim para lançar a nova ordem, que obviamente teria de ser, ou aparentar ser, inteiramente cristã. Essa organização tinha de ser planejada com muito cuidado porque a ortodoxia providenciaria para que a nova organização fosse destruída no berço se exibisse o mais leve traço de heresia. Precisavam era de um monge destacado, que fosse totalmente honesto e dedicado à verdadeira santidade. Tal indivíduo não precisaria saber nada com relação à verdadeira agenda da ordem e, em termos ideais, seria um velho homem capaz de engendrar paixão pela causa e respeitabilidade do mundo exterior – embora sem viver o tempo necessário para se colocar no caminho de desdobramentos futuros.

Havia um candidato óbvio, bem conhecido das Famílias da Estrela. Seu nome era Robert de Molesme, um filho da nobreza de Champagne. Em 1068 tornara-se abade da abadia beneditina de São Miguel de Tonnerre, onde achou que os monges eram negligentes e preguiçosos. Ele tinha procurado impor maior isolamento, melhor disciplina e trabalho mais aplicado aos monges, mas seus esforços fracassaram por completo. Havia então criado uma abadia beneditina reformada em Molesme, que se mostrara altamente bem-sucedida – de fato até demais, pois se tornou tão rica que os monges de Molesme acabaram ficando tão negligentes e preguiçosos quanto seus contemporâneos de outros lugares. Em 1098, Robert era um homem amargo e solitário, aproximando-se dos 70 anos, e deve ter ficado um tanto surpreso ao receber a visita de um pequeno grupo de nobres de Champagne sugerindo que poderiam levantar recursos se ele se dispusesse a criar uma ordem de monges totalmente nova – uma ordem que permaneceria fiel à vocação e que repudiaria as coisas mundanas sob todas as suas formas.

Certamente Robert só pôde ficar muito satisfeito ao ouvir que dinheiro e terra seriam postos à sua disposição para construir uma nova e respeitável ordem para a honra de Deus. Assim ele deixou Molesme com 21 monges escolhidos a dedo e rumou para a terra que lhe fora concedida pelo duque Odo II, da Borgonha. Lá, com apoio financeiro tanto da Borgonha quanto de Champagne, fundou uma ordem totalmente nova de monges que, como seus patronos haviam sugerido, deveriam usar hábitos totalmente brancos e serem chamados de "cistercienses", em homenagem à localização da nova abadia, Cîteaux.

O uso de um hábito branco era a primeira conexão óbvia com os essênios, que tinham se vestido de maneira idêntica. O nome "cistercienses" era outra possível conexão direta com os homens santos judeus de mais de 1.000 anos atrás. Segundo alguns especialistas, a palavra Cîteaux deriva de uma velha palavra francesa, *cisteaux*, significando juncos, que eram abundantes no local pantanoso da nova abadia. Contudo, outros críticos sugeriram que a palavra Cîteaux era derivada da palavra latina *cista*, significando um reservatório de água. A água também era abundante no local da nova abadia e é certamente um fato que os monges cistercienses se banhavam regularmente. Isso estava longe de ser a norma na época, mesmo para monges, e pode muito bem ter acontecido por identificação com o hábito essênio de limpeza ritual e real.

Apesar da assistência financeira com que contava, a moderna ordem dos essênios ganhou vida mais ou menos em borrifos, adquirindo velocidade com extrema lentidão – mas não era o que importava naquele momento. Um grande jogo de xadrez estava sendo jogado num tabuleiro que abarcava a maior parte do mundo conhecido e muitos grandes homens da época encontraram-se como meros peões, às vezes para serem sacrificados à medida que o plano se desenrolasse. O ritmo do jogo era de tirar o fôlego.

Meses depois da fundação da Ordem Cisterciense, Jerusalém foi tomada pelas forças da cristandade e, quatro dias mais tarde, Godofredo de Bulhões era seu novo soberano. Como vimos (*ver* p. 104), em menos de duas semanas o papa Urbano II estava morto e em menos de um ano o próprio Godofredo de Bulhões tinha sucumbido – uns disseram que de doença, outros sugeriram que fora atingido por uma flecha e alguns afirmaram que fora envenenado. Não mais de duas semanas depois de Godofredo ter morrido, ele foi seguido para o túmulo pelo rei William II, da Inglaterra, "acidentalmente" abatido por uma flecha no peito.

A Busca pelos Tesouros do Templo

Três anos mais tarde, o círculo das Famílias da Estrela escolheu o homem que ficaria encarregado da tarefa de liderar uma equipe para procurar os tesouros e manuscritos essênios sob as ruínas do templo. Era Hugo de Payen, um primo de Hugo, conde de Champagne, que possuía terras dentro da cidade francesa de Troyes. Hugo de Payen havia lutado na Primeira Cruzada, muito provavelmente na vanguarda da força de Godofredo de Bulhões.

Em 1104, o conde de Champangne realizou uma reunião em Troyes, na qual se sabe que Hugo de Payen esteve presente juntamente com alguns outros veteranos da batalha por Jerusalém, incluindo um cavaleiro chamado André de Montbard (um sobrinho de 14 anos de André, Bernardo, estava destinado a se tornar uma das pessoas mais influentes de todo esse período). É provável que membros da nova ordem cisterciense também estivessem presentes, devido a um interesse paralelo pelo projeto de resgatar os tesouros.

Exatamente o que foi discutido nessa reunião não está registrado, mas dentro de semanas o conde Hugo estava a caminho de Jerusalém juntamente com Hugo de Payen e André de Montbard. Hugo de Payen permaneceu quatro anos lá antes de retornar a Troyes. Não se sabe com certeza o que ele fez durante todo esse tempo, mas os acontecimentos que se seguiram sugerem fortemente que talvez tenha inspecionado cuidadosamente a gigantesca plataforma na qual o Templo de Jerusalém antigamente ficara.

Que nada acontecesse nos próximos dez anos certamente se deve a um bloqueio político e ideológico. Havia duas pessoas com o poder de impedir a escavação planejada: o rei Balduíno I de Jerusalém, irmão e sucessor de Godofredo de Bulhões, e o papa Pascoal II, que tinha sucedido Urbano II logo depois da captura de Jerusalém em 1099.

O papa quase certamente teve pouca coisa a ver com a demora, porque a maior parte do seu tempo e esforço foram gastos tentando rechaçar os golpes da dinastia alemã do Sagrado Império Romano sob Henrique V. Tendo forçado a abdicação do antigo imperador em 1111, Henrique forçou Pascoal II a coroá-lo imperador em Roma. Isso só foi conseguido depois de ele ter atirado o já idoso pontífice na prisão e de ter repelido uma tentativa de resgate feita pelos normandos. Os problemas do papa com o imperador não diminuíram e ele morreu em 21 de janeiro de 1118.

Se Balduíno de Jerusalém estava bloqueando a escavação, não podia também deixar de estar vigiando com muito cuidado o que se passava às suas costas. Teria certamente de contar com provadores de comida leais, dignos de confiança, para não ser liquidado por membros da Família da Estrela que quisessem ver um progresso mais rápido. Seja como for, Balduíno não sobreviveu ao papa por mais de dois meses. Em 2 de abril de 1118, Balduíno morreu numa visita ao Egito, depois de fazer uma refeição de peixe recentemente pescado no Rio Nilo. Se era um mau peixe ou se alguém acrescentara algo letal à refeição jamais saberemos. Mas é claro que seu falecimento abriu caminho para Hugo de Payen e sua equipe.

As notícias da morte de Balduíno mal tinham alcançado a Europa quando Hugo de Payen e uma comitiva de mais oito cavaleiros deixaram novamente Troyes, tomando as estradas empoeiradas para o Oriente. A intenção confessada – pelo menos de acordo com um cronista posterior, William de Tiro – era formar uma irmandade que guardasse as estradas, da costa do Levante a Jerusalém, para garantir a passagem de peregrinos que iam e vinham dos Lugares Santos. Contudo, uma força tão pequena de cavaleiros de meia-idade teria sido totalmente incapaz de cumprir esse encargo – e seja como for eles nada fizeram nesse sentido.

Os homens envolvidos estão registrados como: Hugo de Payen, André de Montbard, Geoffroi de St. Omer, Payen de Montdidier, Achambaud de St. Amand, Geoffroi Bisol, Gondemare, Rosal e Godfroi. Até onde a proveniência dos cavaleiros originais é conhecida, pode-se mostrar que procedem de Champagne, com exceção de Payen de Montdidier e Achambaud de St. Amand, que eram de Flandres.

Balduíno I, o falecido rei de Jerusalém, não tivera filhos e fora substituído no trono por seu primo, Balduíno II. O rei Balduíno II era das Ardenas, uma área cujos governantes tinham laços de sangue com Champagne, e parece que deu pleno apoio ao plano de escavar debaixo do templo.

Os nove cavaleiros acamparam numa parte do templo arruinado conhecida como "Estábulos de Salomão", onde permaneceram nove anos graças ao apoio direto, financeiro e logístico, de Balduíno II. Hugo de Payen e sua equipe deram rapidamente início a enormes trabalhos de escavação, com frequência abrindo túneis na rocha sólida.

Sete séculos e meio mais tarde, outro grupo de pessoas decidiu fazer investigações sob o Monte do Templo. Em 1867, uma expedição do exército britânico liderada pelo tenente Warren, dos Engenheiros Reais, começou a abrir caminho para o fundo da plataforma gigante do Monte.[1] Tudo que descobriram foi um labirinto de túneis deixados pelo pequeno grupo de escavadores da Família da Estrela. Uma série de artefatos identificados como pertencentes ao grupo de Hugo de Payen foram resgatados pelos engenheiros britânicos e estão agora guardados em Edimburgo.

Não podemos saber até que ponto a equipe de Hugo tinha informações sobre o traçado embaixo do solo, mas deviam estar cientes de que sua primeira tarefa era localizar o Manuscrito de Cobre. Esse documento gravado em metal deve certamente ser considerado o mais fabuloso mapa do tesouro jamais criado. Dois Manuscritos de Cobre foram criados pelas Famílias da Estrela na época da Guerra Santa contra os romanos em 66-70 d.C. A versão "compacta" foi encontrada em Qumran em 1952, entre os Manuscritos do Mar Morto, e foi aberta três anos mais tarde para ser lida pela primeira vez em quase dois milênios. Esse manuscrito declara que pelo menos 24 manuscritos importantes estavam escondidos sob o Monte do Templo, juntamente com vastos tesouros e uma segunda cópia, mais detalhada, do Manuscrito de Cobre. Ele afirma:

> Na cova adjacente ao norte, num buraco se abrindo para o norte, e enterrado em sua boca: uma cópia deste documento, com uma explicação e as medidas, e um inventário de cada coisa, e outras coisas.[2]

Um total de 61 locais estão descritos e os preciosos itens relacionados. O falecido John Allegro, um apaixonado e objetivo estudioso dos Manuscritos do Mar Morto, recorda seu espanto quando percebeu o que o documento continha:

> Quando uma palavra atrás da outra foi se tornando clara e a importância da totalidade do documento ficou fora de dúvida, mal pude acreditar nos meus olhos [...] As cavernas de Qumran tinham revelado a maior de todas as surpresas: um inventário do tesouro sagrado, de ouro, prata e jarros de oferendas consagradas, assim como vasos sagrados de todos os tipos [...][3]

John Allegro também explicou o objetivo do Manuscrito de Cobre:

> O Manuscrito de Cobre e sua cópia (ou cópias) pretendia contar aos sobreviventes judeus da guerra que então grassava onde esse material

sagrado se achava enterrado, a fim de que, se algo viesse a ser encontrado, jamais fosse aviltado por uso profano. Ele também funcionaria como um guia para o resgate do tesouro.

Parece duvidoso que qualquer uma das pessoas envolvidas no sepultamento desses documentos e tesouros pudesse ter sequer imaginado que seus descendentes levariam mais de 1.000 anos para retornar a eles. Mas houve o retorno.

O Manuscrito de Cobre levou Hugo e seu grupo aos tesouros. Por exemplo, uma passagem diz:

> Na câmara interior das pilastras gêmeas sustentando o arco do portão duplo, voltado para leste, na entrada, enterrado a três côvados, há um jarro escondido; nele, um manuscrito; embaixo dele quarenta e dois talentos.
>
> Na cisterna, que tem dezenove côvados na frente da entrada oriental, nela há vasos e na cavidade que está nela: dez talentos.
>
> No pátio de [ilegível], nove côvados debaixo da esquina do sul: vasos de ouro e prata para o dízimo, bacias para aspergir, taças, tigelas sacrificiais. Vasos para libação, no total seiscentos e nove.

Os nove cavaleiros devem ter encontrado os manuscritos, vastas somas de dinheiro e grandes carregamentos de artefatos de ouro e prata. Tamanho foi o sucesso deles que, em 1125, Hugo, conde de Champagne, renunciou de repente a seus títulos em Champagne, navegou para Jerusalém e se pôs sob a mão orientadora de Hugo de Payen. O conde já havia sido senhor feudal de Hugo de Payen e uma reversão tão completa de papéis era um fato sem precedentes na Europa feudal.

Existe outra fonte de evidências que dá uma descrição das escavações levadas a termo para resgatar os antigos documentos e tesouros sob o templo arruinado. E estranhamente, esse relato vem dos rituais da Maçonaria, dos quais vamos tratar em breve.

Os Cavaleiros Templários: Soldados de Iahweh

Tendo completado a tarefa que lhes coubera, esse pequeno grupo de caçadores de tesouro de Jerusalém transformou-se numa ordem militar de monges. Com a ajuda de seus irmãos cistercienses na Europa, também adotaram um manto branco (que mais tarde levaria uma cruz vermelha na frente). Também com a ajuda dos cistercienses conceberam seu título formal: *Pauperes Commilitones Christi Templique Salomonis*, normalmente traduzido em inglês como: "The Poor Fellow-Soldiers of Christ and the Temple of Solomon" ["Os Pobres Cavaleiros de Cristo e do Templo de Salomão"]. Mas são geralmente conhecidos por um título mais curto: os Cavaleiros Templários.

O título mais longo parece à primeira vista inteiramente cristão – mas não é nada disso. Todo cristão muito naturalmente presume que o termo "Cristo" se refira a Jesus – mas, evidentemente, não é o caso. Como vimos (*ver* pp. 49-50), a palavra vem do grego *khristos* ("ungido"), sendo uma tradução da palavra hebraica "messias" (*mashiach*) – literalmente alguém que é "ungido com óleo" como sinal de realeza judaica. "Cristo" é um título, não o nome de qualquer indivíduo, por isso o título da ordem não se refere especificamente a Jesus, mas a João Batista, Tiago e quem quer que pudesse conduzir os sacerdotes judeus e seu povo a uma nova ordem mundial. Nessa época ele talvez se aplicasse inclusive a Balduíno II, rei de Jerusalém. De fato, a história mostraria que os Cavaleiros Templários, como representantes das Famílias da Estrela e, portanto, ebionitas, acabaram mostrando muito mais reverência por João Batista, fundador da seita, que por seu sucessor, Jesus. Isso aumenta nossa suspeita de que toda a ordem, ou pelo menos seus líderes, encaravam João como o Cristo ou Messias original – e não Jesus.

Podemos ter certeza que os Cavaleiros Templários pretendiam que as palavras tivessem esse significado porque eles se descrevem como "Pobres *Companheiros*-Soldados do Messias". O uso da expressão "companheiros-soldados" (*commilitones*) implica que se viam como iguais a essa pessoa, não como seus "seguidores". Seria de esperar que quaisquer monges cristãos normalmente se descrevessem apenas como "Pobres *Soldados* de *Jesus Cristo* e do Templo de Salomão". A palavra "companheiro" altera sutilmente a significação. Felizmente parece que ninguém questionou exatamente o que o Templo de Salomão tinha a ver com Jesus Cristo. O Templo de Salomão não tem ligação direta com Jesus Cristo, de acordo com o cânon cristão. Em todo caso, os templários estiveram baseados muito perto do palácio do rei Balduíno em Jerusalém, por isso também parecia que o nome deles poderia, pelo menos em parte, ter meramente se originado da localização de seu quartel-general na Cidade Santa.

O mundo foi enganado. Ninguém notou que o título que a nova ordem adotava pretendia celebrar a missão das Famílias da Estrela, estabelecida pelo rei Salomão, de criar a Nova Jerusalém que há séculos fora prometida. Os "Filhos de Israel" – o verdadeiro exército de Iahweh – estavam novamente em marcha.

Bernardo de Clairvaux (Claraval)

Na França, a Ordem Cisterciense tinha se desenvolvido bastante, graças inicialmente a um inglês chamado Stephen Harding e mais tarde a Bernardo, o jovem sobrinho de André de Montbard.

Bernardo era filho de Tescelin, lorde de Fontaines no norte da Borgonha, e de Aleth, uma fidalga de Montbard em Champagne. Eles tiveram muitos filhos, mas Bernardo foi rapidamente reconhecido como particularmente inteligente e sagaz. Embora de baixa estatura, provaria ser um adversário digno dos mais poderosos reis, príncipes e papas.

Em 1113, aos 23 anos de idade, Bernardo já percorrera as poucas milhas para o sul, de Fontaines a Cîteaux, para ingressar no primeiro mosteiro cisterciense. Em menos de um ano, foi seguido por não menos que 30 parentes seus – de fato eles antes se apoderaram da ordem que "ingressaram" nela. Três anos mais tarde, o Bernardo de 26 anos tinha uma abadia própria, que ficava muito perto de Troyes, em Champagne. Chamava-se "Clairvaux", que significa "Vale da Luz", e embora Cîteaux continuasse sendo a sede nominal da ordem, era em Clairvaux que, nos próximos 30 anos, seriam tomadas decisões cruciais.

Bernardo (logo conhecido como Bernardo de Claivaux) começou de imediato a desempenhar um papel na política da Igreja, a princípio em Champagne, mas logo por toda a cristandade. Quando Hugo de Payen e seu grupo começaram as escavações, Bernardo deu início a uma campanha para construir a reputação dos cavaleiros que cavavam em Jerusalém. Como se eles fossem os melhores guerreiros do mundo, em vez de um grupo esquivo de reclusos. Suas palavras ficam devendo muito à licença poética:

Não entram na batalha de forma temerária, mas com cuidado e previdência, pacificamente, como verdadeiros filhos de Israel. Mas assim que a luta começa, eles se atiram sem demora sobre o inimigo [..]. e não sabem o que é o medo [...] Um frequentemente pôs mil em fuga;

dois, dez mil [..]. Mais gentis que cordeiros e mais implacáveis que leões; deles é a brandura dos monges e a coragem do cavaleiro.

"Filhos de Israel" eles certamente eram.

Foi Bernardo, o menino-prodígio cisterciense, que pela primeira vez fizera os nove cavaleiros despertarem a atenção do papa Gelásio II, pedindo que o papa os transformasse numa ordem monástica lhes fornecendo uma "regra" – um código de conduta e prática – que fosse efetivamente uma versão da própria regra dos cistercienses e lhes desse assim legitimidade e condição definida dentro da igreja.

A solicitação parece ter caído em ouvidos surdos, mas as peças no tabuleiro de xadrez logo iriam de novo se alterar. O papa Gelásio II morreu subitamente depois de um ano e cinco dias no cargo, enquanto visitava o mosteiro de Cluny. Cluny sempre foi importante para as Famílias da Estrela em Champagne. Era uma estufa de ideias beneditinas reformadas e o trampolim para não uma, mas várias ordens monásticas reformadas que as Famílias da Estrela criaram ou usaram para seus próprios fins. Também parece certo que, por essa época, a maioria, se não todas as iniciativas da Família da Estrela na Europa e além estavam sendo planejadas em Champagne, que pode efetivamente ser considerado seu quartel-general entre o final do século XI e o início do XIV. O mosteiro de Cluny ficava próximo. Convenientemente, o pontífice seguinte foi Guido, filho do duque William da Borgonha, o que fazia dele um parente de Bernardo e portanto, quase certamente, um membro da Família da Estrela.

Guido se tornou o papa Calixto II e se mostrou de imediato receptivo ao argumento de Bernardo de que o mundo cristão devia ter uma força de combate de elite para encabeçar a luta contra a ameaça muçulmana. Bernardo explicou como o embrião de uma tal força para a igreja ocidental já existia na forma de Hugo de Payen e seus colegas. Bernardo sugeriu que, se esse pequeno grupo estivesse bem ajustado e adotasse uma regra monástica similar à dos cistercienses, poderia crescer rapidamente e se transformar exatamente naquilo de que precisavam: um grande e empenhado grupo de cavaleiros bem treinados e bem armados, cuja tarefa específica seria proteger a Terra Santa – especialmente Jerusalém, que nessa época estava de novo sob o risco de cair nas mãos de exércitos muçulmanos.

Contudo, o maior incentivo para o papa, era que esses soldados também seriam monges. Sendo assim, Bernardo sugeriu, e graças à pretendida natureza internacional da nova ordem, ela ficaria fora da hierarquia regular da igreja, não devendo fidelidade direta a qualquer bispo ou arcebispo, nem a qualquer outra instância, espiritual ou temporal. Responderia apenas ao próprio papa.

Era uma estratégia brilhante. A criação oficial da nova ordem não custava ao papa absolutamente nada e, no entanto, a glória da empresa se refletiria favoravelmente sobre ele. Melhor ainda, numa época em que os papas estavam continuamente assediados não só pelos pesados problemas eclesiásticos, mas também com frequência, e num sentido literal, por tropas estrangeiras, a percepção de que poderia possuir o que sem dúvida seria uma poderosa escolta pessoal, colocada especificamente a seu serviço, deve ter parecido muito atraente a Calixto. Ele estava bem consciente da rapidez com que os cistercienses estavam crescendo e não poderia ter deixado de saber que boa parte do ímpeto da ordem vinha diretamente de Bernardo, que já tinha fundado pessoalmente dezenas de abadias. Se o homenzinho de Champagne pôde conseguir tanta coisa para os cistercienses, poderia sem dúvida transformar o novo exército pessoal do papa em realidade.

Calixto, no entanto, morreu antes de poder instituir oficialmente a ordem proposta e coube ao papa Honório II converter oficialmente os Cavaleiros Templários numa ordem monástica, fornecendo-lhes uma "regra" ou regimento. Ela foi concedida a 31 de janeiro de 1128, quando Hugo de Payen compareceu diante do especialmente convocado Concílio de Troyes. Essa impressionante assembleia foi presidida pelo cardeal de Albano, o legado papal, e incluía os arcebispos de Rheims e Sens, juntamente com não menos de dez bispos e diversos abades proeminentes, inclusive Bernardo de Clairvaux. A proposta de conceder aos Cavaleiros Templários o status formal de ordem monástica foi aprovada e os templários ganharam sua regra e o direito de usar seu próprio manto, de puro branco essênio.

Graças à influência de Bernardo, o grupo de cavaleiros já envelhecidos, que tinham passado quase nove anos vivendo praticamente na pobreza enquanto avançavam com seus túneis por sob o Monte do Templo, ficaram de repente incrivelmente ricos, já que a nova ordem foi inundada de presentes em dinheiro e terras de doadores devotos. Bem depressa eles mudariam o mundo por meio de seu programa de construções e de sua invenção da rede bancária mundial que, juntamente com o desenvolvimento promovido pelos cistercienses do comércio da lã e as enormes feiras comerciais internacionais de Champagne, iam efetivamente anunciar a era "moderna".

Bernardo, o Místico

Bernardo se mostrou de uma importância sem paralelos para o pensamento cristão. Seria finalmente beatificado como São Bernardo de Clairvaux, embora tenha entrado na história da Igreja como uma espécie de "místico" e sua maneira de tratar o cristianismo fosse, para falar francamente, extremamente incomum.

Bernardo tinha duas obsessões que se destacaram do começo ao fim de sua vida e que estavam refletidas em praticamente todas as suas ações. Em primeiro lugar estava absolutamente fascinado pelo conceito da natureza feminina de Deus, personificado na forma de Santa Maria, a Virgem, por quem sua nítida veneração não conhecia limites. Seu respeito pelas mulheres teve um enorme impacto nas cortes da Europa, onde a condição feminina foi engrandecida graças aos seus esforços. Bernardo parecia compartilhar o mesmo ponto de vista de Jesus Cristo, ao acreditar que todas as pessoas eram igualmente valiosas aos olhos de Deus e todos, homem ou mulher, tinham de firmar um contrato com Deus se a nova ordem mundial devesse mesmo ser estabelecida.

Em segundo lugar, Bernardo mostrava uma obsessão extremamente incomum pelo Cântico dos Cânticos ou Canção de Salomão. Durante toda a sua vida, elaborou dezenas de sermões relativos ao Cântico dos Cânticos, que continua sendo um dos mais intrigantes livros da Bíblia.

O Cântico dos Cânticos parece, à primeira vista, ser um longo e complicado poema de amor entre uma noiva e um noivo. Menciona o rei Salomão, mas é muito improvável que a obra deva qualquer coisa diretamente a ele e a maioria dos peritos situa sua autoria no norte rural de Israel. Sugerem que o Cântico dos Cânticos apareceu primeiro como uma série de poemas tradicionais que foram reunidos por volta de 300 a.C.[4] – precisamente a época em que os essênios começam a se formar. O Cântico dos Cânticos é, na aparência, uma bela história erótica com pouco ou nenhum conteúdo religioso – ela não menciona Deus uma única vez – mas os judeus a consideravam uma alegoria da relação de Deus com Jerusalém.

Cristãos do período de Bernardo de Clairvaux aceitavam o Cântico dos Cânticos, encarando-o de uma maneira semelhante à de seus equivalentes judeus, embora no caso do cristianismo como uma alegoria do relacionamento de Jesus e sua Igreja. Na superfície, é esse o modo como Bernardo lidava com a obra, mas é provável que realmente visse esse livro extraordinário antes da maneira como era tratado por místicos judeus. Como os estudiosos judeus de sua época, Bernardo quase certamente encarava o Cântico dos Cânticos como uma história falando de forma mal velada da recriação de Jerusalém e da relação da Nova Jerusalém com Deus.

Era de conhecimento público que Bernardo tinha uma fascinação pelo judaísmo. Quando Jerusalém foi tomada pela força, só uma geração antes, os judeus dentro da cidade tinham sido massacrados com tão pouco remorso quanto os desventurados muçulmanos. Durante o século XII, na Europa ocidental, os judeus levaram uma espécie de existência marginal.[5] Podiam, é claro, tomar parte no comércio e eram úteis quando se tratava de finanças, simplesmente porque lhes era permitido emprestar dinheiro a juros, o que em princípio os cristãos não podiam fazer. A cobrança de juros sobre os empréstimos era conhecida como "usura", o que para os cristãos era contra a lei eclesiástica. Os judeus não tinham tal lei e o empréstimo de dinheiro era, portanto, um dos poucos meios pelos quais um judeu europeu poderia se tornar próspero. Infelizmente, os judeus eram frequentemente hostilizados como "inimigos de Cristo" e eram comuns os pogrons, nos quais a Igreja desempenhava com frequência um papel significativo. Bernardo de Clairvaux era diferente. Em várias ocasiões, no decorrer de sua vida, e apesar de sempre muito ocupado, caminhou dias para impedir pogrons contra os judeus e sugere-se que manteve cabalistas judeus e autoridades em hebraico dentro do seu próprio mosteiro perto de Troyes.

As tendências místicas de Bernardo fizeram com que fosse mais venerado do que poderia ter sido se as circunstâncias fossem outras. Foi sem a menor dúvida um dos maiores intelectuais de sua época – certa vez descrevendo Deus como sendo "altura, largura, comprimento e profundidade". Também sugeriu que era mais provável que Deus fosse encontrado entre as rochas e árvores que em qualquer igreja construída por mãos humanas.

Foi em não pequena medida graças a Bernardo que, em 1130, as Famílias da Estrela estavam na melhor posição possível para começar a construir sua nova ordem mundial. Depois de 60 anos de manobra e assassinato, tinham o controle do Ocidente e das terras dos Cruzados no leste. Bernardo estava reformando atitudes tanto na igreja quanto nas cortes da Europa, enquanto os Cavaleiros Templários e os cistercienses estavam se preparando para iniciar mudanças sem paralelo na história humana.

Capítulo 6

A Primeira Nova Ordem Mundial

Os Cavaleiros Templários rapidamente se espalharam por todos os países da área cristã. Em cada caso era designado um Mestre da ordem, que se reportaria ao chefe dos templários, o Grande Mestre, uma posição que era conservada a vida inteira. Três fileiras menos elevadas foram estabelecidas abaixo dos Cavaleiros propriamente ditos: eram os "sargentos", "irmãos rurais" e "capelães". Havia também uma divisão específica de *fratres conjugati*, que eram irmãos casados. Usavam uma manta preta ou marrom com uma cruz vermelha para diferenciá-los dos membros celibatários no estilo essênio. Os *fratres conjugati* não eram considerados da mesma condição que os irmãos celibatários (segundo documentos históricos, os essênios também tinham um componente não celibatário de irmãos casados).

A iniciação na ordem envolvia uma cerimônia secreta e logo começaram a circular rumores de que os templários estavam se entregando a rituais que não eram cristãos. Esses comentários poderiam ter sido muito perigosos para uma ordem menos proeminente, mas os templários, extremamente ricos e bem conectados, estavam suficientemente bem colocados para simplesmente ignorar problemas desse tipo. Não tinham falta de iniciados, que precisavam ser de origem nobre, com herança garantida, porque ninguém de origem humilde poderia ser Cavaleiro, e dispostos a transferir toda a sua riqueza, assim como a fazer votos de pobreza, castidade, piedade e obediência.

Embora o objetivo publicamente divulgado dos templários fosse militar, muitos irmãos devotavam seu tempo ao comércio e outros ao enorme programa de construções da ordem. Os templários logo usaram sua riqueza para construir numerosas fortificações de uma ponta à outra da Terra Santa e, sem a menor dúvida, foram as unidades de combate mais bem treinadas e mais disciplinadas de seu tempo. A regra principal dos Cavaleiros era jamais se renderem. A destemida e intransigente natureza dos Templários, juntamente com excelente treinamento e armamento pesado, transformou-os numa formidável força de combatentes de elite nos tempos medievais. São ainda lembrados por sua vestimenta branca adornada com uma cruz vermelha no peito, que hoje é incorretamente associada a todos os Cavaleiros cruzados.

Protegendo os Tesouros do Templo

O primeiro problema que os Cavaleiros Templários tiveram de enfrentar foi a questão do que fazer com os pergaminhos essênios resgatados debaixo do templo arruinado de Jerusalém. Os tesouros físicos que eles haviam escavado (*ver* capítulo 5) precisavam de proteção contra roubo, mas as peças em si não teriam despertado qualquer suspeita. Os documentos, contudo, eram uma coisa diferente. Eram extremamente preciosos e, devido a seu conteúdo, corriam o risco de serem destruídos se algum dia chamassem a atenção da igreja.

Levá-los para Champagne ou para qualquer outra parte da França não parece ter sido algo seriamente considerado como opção. Talvez porque a área fosse considerada vulnerável a uma todo-poderosa elite da igreja, mesmo nas regiões onde a presença da Família da Estrela era forte. A opinião refletida dos responsáveis pelos documentos parece ter sido no sentido de procurar um local amistoso tão longe de Roma quanto fosse possível. Seus planos para esses documentos devem ter sido altamente secretos na época, mas há um registro do que aconteceu na tradição oral da Maçonaria.

Segundo a narrativa do Vigésimo Grau do chamado Antigo Rito Escocês, em 1140, os membros de uma das lojas templárias de Jerusalém viajaram para Kilwinning, um pequeno porto de mar no oeste da Escócia. É ainda declarado que esse grupo levou consigo documentos antigos a serem depositados numa abadia de Kilwinning construída para esse fim.

É uma informação desconcertante, pois como os que elaboraram os rituais relativamente recentes da Maçonaria poderiam ter sabido da existência dos manuscritos essênios, quanto mais das secretas atividades dos templários? Até os Manuscritos do Mar Morto serem descobertos e o Manuscrito de Cobre decifrado na década de 1950, supõe-se que ninguém sabia que havia alguma coisa sob o arruinado Templo de Jerusalém.

Em 1921, uma geração antes de os Manuscritos do Mar Morto serem encontrados no acampamento essênio em Qumran, um famoso perito maçônico, J. S. M. Ward, escreveu que "a abadia [de Kilwinning] só foi construída em cerca de 1140 e a lenda não declara onde [os documentos] estavam durante o período entre 70 d.C. e 1140 d.C.".

Usando informação maçônica, Ward estava ciente de que esses documentos tinham existido antes da destruição do Templo de Jerusalém e que tinham chegado a Kilwinning 1.070 anos mais tarde. A conclusão inevitável é que a informação dos Cavaleiros Templários finalmente abriu caminho para as tradições maçônicas.

Isso deixa a questão de saber onde estavam os manuscritos no período entre a conclusão das escavações templárias em cerca de 1128 e a construção da abadia de Kilwinning em 1140 – mais a cruciante questão de saber o que aconteceu a eles depois dessa data.

A abadia de Kilwinning é geralmente mencionada como tendo sido "beneditina", mas isso não é exatamente verdadeiro. A abadia foi construída numa terra que era propriedade dos St. Clair (ou Sinclair), a Família da Estrela que chegou à Escócia antes de William, o Conquistador, invadir a Inglaterra, e foi concedida a Hugo de Morville, um amigo e aliado do rei Davi I da Escócia. Hugo de Morville levara um grupo de monges de Kelso para construir uma nova abadia no local e nela habitar, mas eles não eram da corrente beneditina principal – eram, na realidade, de uma ordem conhecida como "tironense".

Monges-pedreiros: os Tironenses

Os tironenses continuam sendo uma das mais misteriosas dentre todas as ordens beneditinas reformadas. Houve apenas um estudo abrangente dos tironenses, feito pela escritora canadense Francine Bernier, cuja obra só foi publicada em 2005.[1]

O maior mistério cercando os tironenses se encontra em saber como uma ordem monástica tão bem-sucedida, que chegou a controlar mais de 117 casas monásticas, pôde ter desaparecido tão completamente do registro histórico. Bernier, no entanto, passou anos esquadrinhando livros e documentos para oferecer um relato detalhado dos tironenses que, embora hoje quase desconhecidos, sem a menor dúvida desempenharam um papel importante no desenvolvimento tanto da vida monástica quanto da arquitetura do século XII ao século XIV.

Os tironenses foram constituídos em 1107 e tiraram seu nome de Tiron ou Thiron, significando "colina alta", sua primeira abadia, 56 quilômetros a oeste de Chartres, na França. A ordem foi fundada por um monge beneditino chamado Bernardo de Tiron que, como seu equivalente Bernardo de Clairvaux e os fundadores dos cistercienses (*ver* capítulo 5), acreditava que a ordem principal se tornara complacente.

Em 1113, os irmãos tironenses foram convidados pelo rei Davi I a ir para a Escócia – um lugar onde teriam achado a forma predominante de cristianismo muitíssimo do seu agrado, já que o cristianismo escocês ainda conservava elementos de suas fundações caldeanas, às quais os tironenses se apegavam aplicadamente. (Alan Butler demonstrou[2] que Bernardo de Clairvaux tinha também íntimas associações com o cristianismo caldeano e que frequentemente adotava suas crenças. É quase certo que os caldeanos, como os cristãos dominantes na Grã-Bretanha e Irlanda pós-romanas, estavam repletos de sacerdotes e práticas da Família da Estrela. Os caldeanos se desentendiam regularmente com a igreja romana e fora necessário realizar um sínodo da igreja em Whitby, em 664, para tentar trazê-los plenamente para o rebanho católico romano – uma tentativa que, no caso da Escócia, claramente fracassou.)

Os tironenses foram também famosos por suas proezas como mestres de obras – muito mais que qualquer outra das ordens de inspiração beneditina. Eram em sua época a vanguarda da arquitetura. Mantiveram e dirigiram em Chartres uma escola superior, que fora especialmente fundada e organizada em 1117 pelo conde Teobaldo VI de Blois, Troyes, Champagne e Chartres. Embora hoje praticamente esquecida, essa escola passou a oferecer a formação técnica necessária para criar alguns dos maiores edifícios do período, incluindo, segundo algumas fontes, a catedral de Chartres, que foi reconstruída entre 1194 e 1250 (*ver abaixo*, p. 129). Outros especialistas afirmam que o dinheiro necessário para construir a nova catedral nesse espaço de tempo relativamente curto foi fornecido pelos Cavaleiros Templários[3] e declaram, além disso, que eles forneceram a técnica necessária para concluir esse prédio notável.

Isso é inteiramente possível, mas é também provável que os templários tenham colaborado intimamente com os tironenses para implantar técnicas econômicas de construção em sua grande escola de Chartres.

Desde o início, Bernardo de Tiron tinha procurado para sua ordem recrutas que já fossem competentes no tipo de habilidades de que a nova instituição mais necessitaria – especialmente pedreiros. Tanto no interior das próprias abadias tironenses quanto na escola em Chartres, esses primeiros monges maçônicos transmitiram seu novo conhecimento para os novos iniciados, submetendo os noviços a uma forma eclesiástica de aprendizagem e treinando-os cuidadosamente até que também se tornassem mestres de seus ofícios.

Evidentemente os pedreiros não estavam sozinhos. A ordem precisava de carpinteiros, curtidores, lavradores, ferreiros e de todos aqueles ofícios que imaginamos terem tornado a vida possível no século XII. Mas foi dentro das fileiras de seus pedreiros que a ordem conquistou seus melhores trunfos.

Assim, precisamos agora aceitar o fato de que a criação e especialização da ordem tironense de monges é quase certamente mais um exemplo de manipulação da Família da Estrela, como a criação dos cistercienses, mais famosos, outra ordem beneditina reformada (*ver* capítulo 5) com a qual os tironenses tinham muito em comum, incluindo uma abordagem rara do cristianismo.

Como veremos mais adiante neste capítulo, pareceria que a tarefa dos cistercienses e templários era lançar as bases econômicas da Nova Jerusalém, particularmente por meio do comércio da lã, com os cistercienses controlando a produção e os Templários atuando como financistas internacionais e soldados do empreendimento. Acreditamos que os agora quase esquecidos tironenses tenham recebido o encargo específico das obras de cantaria – eram eles que supervisionariam as estruturas físicas da Nova Jerusalém. Chegou mesmo a ser sugerido que as grandes inovações em arquitetura que começaram por volta de 1130 (*ver* p. 128) muito ficaram devendo aos tironenses, assim como aos templários e aos cistercienses.

Os tironenses construíram muitas igrejas paroquiais escocesas, assim como suas próprias abadias. A primeira abadia tironense na Escócia foi Selkirk, fundada em 1113, seguida pela de Kelso em 1128 e depois Kilwinning em 1140. É interessante observar que a construção de Kelso teve lugar no mesmo ano do Concílio de Troyes e do retorno dos templários originais de Jerusalém. Foi construída por solicitação específica do rei Davi I, que era também um grande amigo dos cistercienses. Diz-se que Kelso teria sido a mais bela de todas as abadias escocesas.

Como os documentos encontrados pelos Templários originais acabaram chegando a Kilwinning, que era uma instituição tironense fundada pelos irmãos de Kelso e como Kelso foi fundada em 1128, parece claramente provável que os manuscritos fossem de fato primeiro levados para Kelso – uma abadia que talvez tenha sido especificamente construída para alojá-los. Mas a história provaria que Kelso, estando tão próxima da fronteira inglesa, não estava a salvo de hostilidades e, por isso, foi construída uma nova abadia pela mesma estranha ordem de monges, dessa vez no distrito mais seguro de Kilwinning. Conclui-se que, se foi esse o caso, os documentos foram levados para lá em ou depois de 1140.

Segredos dos Manuscritos Ocultos

A pergunta mais importante e fascinante que falta responder é: que informação esses manuscritos continham?

Sabemos agora muita coisa sobre os manuscritos encontrados em Qumran e é provável que os documentos sob o templo contivessem parte da mesma informação que os manuscritos conhecidos como "Manual de Disciplina" e "Regra da Comunidade", que descreviam como se esperava que um grupo semelhante aos essênios se conduzisse. Isso fica evidente devido às similaridades entre os essênios e os cistercienses e templários.

Entre as inúmeras regras está a exigência de que todo aquele que deseje se unir à comunidade se comprometa consigo mesmo a respeitar Deus e o homem; a viver de acordo com a regra comunitária; a buscar Deus; a fazer o que lhe parece bom e justo e a amar todos os "filhos da luz". Os iniciados devem levar "toda a sua mente, toda a sua energia e toda a sua riqueza" para a comunidade de Deus. Devem manter um sentimento de humildade, caridade e correção mútua para com os irmãos seus pares, mostrando ao mesmo tempo paciência e compaixão. Devem pertencer à comunidade tanto num sentido doutrinal quanto num sentido econômico; devem estabelecer em Israel uma sólida base de verdade e se unirem para sempre num laço indissolúvel. Como meio de atingir esses fins, todos devem obedecer a seu superior hierárquico em tudo que diga respeito a trabalho e dinheiro.

As comunidades templárias foram geridas dentro de parâmetros muito semelhantes aos dos essênios e aos de seus irmãos, os cistercienses. Como os irmãos brancos de tempos antigos e os de sua própria época, os templários tinham uma estrutura democrática. Exatamente como detalhava a "Regra da Comunidade" essênia, os diretores, líderes regionais e locais e mesmo o Grande Mestre de toda a ordem eram eleitos no Capítulo e qualquer um deles poderia ser removido se não conseguisse atingir os objetivos que se esperava que cumprisse.

Outros manuscritos também contavam como os autores aguardavam ansiosamente o amanhecer de uma nova era quando, como eleitos de Deus, seriam seus agentes na destruição dos ímpios e na restauração de um culto aceitável num templo purificado, servido por um clero digno.

Um documento conhecido como "Manuscrito da Guerra" detalha a guerra que será travada pelos Filhos da Luz contra as Forças das Trevas. Não é simplesmente uma descrição geral de um conflito hipotético, mas contém detalhes muito específicos sobre o exército que travará as batalhas – como será composto, equipado e conduzido durante o combate. Segundo o Manuscrito da Guerra, haveria tanto infantaria quanto cavalaria, ambas armadas de modo muito preciso e sujeitos à vontade de um comandante supremo. Cada item de adorno, cada escudo, lança e espada é descrito em grande detalhe e é dada atenção à retidão moral dos que participam. O que o Manuscrito da Guerra descreve é um exército inteiro, marchando e lutando conforme as crenças e intenções judaicas. Parece efetivamente provável que a Ordem dos Cavaleiros Templários tenha sido agrupada conforme o esquema descrito no Manuscrito da Guerra.

Mas há razões para supor que havia documentos ainda mais importantes colocados sob o templo – estariam o mais próximo do sacrário (o local onde um dia esteve a Arca da Aliança) quanto fosse possível estar. Em vista dos surpreendentes desenvolvimentos arquitetônicos levados a termo pelos Cavaleiros Templários, tem sido frequentemente sugerido que eles devem de alguma maneira ter tido acesso a informações sobre geometria estrutural e que deviam ter conhecimento dos segredos de alguma antiga arte e ciência perdida – vinda provavelmente das tradições judaicas/egípcias anteriormente perdidas. Se isso tem ou não base nos fatos não pode ser comprovado, mas assim que os templários e os cistercienses começaram a operar, o mundo da arquitetura ocidental mudou, quase da noite para o dia.

Maravilhas Arquitetônicas

Tanto os templários quanto os cistercienses eram construtores notáveis e estiveram no centro do período de construção das grandes catedrais e igrejas que foi estimulado por toda a Europa pelos recém-encontrados "segredos" arquitetônicos.

A beleza e a excelência da engenharia das construções erguidas de 1130 em diante, naquilo que se tornou conhecido como estilo "gótico", são verdadeiramente assombrosas. Os construtores das catedrais criaram enormes tetos abobadados e arcobotantes, permitindo paredes finas e enormes espaços para as janelas.

John Ochsendorf, um engenheiro de estruturas e historiador de arquitetura e construção do Instituto de Tecnologia de Massachusetts, espanta-se com o que realizaram as guildas medievais de pedreiros. Falou sobre a primeira vez que parou no topo da abóbada da capela do Kings College, em Cambridge: "Você está de pé a 25 metros do solo sobre um fino pedaço de pedra [...] Pode até mesmo sentir pequenas vibrações. E não pode deixar de pensar na coragem dessas pessoas!"[4]

O telhado da capela abarca quase 50 pés (15 m) e, no entanto, o abobadado que sustenta o teto tem apenas 4 polegadas (10 cm) de espessura – uma relação entre extensão e espessura similar à de uma casca de ovo. Ochsendorf está adaptando um programa de computador numa tentativa de redescobrir o conhecimento secreto por trás dos arcos e domos das catedrais góticas, na esperança de que ele possa "revolucionar" os projetos de arquitetura modernos e ajudar a desenvolver construções preocupadas com o meio ambiente. Como Ochsendorf acrescenta: "Essas pessoas desenvolveram uma ciência de construção muito real para atingir um alto grau de estabilidade. Fico realmente muito impressionado com o fato de ainda não a termos ultrapassado".

A própria palavra "modernos" não é uma nova invenção. Foi cunhada pela primeira vez na França, menos de dez anos após os templários concluírem suas escavações, para indicar as catedrais no novo estilo gótico sendo construídas sob direção templária e cisterciense. Não apenas a engenharia estrutural era um avanço notável; outros aspectos, como a criação de vidros coloridos para as janelas de vitral, foram um súbito e inexplicável salto para a frente na tecnologia. Jamais se havia imaginado que as novas catedrais que estavam sendo construídas pudessem atingir tamanha altura. Tinham mais janelas, naves maiores e amplos espaços internos não atravancados por pilastras.

O conhecimento científico estava verdadeiramente entrando na era "moderna".

Muitos estudiosos hoje concordam que os templários estiveram plenamente envolvidos no financiamento e planejamento da construção dessas catedrais góticas. A influência templária na geometria e nos projetos levou à criação de belas estruturas, como a catedral de Chartres. A versão de Chartres que vemos hoje foi erguida com extraordinária rapidez, provavelmente entre 1194 e 1250. A catedral de Chartres é descrita pela igreja como produto de um esforço cooperativo dos habitantes da cidade, financiado pelo movimento dos peregrinos. Essa explicação-padrão não consegue de modo algum dar conta do enorme e imediato fluxo de recursos financeiros que foi disponibilizado para pagar a extração e o transporte da pedra, bem como o enorme dispêndio com os grandes efetivos de pedreiros, escultores e outros artífices que teriam sido empregados para concluir com tanta rapidez um edifício tão vasto e complexo. É altamente duvidoso que os deslocamentos dos peregrinos para Chartres durante o período de sua construção pudesse ter pago sequer a criação e instalação das janelas de vitral, muito menos a construção e decoração de todo o prédio. A única fonte financeira na Europa daquele tempo que poderia ter trazido os recursos necessários era a Ordem dos Cavaleiros Templários.

Na França, as guildas de artesãos especializados eram conhecidas como *compagnonnages* e a dos pedreiros que construíram as grandes catedrais era conhecida como *compagnonnage* dos "Filhos de Salomão". Os Filhos de Salomão foram instruídos na arte da geometria sagrada pelos tironenses,[5] os Cavaleiros Templários e os monges cistercienses, e agiam inteiramente com a sanção de Bernardo de Clairvaux. Ele deu uma "regra" para os Filhos de Salomão em março de 1145, que definia as condições requeridas na vida e no trabalho.

Esses "Filhos de Salomão" devem ter tido realmente um grande apoio dos "Cavaleiros do Templo de Salomão" nas finanças e na instrução, havendo fortes motivos para se acreditar que os templários criaram rituais de iniciação para os pedreiros. É evidente que, se o grupo original de templários realmente encontrou informações enterradas detalhando os segredos dos mestres de obras do clero que construíram o Templo de Jerusalém, ele iria exigir que fossem feitos votos estritos de sigilo por qualquer iniciado a quem essas técnicas viessem a ser confiadas. Desse modo, as guildas de pedreiros teriam formado sua própria hierarquia – atada muito intimamente à dos Cavaleiros Templários.

Riqueza e Iniciativa Templária

Bem depressa – de fato num período de tempo muito curto considerando as dificuldades logísticas – os templários representavam uma verdadeira organização multinacional, o que significava viagem constante. Viajar exigia estradas melhores e, onde fosse possível, uma eficiente navegação fluvial e marítima. Os templários encaravam cada desafio que se apresentava. Montavam praças fortes em áreas remotas conhecidas pela ação de bandidos, reparavam caminhos e faziam pontes. Construíram robustos navios de carga e galeras de guerra que eram extremamente manobráveis. A infraestrutura templária cresceu com casas paroquiais, fazendas, castelos, portos marítimos e mesmo pequenas cidades, ficando cada vez mais forte e mais integrada, a ponto de os Cavaleiros Templários efetivamente se tornarem uma sociedade dentro de uma sociedade. Não estavam sujeitos a impostos locais de qualquer tipo e, precisando responder apenas ao Grande Mestre – que, por sua vez, só era tecnicamente responsável perante o papa –, viviam fora da jurisdição dos senhores e reis em cujas terras prosperavam.

Os Cavaleiros Templários chegaram a possuir propriedades de diferentes tamanhos espalhadas por toda a Europa, da Dinamarca, Escócia e Ilhas Orkney ao norte, à França, Itália e Espanha no sul. Só na Inglaterra e no País de Gales tinham mais de 5.000 propriedades. Também levaram seus interesses até a África, marcando uma grande presença na Etiópia, onde o *Livro de Enoque* essênio foi finalmente redescoberto muitos séculos mais tarde. Há também boas razões para se acreditar que os Cavaleiros Templários navegaram para o oeste, atingindo o continente da América. Na Europa, desenvolveram duas importantes bases navais: uma na ilha de Maiorca, para lhes dar controle do Mediterrâneo, e outra no porto de La Rochelle, na costa atlântica da França. De lá, muita gente afirma, desenvolveram um comércio com a Groenlândia, com o continente norte-americano e inclusive com o México.

Alguns anos atrás, Chris Knight teve uma longa conversa com o armador e magnata norueguês Fred Olson, que disse que navegar para a América do Norte não era de modo algum incomum antes de Cristóvão Colombo nascer e que ficaria surpreso se uma potência comercial como os templários não tivesse viajado para lá. Ele chamou atenção para o fato de haver uma rota muito segura saindo do norte da Escócia, pela qual se pode viajar para as Américas sempre com vista de terra.

Com menos de 50 anos desde a sua fundação, os Cavaleiros Templários tinham se tornado uma potência comercial com força igual a de muitos estados; com menos de 100 anos, tinham se transformado nos precursores medievais dos conglomerados multinacionais, com interesses em cada forma de atividade comercial, tornando a instituição templária mais rica que qualquer reino da Europa.

Enquanto isso, sob a mão orientadora de Bernardo de Clairvaux, a ordem dos monges cistercienses, que outrora enfrentava dificuldades, estava se expandindo em conjunto com os templários. No tempo de vida de Bernardo, os cistercienses criaram mais de 300 abadias de uma ponta à outra da Europa. Embora a missão a longo prazo das duas ordens fosse a mesma, a abordagem de cada uma era diferente. Os cistercienses se tornaram conhecidos como "apóstolos da fronteira", devido ao hábito de recusar doações de terra perto dos grandes centros de população, optando por instalar seus novos estabelecimentos em terras marginais nas montanhas e em áreas desoladas da Europa cristã. Os templários, por outro lado, fixavam-se nos centros populacionais, dando ênfase a propriedades estrategicamente situadas perto de áreas de importância comercial e de rotas de peregrinação.

Os templários provaram ser homens de negócios espertos tanto quanto eram guerreiros temidos. Fizeram substanciais investimentos estratégicos em terra e agricultura e investiram nas indústrias que forneciam os ingredientes essenciais para seu enorme programa de obras. Como já observamos, os judeus sempre tinham sido os fornecedores de crédito para os cristãos porque a usura (empréstimo a juros) não era aceitável pelos cristãos. Mas de algum modo esses sacerdotes judeus posteriores com face cristã conseguiram ir assumindo aos poucos o papel de primeiros banqueiros internacionais do mundo. Desenvolveram o conceito de transferência financeira por "nota promissória" que era, essencialmente, o que chamaríamos de cheque administrativo ou nota de crédito, sendo portanto também a precursora do cartão de crédito.

Surpreendentemente, esses criativos homens de negócios-combinados com-guerreiros-mestres-de-obras-monges também criaram o equivalente medieval da indústria do "pacote turístico". Tendo garantido as rotas para os santuários sagrados, foram capazes de oferecer um serviço completo aos peregrinos, fossem eles para Roma, Compostela na Espanha ou para a própria Jerusalém. Os templários firmaram acordos com donos de estalagens, proprietários de navios, barqueiros e pessoas envolvidas em toda e qualquer outra atividade necessária para proporcionar "férias" agradáveis. E obtinham uma boa margem de lucro em cada etapa do caminho.

Parte do pacote templário era sua nova invenção: o cheque de viagens. A maior preocupação de qualquer peregrino na época era o medo do roubo e nenhum peregrino gostaria de ser surpreendido no meio da estrada com somas substanciais de dinheiro. Antes dos templários, contudo, havia pouca opção, porque viajar exigia dinheiro. A infraestrutura templária forneceu a solução perfeita. O peregrino simplesmente fazia uma visita a seu tesoureiro templário local e depositava fundos para cobrir o custo previsto de toda a jornada que pretendesse fazer, incluindo viagem, acomodação e o necessário dispêndio de somas de dinheiro em lugares santos situados no caminho ou no destino. O tesoureiro daria ao viajante um recibo, que era criptografado com um código secreto templário para impedir fraudes – mais ou menos como seria hoje uma transação pela Internet.

Em cada ponto-chave da jornada, o peregrino entregaria seu recibo ao representante templário local que liquidaria então quaisquer dívidas a pagar, deduziria a soma necessária, recodificaria a nota e a devolveria ao viajante. Ao voltar para casa, o peregrino apresentaria seu tão usado "cheque de viagem" ao tesoureiro templário original que devolvia então qualquer saldo que ainda restasse ou emitia uma fatura para qualquer gasto em excesso.

Os banqueiros templários também organizaram a transferência segura de fundos para o comércio internacional e local para a igreja e o Estado, assim como outros negócios. Emprestavam a bispos para financiar programas de construção de igrejas, assim como a reis e imperadores para cobrir projetos de obras, guerras e, é claro, as Cruzadas.

Os membros mais importantes dos Cavaleiros Templários eram de descendência judaica e, portanto, não faziam a princípio objeção à usura. Contudo, como era imperativo para a organização manter uma face "cristã", ela procurou um meio de ser capaz de emprestar dinheiro com lucro sem ser acusada de usura. Conseguiram fazer isso argumentando que, como era inteiramente permitido cobrar uma quantia pelo aluguel de uma casa, o lucro que recebiam nos empréstimos deveria ser considerado como "receita de aluguel" em vez de juro. Essa "receita" era paga no momento em que o empréstimo era feito e era acrescentada à soma de capital emprestada.

Com essa complexa infraestrutura comercial instalada por toda a Europa, uma "nova ordem mundial" começou a emergir e o mundo cristão ocidental acabou se transformando num lugar mais vibrante e estável. Os recém-descobertos benefícios da segurança financeira e da viagem segura, juntamente com um comércio confiável e efetivo cobrindo grandes distâncias, levou à acumulação de capital, o que abriu espaço para o surgimento de uma classe mercantil recentemente próspera, a burguesia urbana. A chegada dos mercadores citadinos alterou o equilíbrio de poder em proveito das vilas e cidades, que inicialmente tinham surgido mais da necessidade de segurança mútua que do comércio. A Ordem dos Cavaleiros Templários era como um moderno conglomerado multinacional, mas também podemos afirmar que, sob muitos aspectos, ela criou a primeira União Europeia – uma instituição abrangendo toda a Europa com um comércio livre através de suas fronteiras e um movimento de moeda numa escala internacional.

Feiras de Champagne

Em parte alguma as mudanças provocadas pelos templários e seus colegas cistercienses se tornam mais nítidas que na criação do que ficou conhecido como Feiras de Champagne. Desde o século X, vinham sendo realizadas feiras de comércio em Champagne, às quais chegavam negociantes vindos de uma vasta área para comprar e vender bens. Champagne estava convenientemente situado em termos de facilidade de acesso mas, embora as primeiras Feiras de Champagne tenham prosperado, eram negócios em pequena escala. Nenhuma das cidades de Champagne era especialmente grande e os mercadores que as visitavam tinham de montar suas tendas onde fosse possível. Como resultado, eles e as mercadorias ficavam vulneráveis ao roubo e as transações envolvendo grandes somas de dinheiro vivo eram extremamente arriscadas. Essa situação mudou com a ascensão de Teobaldo II como conde de Champagne em 1125.

Teobaldo veio de uma proeminente Família da Estrela – e que família influente ela era! Como já foi mencionado, em 1125 o conde Hugo de Champagne tinha decidido juntar-se a seus companheiros em Jerusalém, tornando-se assim o primeiro recruta da recém-formada Ordem dos Cavaleiros Templários. Nessa época Hugo tinha renunciado à sua condição e títulos nobres – mas suspeitamos que não à sua influência.

Hugo não tinha filhos, mas tinha três sobrinhos – filhos do irmão Estêvão, conde de Blois e de Chartres, que fora um dos líderes das Cruzadas antes de morrer, no campo de batalha, em 1102. Quando os templários emergiram como uma base de poder internacional de 1128 em diante, o controle exercido por essas Famílias da Estrela era absolutamente assustador.

Quando Hugo foi para o Oriente, seu título de conde de Champagne passou ao sobrinho Teobaldo (ou Thibaud), que se tornou Teobaldo II. Outro sobrinho, Henrique, conde de Blois, que fora educado no quartel-general da Família da Estrela em Cluny, viajou para a Inglaterra, onde se tornou bispo de Winchester um ano depois de os templários terem recebido sua regra. O terceiro sobrinho, Estêvão, também atravessou o Canal da Mancha; em 1135, em seguida à morte do tio Henrique I, filho de William, o Conquistador, Estêvão assumiu o trono da Inglaterra. Rapidamente tornou o posto de bispo de Winchester, ocupado pelo irmão, superior ao de arcebispo de Canterbury, dando assim a Henrique controle absoluto da igreja na Inglaterra, equiparando-se a seu próprio controle do Estado.

Com a morte de Henrique, a sucessão começara a ser acirradamente disputada e há pouca dúvida de que Estêvão tenha sido colocado no trono inglês em benefício da estabilidade do reino, como um títere da Família da Estrela, já que não tinha nem a inteligência nem a habilidade política para alcançar tal posto por iniciativa própria. Um escritor contemporâneo, Walter Map, expressou uma opinião muito negativa sobre o rei Estêvão: "Era conhecedor das artes marciais, mas quanto a outros assuntos era pouco mais que um simplório".

Na verdade, Estêvão provou ser um canhão desgovernado, já que longe de trazer estabilidade, só serviu para piorar as coisas. Contudo, foi durante o governo de Estêvão que a insígnia templária de uma cruz vermelha sobre um fundo branco foi adotada como bandeira nacional da Inglaterra. Parece provável que seu influente tio templário, Hugo, possa ter feito mais do que apenas influenciar essa decisão de transformar o manto deles no emblema da Nova Jerusalém.

Teobaldo II, sobrinho de Hugo e seu sucessor como conde de Champagne, era um perfeito contemporâneo de Bernardo de Clairvaux, tendo nascido no mesmo ano, 1090. Os dois homens parecem de fato ter sido grandes amigos e Teobaldo adquiriu convenientemente seu título em Champagne pouco antes de ter começado o aumento da influência de Bernardo na igreja. Além de conde de Champagne, Teobaldo era também conde de

Chartres, detendo ainda a posse de vários feudos importantes do conde da Borgonha, como Auxerre, Maligny, Evry e Troyes (a cidade que era a capital de Teobaldo).

Desde o momento em que chegou ao poder, o conde Teobaldo começou a transformar as Feiras de Champagne em algo muito mais notável que os negócios em pequena escala que tinham sido até então. Não é exagero dizer que as decisões que Teobaldo tomou nessa época exerceram um tremendo impacto sobre o desenvolvimento final da Europa Ocidental.[6]

Muito em breve, havia um total de nove feiras anuais em Champagne. As principais eram realizadas em Lagny, em janeiro e fevereiro, Bar-sur-Aube, em março e abril, Troyes, em julho e agosto, Provins, em setembro e outubro, e, novamente em Troyes, em novembro e dezembro. Por fim estas eram suplementadas por quatro outras feiras menores e mal acabava havendo um dia do ano em que uma ou outra feira não estivesse funcionando em Champagne.

Aliás, foram as novas "superfeiras" de Champagne que provocaram a introdução, de uma ponta à outra da Europa, da libra, essa unidade de peso que hoje é considerada tão anglo-saxã, uma competidora que está perdendo para o sistema métrico.[7] A unidade era chamada de "libra avoirdupois" e era dividida (como hoje) em 16 onças. Era realmente uma unidade muito antiga e não deixa de ser razoável admitir que tenha vindo das Famílias da Estrela – e provavelmente dos manuscritos que elas tinham resgatado há tão pouco tempo sob as ruínas do Templo de Jerusalém.

Foi o grande estadista americano Thomas Jefferson quem primeiro observou que havia algo extraordinário em torno da "libra avoirdupois". Em 4 de julho de 1790, Jefferson rascunhou um relatório sobre pesos e medidas para ser submetido à Câmara de Deputados na Filadélfia (então capital do novo Estados Unidos da América). Mencionou uma série de curiosidades e depois escreveu:

> Outra correspondência digna de nota é aquela entre pesos e medidas. Pois 1.000 onças avoirdupois de água pura enchem um pé cúbico com exatidão matemática.[8]

Um encaixe tão perfeito sugere uma conexão entre o pé moderno e a libra – o que simplesmente não devia acontecer, a não ser que houvesse uma esquecida origem mútua em tempos antigos. Certamente o *pint** "imperial" britânico está relacionado à onça avoirdupois porque 20 dessas onças de água são precisamente iguais a 1 *pint*.[9]

O conde Teobaldo deu passos definidos para garantir que mercadores dos locais mais distantes pudessem usufruir dos benefícios que as novas Feiras de Champagne podiam oferecer. Em primeiro lugar assegurava que houvesse espaço suficiente e seguro para o alojamento dos visitantes, assim como armazenagem em local seguro para suas mercadorias. Suas próprias forças proporcionavam segurança de trânsito na ida e na volta das Feiras e ele protegeu a comunidade judaica de Troyes, que tinha membros que agiam como cambistas e conseguiam empréstimos e crédito onde fosse necessário, antes de os templários estabelecerem sua própria rede.

A Primeira Cruzada que, não devemos esquecer, foi também arquitetada pelas Famílias da Estrela de Champagne, tinha aberto o Oriente Médio e propiciado uma rota para bens de luxo vindos inclusive do mais distante Oriente. Os grandes mercados do Levante ofereciam bens de locais tão distantes quanto a China. Mercadorias exóticas de todos os tipos chegam agora a Champagne através da Itália e dos Alpes, dos portos do sul da França ou da Espanha. Especiarias, sedas, perfumes e um grande número de outros artigos chegam às Feiras vindos do sul, enquanto peles vêm da Rússia e da Alemanha e vinhos finos de todas as regiões ao redor de Champagne.

O mais importante de tudo, e absolutamente vital para o sucesso decisivo das Feiras de Champagne, eram os tecidos de lã trazidos de Flandres para serem negociados nas Feiras pelas mercadorias que chegavam do sul e do leste. Era primeiramente no comércio da lã que as Feiras de Champagne se apoiavam e não é exagero sugerir que a lã foi o motor do comércio internacional que impulsionou as Feiras.

A Criação de Ovelhas Cisterciense

Não houve nada nem mesmo remotamente casual na súbita disponibilidade de lã crua numa escala anteriormente sem precedentes. Os cistercienses estavam desenvolvendo enormes rebanhos de ovelhas em Flandres e ainda mais na Inglaterra. Haviam drenado, em Flandres, centenas de milhares de

---

* O *pint* é uma medida de capacidade usada para líquidos no Reino Unido e líquidos e secos nos Estados Unidos. O *pint* imperial (britânico) equivale a 568,261 centímetros cúbicos. (N. do T.)

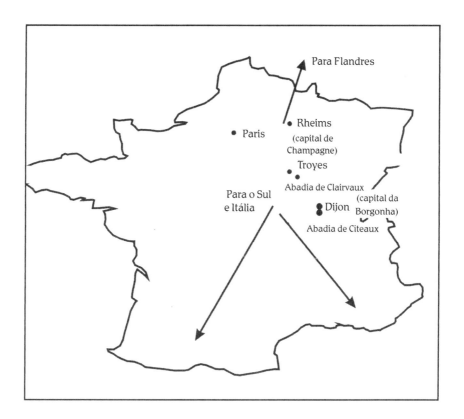

Figura 6. Mapa da França, mostrando Paris, as cidades principais de Champagne e o norte da Borgonha.

acres de terras anteriormente encharcadas pelo mar para dar espaço aos animais e, na Grã-Bretanha, estavam abrindo oportunidades para a criação de ovelhas em vastas áreas que anteriormente tinham sido terrenos incultos.

Os cistercienses reuniam ovelhas onde quer que se instalassem. Era um golpe de gênio porque ovelhas são, sem sombra de dúvida, os menos exigentes e mais produtivos de todos os animais domésticos.[10] Prosperam em terras marginais e resistem bem a grandes variações de temperatura. Pode-se dizer que o pastoreio de ovelhas se ajustava bastante bem ao estilo de vida cisterciense, mas pode igualmente ser sugerido que o tipo de vida monástica que os cistercienses adotaram era feito sob medida para acomodar as ovelhas.

Graças às ovelhas, as abadias fundadas na Grã-Bretanha, e especificamente no norte da Inglaterra, deixaram rapidamente de ser pequenas instituições fundadas e dirigidas por pequenos grupos de fanáticos religiosos, passando a figurar entre as unidades mais economicamente viáveis de toda a Europa Ocidental. Abadias como as de Rievaulx, Kirkstall e Fountains em Yorkshire logo reuniram rebanhos de dezenas de milhares de ovelhas. Doações de terras para alojar todos esses animais não eram difíceis de obter porque os cistercienses representavam o exemplo máximo de zelo monástico. Para um proprietário de terras, mostrar generosidade para com os cistercienses era tão vantajoso, pelo menos na mente dos benfeitores, quanto um passe livre para o Paraíso, particularmente se não esquecermos que os cistercienses só procuravam terras que, na época, eram inadequadas para qualquer outro propósito. Os cistercienses pegavam o "deserto" e, com a ajuda das ovelhas, transformavam-no na terra fértil e aprazível que bem representava a Nova Jerusalém em que a Grã-Bretanha pretendia se tornar.

O que parece particularmente bizarro à luz da obsessão cisterciense com as ovelhas é o fato de que, no começo da ordem, e durante muitas décadas, os cistercienses foram absolutamente vegetarianos. Só os idosos e doentes tinham a permissão de consumir carne, que era principalmente carne de boi. É verdade que algumas ovelhas foram abatidas para que os couros pudessem ser transformados em pergaminho para os *scriptoriums* das abadias – mas foi um número ínfimo delas em comparação com o tamanho dos rebanhos em questão.

Os cistercienses criavam ovelhas por mais de uma razão. Por exemplo, depois que a terra fosse cercada para criar grandes lotes de ovelhas, os animais manteriam aparada a vegetação rasteira, ao mesmo tempo em que deixariam cair seu estrume na terra, enriquecendo o solo e tornando-o adequado para o plantio. Como objetivo final isso era perfeitamente compreensível, mas no processo vinham grandes lucros da produção de lã. Fora os custos baixos de pastorear as ovelhas e tosquiá-las quando necessário, essa lã não custava quase nada aos cistercienses. Nem houve apenas coincidência entre a existência dela e acontecimentos ocorrendo em outros lugares.

Havia claramente um "grande plano" sendo minuciosamente elaborado, porque os mecanismos necessários para dar suporte ao comércio da lã cisterciense foram postos em ação pouco antes de os cistercienses terem estabelecido seu império econômico chefiado pelas ovelhas. O trabalho de seus coirmãos de vestes brancas, os templários, tinha proporcionado segurança nas viagens e métodos de pagamento internacional garantidos.

E tão seguramente quanto a Grã-Bretanha era um grande esteio desse plano bem refletido, Flandres era outro.

Influência Flamenga

Durante o século XII, Flandres ocupava a maior parte da Bélgica atual, juntamente com partes dos Países Baixos e do norte da França. Assim como Champagne, era um condado (isto é, governado por um conde), que prestava vassalagem nominal ao rei da França, mas na realidade operava com uma extrema independência. Em 1125, quando o conde Teobaldo II chegou ao poder em Champagne, Flandres era governada pelo conde Charles I. Embora de temperamento afável e bastante estimado, Charles não parece ter sido o homem certo para o cargo, pelo menos no que dizia respeito às Famílias da Estrela. Morreu em circunstâncias suspeitas em 1127 e, depois de uma luta muito breve pelo poder, o condado caiu nas mãos de Thierry, filho caçula de Thierry II, de Lorena, um homem com quem as Famílias da Estrela podiam negociar.

Quando ficou mais velho, o conde Thierry foi Cruzado e um íntimo aliado dos Cavaleiros Templários. Seu reinado de 40 anos (1128-68) viu a região crescer significativamente em poder econômico. A primeira esposa de Thierry, Marguerite de Clermont, morreu em 1133 e, durante uma cruzada em 1139, ele desposou Sibila de Anjou, filha do então rei de Jerusalém, Foulque de Anjou, que era outro membro da Família da Estrela. Thierry era também firme partidário dos cistercienses e muitas abadias foram criadas em sua terra durante seu reinado.

Enquanto Teobaldo estava ocupado organizando e montando as Feiras de Champagne, Thierry se preocupava em consolidar seu domínio sobre Flandres e estava promovendo um período de paz que permitiu que a indústria da lã, já se destacando em cidades como Ghent ou Bruges, crescesse e prosperasse. Tudo isso foi acontecendo enquanto os cistercienses, especialmente na Grã-Bretanha, iam transformando a criação de ovelhas num setor importante da economia nacional. Quando as tecelagens de Flandres se tornaram mais numerosas e eficientes, o suprimento de lã crua local se mostrou insuficiente para as fiandeiras e tecelões flamengos. A lã cisterciense inglesa foi bem-vinda e logo os monges estavam exportando centenas e depois milhares de toneladas de lã crua, a cada ano, para Flandres. Proprietários de terras na Grã-Bretanha rapidamente se dispuseram a seguir a liderança dos cistercienses e, dentro de duas décadas, a Grã-Bretanha se tornou o ponto natural de produção de boa lã virgem de fibra longa.

Fardos de lã crua eram embarcados de toda a Grã-Bretanha para Flandres, onde a lã era cardada, fiada e tecida por todo o condado, virando fazenda. O tecido final era levado em tropas de carga para Champagne, onde era negociado por bens que tinham subido do sul ou chegado do leste. A princípio o tecido era também tingido e acabado em Flandres, mas quando o desejo por texturas mais ricas e cores mais vibrantes se desenvolveu, o norte da Itália, especialmente Florença, passou a fornecer o serviço de tingir e de acabamento.

O que finalmente começou a acontecer foi o tipo de situação em que um comerciante da Inglaterra poderia viajar para a Feira de Champagne em Troyes, onde negociaria a venda de sua lã crua para um comerciante que tivesse chegado a Troyes vindo de Flandres. O comerciante inglês poderia também acertar a compra de um fino tecido de lã de Florença, que poderia muito bem ter sido feito da lã crua que ele pusera no mercado há um ano ou mais.

Juntos, cistercienses e templários estavam conduzindo o comércio. Seus ancestrais distantes, os essênios, talvez tivessem torcido o nariz com a ideia de "comerciar", mas as Famílias da Estrela certamente não. Seus ancestrais tinham sido judeus que só prosperaram nos ambientes hostis da Europa Ocidental adquirindo as técnicas financeiras e de negócios que fizeram deles um elemento importante na economia cristã.

Pouquíssimos aspectos da vida diária poderiam deixar de ter sido afetados pelas mudanças dramáticas que as Famílias da Estrela estavam provocando e muitas dessas mudanças deixaram um legado que chegou até nós. Um bom exemplo é o uso do símbolo conhecido como *Agnus Dei*. Ele representa o "Cordeiro de Deus" e é geralmente descrito da seguinte maneira:

Em tempos antigos da vida judaica, o Cordeiro de Deus era o cordeiro pascal abatido na véspera da Pessach. Esse festival celebrava o êxodo do Egito e o nascimento da nação judaica, sendo adotado na tradição cristã como Páscoa – o "nascimento" da religião cristã como efeito da suposta ressurreição de Jesus Cristo. Na liturgia cristã, Jesus é "o Cordeiro de Deus que tira os pecados do mundo".

Foram os Cavaleiros Templários que, do século XII em diante, puseram a cruz vermelha de sua ordem sobre o Agnus Dei. Ele é visto regularmente em igrejas, gravado na pedra ou madeira, ou incluído em janelas de vitral.

São João Batista, cujo emblema fora o cordeiro, tornou-se o santo padroeiro dos tecelões de lã e ganhou lugar de destaque em suas guildas. Um interessante resultado disso se relaciona com a cidade de Halifax em Yorkshire, Inglaterra. Halifax jaz no centro das terras da criação de ovelhas cisterciense e, embora fosse originalmente apenas uma pequena aldeia, acabou se tornando uma das maiores áreas da produção de tecidos de lã da Grã-Bretanha. Seu brasão deixa isso claro (*ver* figura 8).

A igreja em Halifax foi dedicada a São João Batista no início do século que começou em 1100 e a guilda da tecelagem de lã era forte no povoamento desde um período anterior. Quando fizeram o brasão da cidade, os bons burgueses de Halifax criaram uma imagem que talvez fosse um ótimo símbolo para as crenças e as operações feitas até então pela Família da Estrela.

O brasão de Halifax contém a cabeça de João Batista e o Agnus Dei, acrescidos do cajado de São João e da bandeira templária. Tem ainda as rosas de Yorkshire (rosas são um dos símbolos tanto da Deusa quanto de Vênus) e um fundo de tabuleiro de xadrez no escudo central com sugestões nitidamente maçônicas.

Talvez mais significativo de tudo seja a divisa latina: *Nisi Dominus custodierit civitatem* ("Se Iahweh não guardar a cidade"). Essa divisa vem do versículo de abertura do Salmo 127 (numeração hebraica), que diz na íntegra: "Se Iahweh não edificar a casa, em vão trabalham os que edificam; se Iahweh não guardar a cidade, em vão vigia a sentinela". O salmo pertence a um grupo específico de salmos (120-34), em que cada qual traz o subtítulo: "Um Cântico da Ascensão" ("Cântico dos Degraus" na Bíblia do Rei Tiago), e alguns estudiosos sugeriram que eram originalmente entoados ou cantados durante procissões rituais ao santuário do Templo de Jerusalém. Mas os Cânticos da Ascensão tinham também um significado especial para os essênios – que os incluíram no Manuscrito dos Salmos, uma seleção de cerca de 40 salmos encontrados entre os Manuscritos do Mar Morto. E não causa surpresa descobrir que os Cânticos da Ascensão eram, e continuam sendo, centrais para a liturgia da ordem cisterciense. Nessa chave a "casa" e a "cidade" do Salmo 127 não são simplesmente termos gerais, mas se referem respectivamente ao Templo e a Jerusalém – ou, no caso dos essênios e cistercienses, à Nova Jerusalém que eles estavam tentando concretizar.

Segundo uma tradição local muito antiga, a cabeça de João Batista foi levada para Halifax e enterrada na igreja ou perto da igreja que leva o nome do santo. Embora essa história quase certamente não tenha base nos fatos,

Figura 7. Imagem do Agnus Dei (Cordeiro de Deus).

Figura 8. O brasão de Halifax, Yorkshire, Inglaterra, como representado nos portões da Piece Hall.

a combinação do simbolismo da Família da Estrela com a liturgia antiga incorporada no brasão e na mitologia da cidade demonstra como era importante a influência cisterciense e templária nessas novas comunidades baseadas na lã do século XII em diante.

A "era moderna" começou muito mais cedo do que muitos historiadores jamais suspeitaram. A própria palavra "moderna" vem das construções de inspiração templária e os desenvolvimentos bancários e comerciais criados pelas ordens gêmeas dos novos essênios de manto branco forneceram as bases da Revolução Industrial que começaria na Grã-Bretanha quase 700 anos mais tarde.

No século XVIII, as regiões produtoras de lã da Inglaterra passaram da "indústria doméstica" para a era fabril com o desenvolvimento das máquinas a vapor alimentadas por carvão. Em Yorkshire e Lancashire, surgiram novas fábricas para fiar e tecer a lã bruta, assim como uma nova matéria-prima, o algodão, que veio da América. Novos canais e ferrovias trouxeram um movimento de matérias-primas que encorajou a criação de fundições e da engenharia pesada, as quais logo se espalharam pela Europa e pela América.

Os templários, na verdade, mudaram o mundo para sempre. Mas no final do século XIII, tinham se tornado ricos e poderosos demais para não terem problemas. Seu fim estava à vista.

Capítulo 7

Um Ato Perverso

Em 29 de novembro de 1268, nascia em Fontainebleau, na França, uma criança que depois de adulta se tornaria um dos maiores inimigos das Famílias da Estrela. O príncipe Filipe era o filho mais velho do rei Filipe III da França e de sua esposa, Isabel de Aragão. O príncipe não teve uma infância segura e houve momentos em que facções em luta pelo controle da coroa tornaram a própria sobrevivência difícil. Talvez como resultado disto, Filipe se tornou um homem desconfiado, sombrio, obcecado – e absolutamente impiedoso.

No final do século XIII, o condado de Champagne estava provando ser um espinho no flanco do reino francês, mantendo um status quase independente e prosperando grandemente com as Feiras de Champagne. Os governantes ofuscavam seus senhores feudais nominais, os reis da França, em termos de poder econômico e influência. Certos acontecimentos durante o reinado de Luís VII, que invadira brevemente Champagne, tinham provado que um ataque direto e aberto à região não era uma ideia praticável. A reputação de Champagne continuava elevada na avaliação de sucessivos papas e, portanto, se o provocador devia ser chamado à ordem, a coisa teria de ser feita de modo furtivo e diplomático.

A oportunidade perfeita se apresentou em 1284 na forma de uma menina de 13 anos.

Joana de Navarra

Desde 1135, os condes de Champagne tinham sido também reis de Navarra, um pequeno reino dos Pirineus situado entre a França e a Espanha. O primeiro governante comum, o rei Teobaldo I (Teobaldo II de Champagne) foi um ativo Cruzado que deu apoio aos templários e manteve uma corte muito parecida com a que florescia em Champagne. O filho de Teobaldo, o rei Teobaldo II (Teobaldo III de Champagne) seguiu o exemplo do pai e se mostrou um governante honesto e justo. Deu início ao processo de desmantelar o estado feudal de Navarra e, para fazer isso, confiou mais nos impostos recebidos dos súditos comuns do que nas lealdades feudais de seus barões. Embora pesadamente taxada, a massa do povo aceitou de bom grado a situação porque o rei Teobaldo II oferecia aos cidadãos comuns direitos extraordinários, prestígio e maior voz política do que jamais lhes fora concedido em qualquer parte da Europa feudal.

Todas essas estratégias se tornaram possíveis porque Navarra, ao contrário de Champagne, era um reino e, portanto, não devia vassalagem a qualquer outro estado. O ímpeto político e econômico durante o reino de ambos os Teobaldos em Navarra tinha suas raízes em Champagne e nas Famílias da Estrela. Navarra representa, nesse período, o primeiro exemplo do que as Famílias da Estrela estavam procurando: estados seguros, protegidos, em que a população tomasse parte na administração de seus próprios assuntos. Quando comparada com exemplos de estrutura nacional em grande parte do mundo moderno, a Navarra do século XIII pode não ter sido um santuário de democracia, mas estava muito à frente de tudo que existia ao seu redor durante o período.

O rei Teobaldo II foi morto em Túnis, durante a Oitava Cruzada e, como não tinha filhos, o controle de Champagne e Navarra passou ao irmão mais novo, que se tornou o rei Henrique I de Navarra e conde Henrique III de Champagne. O novo rei foi conhecido como *Henri, le Gros* pelos franceses e *Enrique, el Gordo* pelos espanhóis – porque era muito, muito corpulento. Esse monarca avantajado desfrutou de um reinado de apenas três anos antes de morrer de sufocamento em julho de 1274. O único descendente vivo de Henrique era uma filha: Joana I, rainha de Navarra e condessa de Champagne.

Na época, Joana (ou Jeanne) tinha apenas 3 anos de idade, de modo que a responsabilidade pelo governo de Navarra e suas outras possessões foi transferida à sua mãe, Blanche de Artois. Semanas após a morte de Henrique, os abutres começaram a circular em volta do reino e da governante criança.

Blanche olhava freneticamente à sua volta em busca de apoio. A solução ideal teria sido contratar o casamento de Joana com um príncipe inglês, mas não havia nenhum disponível. Desesperada, e provavelmente para ganhar mais tempo e pelo menos alguma proteção, em 1275 a própria Blanche se casou com o príncipe Edmundo de Lancaster, filho mais novo do rei Henrique III da Inglaterra. Ele nascera em 1245 e fora anteriormente casado com Aveline de Fortibus, mas ela morrera menos de um ano depois do casamento em 1272.

Na época em que se casou com Blanche, Edmundo, conhecido como "crouchback" ("cross back")*, porque usava com muita frequência a cruz de cruzado no manto, tomou a iniciativa não usual de se proclamar "conde palatino" de Champagne. Um "conde palatino" era um senhor feudal que exercia uma autoridade quase real em seus domínios. Mas estritamente falando, Edmundo estava caminhando sobre gelo fino com relação a Champagne. Poder-se-ia dizer que exercia o poder em nome da esposa, mas evidentemente Champagne não pertencia a Blanche. Ela estava apenas governando em nome da jovem filha.

Apesar do casamento de Blanche com Edmundo de Lancaster, as nuvens escuras continuaram a se agrupar e começou a ficar evidente que, se ela quisesse salvar o reino da filha, a única alternativa seria buscar ajuda no único lugar para onde Blanche não queria se voltar: a coroa francesa. No fim não houve opção e ela procurou refúgio na corte do rei Filipe III, que não poderia ter ficado mais satisfeito em abrigá-la.

O casamento de Joana de Navarra foi devidamente contratado com o filho do rei, príncipe Filipe, e eles se uniram a 16 de agosto de 1284 – ele com 16 anos e ela com 13. Edmundo de Lancaster foi rapidamente persuadido a renunciar à sua reivindicação sobre Champagne por Filipe III, que teve de se desfazer de vários castelos para selar o acordo. O rei francês morreu no ano seguinte e o adolescente Filipe IV assumiu o trono. Sua boa aparência granjeou-lhe o apelido de Filipe, o Belo, mas fora isso a história tem poucas coisas boas para dizer dele. Assim que chegou ao trono, começou a se mostrar um dos reis mais cruéis que jamais governaram a França.

---

* *Crouchback*, isto é, aquele que se curva dissimuladamente; *cross back*, o que usa a cruz. (N. do T.)

Seu controle sobre Champagne, no entanto, não se tornaria total enquanto a esposa continuasse viva e ele também precisava de um herdeiro, tanto para a França quanto para os vastos territórios da esposa.

Filipe Trama contra os Templários

Na última parte do século XIII, poucos reis da Europa Ocidental poderiam verdadeiramente chamar os tronos de seus. Por essa época os templários haviam se tornado tão poderosos que podiam praticamente ditar seus próprios termos. Como seus predecessores imediatos e seus contemporâneos em outros lugares, Filipe herdou um reino que estava profundamente endividado, em parte a emprestadores de dinheiro judeus, mas principalmente aos Cavaleiros Templários. Além de dever dinheiro aos templários, Filipe também se sentia humilhado por eles. Era impopular entre os súditos e, pelo menos numa ocasião, os templários o salvaram de uma multidão enfurecida, levando-o para a segurança de seu quartel-general no templo de Paris. Lá, sem dúvida, ele deitou os olhos nos ambientes requintados e meditou sobre o potencial de riqueza dos templários. Também se diz que seu pedido para se tornar um templário honorário, título que tinha sido concedido a outros monarcas, como Ricardo I, da Inglaterra, fora recusado. Filipe era um ditador implacável e maquinador; sem dúvida bastaria isso para fazê-lo nutrir um ressentimento.

Não teria sido difícil para Filipe concluir que, se houvesse um meio de banir os judeus da França e destruir o poder dos templários, ele não estaria mais devendo dinheiro a ninguém. Os ricos banqueiros e comerciantes judeus eram um alvo relativamente "tranquilo". Mas os poderosos templários eram coisa muito diferente – como poderia Filipe se lançar contra uma tão poderosa organização multinacional militar-política-financeira que não respondia a ninguém, exceto ao papa?

Mas o fato é que as circunstâncias favoreceram perfeitamente o jogo de Filipe.

As coisas ainda não estavam indo bem na Terra Santa, apesar das tentativas frequentes de dar apoio aos estados cruzados que tinham sobrado lá. Em 1290, o único baluarte cristão que ainda existia no Levante era a cidade de Acra. Ela foi atacada pelas forças do sultão Al-Ashraf Khalil e, em maio de 1291, caiu com uma tremenda perda de vidas entre os templários estacionados lá, incluindo o Mestre templário, De Beaujeu. Em semanas, os distantes fortes templários foram abandonados e a incursão da Europa

Ocidental na Terra Santa, que tinha se prolongado por quase exatamente 200 anos, estava encerrada.

Rumores se espalharam no Ocidente de que os templários haviam se mostrado covardes em Acra, tendo aconselhado seu comandante local a requerer a paz. Mas os templários, que eram hábeis estrategistas e conheciam bem os oponentes muçulmanos, poderiam provavelmente ter percebido de imediato que a negociação era melhor que a batalha, pois sabiam que as condições da guarnição de Acra eram de esmagadora desvantagem. Certamente não foram covardes; quando as tentativas de partir para uma solução diplomática fracassaram, os templários lutaram bravamente até o amargo fim.

Contudo, mesmo se os templários tivessem sido capazes de justificar suas ações em Acra, nada poderiam fazer para contrariar a reputação generalizada que haviam adquirido naquele momento. Muitos os consideravam fanfarrões arrogantes e os deveres que cumpriam como cobradores de impostos, tanto para o papa quanto para líderes seculares, certamente não os tinham feito estimados pela massa do povo.

A impopularidade em alta dos templários após a queda de Acra foi o primeiro golpe de sorte de Filipe. Contudo, seria impossível para Filipe IV mover-se contra os templários a não ser que pudesse primeiro persuadir o papa a abandoná-los. Os templários eram úteis para os papas, não apenas como cobradores de impostos, mas em termos da ameaça potencial que representavam para qualquer um que se opusesse ao pontífice. Como resultado, Filipe foi forçado a seguir o exemplo das próprias Famílias da Estrela. Se não pudesse influenciar um papa existente, criaria um por conta própria.

Filipe foi ajudado por outro golpe de sorte. Em 1294, um monge piedoso e santo foi persuadido a aceitar a posição de papa como Celestino V. Em seu curto reinado, Celestino criou doze novos cardeais, oito dos quais eram franceses. Essa ação decidiu de forma irrevogável o que aconteceria treze anos mais tarde.

O papa Celestino V renunciou a seu cargo muito depressa e foi substituído por Benedetto Gaetano, que tomou o nome de Bonifácio VIII. Não demorou muito antes de o novo papa e Filipe IV entrarem em desavença acerca de várias questões. A motivação última de tudo isso era que Filipe julgava que os papas tinham poder demais sobre ele e seus súditos. Filipe confiscava regularmente a propriedade da igreja, nomeava seus próprios bispos e rejeitava os eclesiásticos indicados por Roma. A série de controvérsias entre Bonifácio e Filipe foi aumentando até que o papa censurou formalmente o rei e ameaçou excomungá-lo, retirando assim do povo a obrigação cristã de lealdade a um soberano consagrado. Filipe respondeu enviando uma "tropa de choque", encabeçada por um capanga aristocrático que atendia pelo nome de William Nogaret, para desafiar o papa na Itália. Nogaret e seus mercenários não mataram Bonifácio, mas o ofenderam e humilharam de tal maneira que se poderia sugerir que foram os responsáveis por sua morte em outubro de 1303.

O próximo papa a ser eleito foi Nicholas Boccasini, que assumiu o nome de Bento XI. Sob o pretexto de promover a reconciliação entre a coroa francesa e o papado, Filipe IV enviou uma embaixada a Roma. Obviamente presumindo que isso seria vantajoso para todos os envolvidos, Bento retirou a censura a Filipe e sua corte, mas não quis perdoar William Nogaret e seus camaradas. Eles foram excomungados e receberam ordem de comparecer diante do papa para serem punidos. Essa confrontação nunca aconteceu porque, depois de apenas oito meses no cargo, Bento XI morreu subitamente em Perúgia. Na época se suspeitou, e isso ainda é considerado provável, que o papa tivesse sido envenenado por instigação de Nogaret.

O conclave que se reuniu para definir o sucessor de Bento XI viu-se diante de uma difícil tarefa. O rei Filipe havia mostrado que não daria apoio à existência de um papa que não tivesse sido pessoalmente aprovado por ele. Filipe já tinha tomado providências para que houvesse muitos cardeais franceses presentes em Roma e eles favoreciam a eleição do cardeal Bertrand de Got – que era simplesmente um amigo de longa data de Filipe IV. Provavelmente não vendo saída, os cardeais italianos acabaram concordando.

Tem sido sugerido que foi arranjado um encontro privado entre o novo papa, agora Clemente V, e Filipe logo depois da investidura papal em junho de 1305. Teve lugar na floresta de Saint-Jean-d'Angély, França. Desse momento em diante, Clemente era um homem do rei Filipe e, embora eles não soubessem disso, o destino dos templários estava selado.

Dois meses antes, a esposa de Filipe, Joana de Navarra, morrera muito convenientemente durante um parto. Filipe e Joana tiveram vários outros filhos, incluindo o herdeiro ao trono, Luís, que nascera em 1289. Com a morte da mãe, Luís se tornou rei de Navarra e, o que era mais importante da perspectiva de seu pai, conde de Champagne. Mas o garoto tinha apenas 16 anos de idade quando a mãe morreu e, enquanto era menor de idade, seus títulos passaram para o pai.

Para resumir a situação, Filipe IV tinha agora o controle de Champagne, o crisol onde os templários tinham sido criados e onde ainda usufruíam de seu maior apoio. Nessa época, Champagne era quase certamente o lugar onde a maioria dos planos da Família da Estrela eram traçados e onde seus líderes estavam localizados. Filipe tinha também agora o papado no bolso – e para dar provas desse fato insistiu para que Clemente V residisse não em Roma, mas em Avignon, um território papal no sul da França.

A Queda dos Templários

Sem ninguém para impedi-lo de fazer o que tinha vontade, num prazo de meses Filipe mandara que todos os judeus da França fossem presos e deportados – mas sem levar sua riqueza. Com um único golpe cancelara grande parte de sua própria dívida e contribuíra enormemente para seus cofres pessoais. Mas não tinha intenção de usar seus espólios para quitar os débitos com os Cavaleiros Templários.

Nessa época, os templários continuavam longe de serem populares e muita gente estava questionando o sentido de uma enorme força de combate monástica criada para proteger uma Terra Santa que fora agora perdida pelo Ocidente cristão. Filipe e os reis seus pares podem também ter se perguntado o que os templários planejavam fazer: e se decidissem criar um estado para si mesmos na Europa? Onde seria, na terra de quem? O lugar mais plausível era certamente a França, de onde tinham vindo os fundadores da ordem e provavelmente a maioria de seus membros, e onde os templários possuíam grandes extensões de terras e imensas riquezas. Além do mais, o próprio Filipe estava extremamente endividado com eles. Destruir os templários lhe permitiria liquidar seus débitos e confiscar a riqueza da ordem para a coroa francesa. Nada agora se interpunha no caminho de Filipe e a decisão estava tomada.

Os templários tinham de acabar.

Mas primeiro Filipe precisava atrair os chefes templários para a França. O fato é que o Grande Mestre, Jacques de Molay, foi chamado à França em 1307, não por Filipe IV, como é tradicionalmente afirmado, mas pelo papa. Eles deviam ter conversações sobre uma possível fusão entre os Cavaleiros Templários e a outra famosa ordem dos cruzados, os Cavaleiros de São João (geralmente conhecidos como hospitalários). Um encontro teve lugar em Poitiers, cujos resultados não são conhecidos. Mas seja como for, a ideia papal de uma fusão se tornou muito depressa irrelevante.

O rei Filipe estava acompanhando de perto esses acontecimentos, planejando o próximo movimento. Mais ou menos neste momento, acusações chulas tinham começado a emergir na França envolvendo os templários e suas crenças religiosas e práticas supostamente não ortodoxas ou até mesmo heréticas. De Molay estava interessado em dar fim a esses rumores e o papa concordou em reunir uma comissão de inquérito em 24 de agosto de 1307. Enquanto isso estava ocorrendo, De Molay se encontrava em Paris e o rei Filipe aproveitou a oportunidade. Pouco antes do amanhecer da sexta-feira, 13 de outubro de 1307, De Molay e todos os antigos membros da ordem foram detidos por ordens secretas do rei. Os soldados de Filipe, de uma ponta à outra de seus domínios, foram também instruídos para se apoderarem de toda propriedade templária e prender membros da ordem por todo o reino.

Parece muito improvável, contudo, que Jacques de Molay tivesse sido inteiramente surpreendido. Os templários tinham membros por toda parte, muito provavelmente até mesmo dentro da corte real. Pelo que lhes dizia respeito, a calamidade já vinha se anunciando há algum tempo e seria incrível se não tivessem tomado algum tipo de providência para proteger a si próprios e a seus haveres bem antes de outubro de 1307. Alan Butler e o historiador templário Stephen Dafoe demonstraram que, sem o conhecimento do rei Filipe, uma considerável proporção dos templários da França havia escapulido silenciosamente para bases que os templários já mantinham nos Alpes, bem longe da influência do rei francês.[1]

A tradição também sustenta, provavelmente com boas razões, que toda a frota templária, atracada em sua base francesa de La Rochelle, levantou âncoras e partiu para destino desconhecido no escuro da noite anterior às prisões.

Jacques de Molay e outros antigos dignitários da ordem, juntamente com um efetivo de muitas centenas de pessoal templário comum, foram com toda a certeza torturados para que se extraísse deles "confissões" com relação às práticas heréticas dos templários. Liderando o ataque em Paris estava ninguém menos que William Nogaret, o cruel "delegado" do rei Filipe. Sob tortura, o próprio Grande Mestre admitiu toda uma fileira de crimes (De Molay, porém, mais tarde se retratou, pública e dramaticamente, de sua admissão de culpa – ver p. 164).

Estampa 1 (*acima*) Abadia de Clairvaux, Champagne, o quartel-general de São Bernardo de Clairvaux.

Estampa 2 (*abaixo*) Capela Rosslyn, como ela se apresentava em 1917.

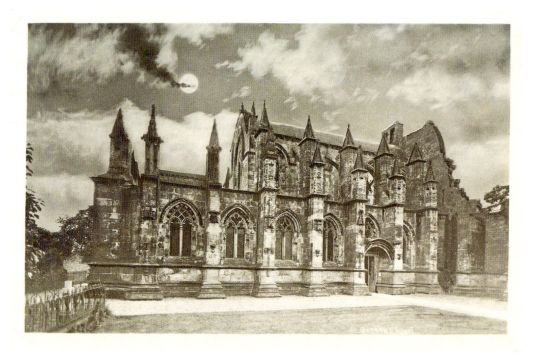

Estampa 3 (*acima*) As ruínas da antiga Capela de São Mateus, que se encontram agora num cemitério perto da atual Capela Rosslyn.

Estampa 4 (*embaixo, à esquerda*) Estampa contemporânea de São Bernardo de Clairvaux, que hoje pode ser vista entre as relíquias da Catedral de Troyes, juntamente com partes do esqueleto de São Bernardo.

Estampa 5 (*embaixo, à direita*) A Catedral de Troyes em Champagne, França. Troyes foi o quartel-general das Famílias da Estrela do século XI ao XIV.

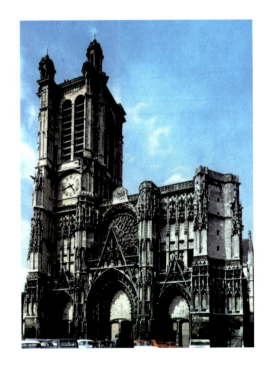

Estampa 6 (*acima*) A janela leste da Capela Rosslyn com a caixa de luz mostrada claramente na ponta do arco.

Estampa 7 (*abaixo*) O interior da caixa de luz de Rosslyn é extremamente reflexivo, como demonstrado aqui quando uma lanterna de alta potência foi posta na abertura.

Estampa 8 (*esquerda*) Uma estrela de cinco pontas ou pentagrama gravada no reboco de uma igreja em Yorkshire, Inglaterra. Este exemplo do século XV prova de modo conclusivo que o pentagrama foi frequentemente usado como símbolo cristão.

Estampa 9 (*acima*) Será isto uma representação em pedra da Sagrada Shekinah sob uma aparência de anjo?

Estampa 10 (*esquerda*) Diz-se que este entalhe da Capela Rosslyn descreve uma iniciação de estilo maçônico, numa época em que a Maçonaria sequer existia!

Estampa 11 (*direita*) Exemplos de entalhe botânico dentro da Capela Rosslyn. Aqui está representada alguma forma de aloé ou cacto.

Estampa 12 (*abaixo*) O Pórtico Sul da Capela Rosslyn.

Estampa 13 (*acima*) Um entalhe muito raro de Rosslyn: está representando uma Mulher Verde.

Estampa 14 (*esquerda*) Um entalhe do Homem Verde do exterior da Capela Rosslyn.

Estampa 15 (*esquerda*) A Coluna do Conde ou Coluna do Mestre da Capela Rosslyn.

Estampa 16 (*embaixo, à esquerda*) Um Horrível Homem Verde do exterior da Capela Rosslyn.

Estampa 17 (*embaixo, à direita*) A chamada Coluna do Aprendiz na Capela Rosslyn.

Estampa 18 (*acima*) As famosas três colunas da Capela Rosslyn.

Estampa 19 (*embaixo*) As Sete Virtudes num entalhe da Capela Rosslyn.

Estampa 20 (*acima*) O brasão de Halifax, na Inglaterra, mostrando a cabeça de João Batista e o Agnus Dei com a bandeira templária e o cajado de São João, como representado nos portões da Piece Hall.

Estampa 21 (*embaixo*) A vista a leste da Capela Rosslyn.

"Crimes" Templários

A lista de acusações finalmente apresentada contra os templários na França é a seguinte:

1. A rejeição de Cristo e profanação da cruz.
2. O culto de um ídolo.
3. A execução de um sacramento deturpado.
4. Assassinato ritual.
5. O uso de um cordão de significado herético.
6. O uso de um beijo ritual.
7. Alteração da cerimônia da missa e uso de uma forma não ortodoxa de absolvição.
8. Atos homossexuais.
9. Traição para com outros grupos entre as forças cristãs.

O rei Filipe instigou seus pares monarcas de uma ponta à outra da Europa a seguir sua liderança na luta contra os templários em seu meio. Mas poucos agiram com rapidez e foi preciso um grande incitamento do papa para fazê-los colaborar. Para ser justo com o papa, ele inicialmente chegou a condenar o ataque de Filipe contra os templários em 1307, mas foi supostamente convencido da culpa dos templários pelas provas que lhe foram apresentadas. Embora os modernos defensores dos templários tentem mostrar que todas as acusações contra a ordem eram falsas, temos certeza que de fato *eram* culpados de algumas das acusações dirigidas contra eles. Embora sendo provável que os servidores e guardas templários mais subalternos se considerassem crentes católicos perfeitamente comuns, não podemos esquecer que os Cavaleiros Templários foram uma criação das Famílias da Estrela, cujas crenças básicas certamente teriam sido heréticas aos olhos da Igreja Católica do século XIV – basta lembrar a veneração de João Batista de preferência a Jesus. É, portanto, altamente provável que os cavaleiros, diretores e líderes dos templários tenham aderido à forma ebionita do cristianismo e que suas práticas religiosas, dentro dos limites dos presbitérios templários, refletissem o fato.

Isso é confirmado por parte da prova que supostamente teria sido obtida pelos inquisidores e torturadores. Por exemplo, foi dito que os templários haviam cultuado uma misteriosa cabeça barbada, que chamavam de "Baphomet". Tem sido alegado que essa palavra é uma corrupção de "Mahomet", uma forma de grafar Maomé, e que os acusadores dos templários suspeitavam que eles tivessem uma simpatia velada pelo Islã. Contudo, quando um antigo código judeu conhecido como Código Atbash é aplicado a ele, o nome Baphomet se transforma em *Sophia*, que significa "sabedoria", um importante conceito na crença da Família da Estrela (*ver* pp. 81-82). Foi sugerido na época que essa "cabeça barbada" na verdade representava João Batista e isso certamente faria sentido. As Famílias da Estrela consideravam que João teve um status igual a Jesus e talvez tenha sido ainda mais importante, já que veio antes de Jesus na linha dos profetas davidianos, em torno de quem suas crenças estavam baseadas.

Muito mais tarde, de fato tão recentemente quanto no século XIX, a Igreja Católica atacou a Maçonaria como a réplica pronta e acabada do "templarismo". São João também era importante para os maçons e, numa locução papal (comunicação solene), o papa Pio IX (1846-78) associava tanto os maçons quanto os templários aos "joanitas" ou antigos seguidores de Batista. O papa declarava:

> Os joanitas atribuíam a São João Batista a fundação de sua Igreja Secreta e os Grandes Pontífices da Seita adotavam o título de Christos,[2] Ungido, ou Consagrado, e afirmavam ter sucedido um ao outro desde São João, numa sequência ininterrupta de poderes pontifícios. Aquele que, no período da fundação da Ordem do Templo [templários], defendia essas prerrogativas imaginárias chamava-se Teocleto; ele conheceu Hugo de Payens, empossou-o nos Mistérios e esperanças de sua pretensa igreja, seduziu-o com as noções de Sacerdócio Soberano e realeza Suprema, e finalmente designou-o como seu sucessor.

Isso pode muito bem representar uma prova de que a Igreja Católica soubera o tempo todo quais eram as verdadeiras crenças dos templários e que os templários haviam adotado uma postura joanita explícita em suas doutrinas e práticas secretas.

Sugestões de que os templários tinham cuspido ou pisado em crucifixos foram quase certamente exageradas, mas um fragmento de evidência é muito revelador. Um jovem templário francês relatou, durante seu julgamento, ter sido instruído por um antigo irmão. O veterano templário tinha colocado um crucifixo diante dele e dito: "Não tenha demasiada fé nisto

[...] é novo demais!" Em termos das crenças da Família da Estrela isso também faria sentido. As Famílias da Estrela não repudiavam a importância ou significado de Jesus, mas rejeitavam o ensinamento da igreja de que Jesus era "o" Cristo, o *único* Messias. Eles também rejeitavam a ideia de seu nascimento de uma virgem e a ressurreição – é provável que as palavras do membro mais antigo aludissem a essas doutrinas relativamente "novas" da igreja oficial. Até onde as Famílias da Estrela estavam envolvidas, sua linhagem retrocedia milhares de anos, para antes até de João Batista e Jesus, ambos sendo simplesmente "servos" de uma causa e não a causa em si.

Quanto à acusação de que os templários executavam um sacramento deturpado e alteravam a cerimônia da missa, os templários podem de fato ter sido culpados em termos da doutrina católica estabelecida. Não temos meios de saber que cerimônias tinham lugar por trás das portas fechadas das igrejas e presbitérios templários, mas realmente sabemos que qualquer forma de sacramento ou missa que não se adequasse rigorosamente às práticas romanas teria sido considerada herética.

Os templários foram finalmente dissolvidos pelo papa em 1312. Houve alguma controvérsia sobre o que devia acontecer a todas as propriedades dos templários e ficou decidido que, desde que seria impossível devolver presentes e doações concedidos à ordem durante quase dois séculos, toda a propriedade templária deveria passar aos Cavaleiros de São João, que não estavam sob suspeita. Filipe IV simplesmente ficou com grande parte do que os templários tinham possuído na França – de modo, disse ele, a cobrir os custos da detenção e do julgamento deles.

Filipe tinha pessoalmente triunfado, mas a condenação da ordem não foi universal. A Inglaterra foi morosa quando começou a investigar os templários e, no final, só encontrou alguns membros culpados da crença herética de que seu Mestre poderia conceder-lhes absolvição dos pecados. Em certas áreas, como Portugal, Espanha, Alemanha, Chipre e a maior parte da Itália, os templários foram declarados inocentes. Os templários portugueses foram simplesmente reformados, adotando o nome de "Cavaleiros de Cristo" e continuaram praticamente como antes. De fato, o papa, embora cedendo a pressões para dissolver a Ordem dos Templários, recusou-se a declarar a ordem como um todo culpada de heresia. Acreditava que não existiam evidências suficientes para provar que as crenças da ordem – apesar das acusações que tinham sido feitas sobre vários de seus membros – fossem fundamentalmente heréticas. Foi respaldado nesse ponto de vista pelo fato de outros países – excluindo a França – não terem conseguido condenar os templários como um todo, até porque as investigações nesses outros países deviam ter sido feitas com mais cuidado do que na França.

Os Templários na Escócia

A Escócia se encontrava numa posição peculiar durante a perseguição aos templários já que seu rei, Roberto Bruce, e na prática toda a nação estavam na época fora da influência de Roma. Para conquistar o trono escocês, Roberto tinha assassinado um rival, John Comyn, em 1306. O resultado disso foi que o papa excomungara tanto Roberto quanto seu reino.

Os templários não foram julgados na Escócia, embora depois de ter sido recebido de volta pela Igreja depois de 1320, o rei Roberto tenha de fato, pelo menos formalmente, acatado os desejos do papa. Por essa época, no entanto, já tinham se passado alguns anos e os templários na Escócia poderiam facilmente ter assumido novos papéis dentro da sociedade. É improvável, como alguns autores sugerem, que toda a frota templária que desapareceu de La Rochelle tenha navegado para a Escócia. Não há relato de que isso tenha acontecido. Além do mais os ingleses patrulhavam as rotas marítimas entre a França e a Grã-Bretanha e certamente não poderiam ter deixado passar toda uma flotilha de navios templários a caminho do norte.

Não obstante, há rumores persistentes de que os Cavaleiros Templários lutaram com os escoceses contra os ingleses na batalha de Bannockburn, em 1314. Embora não exista prova definitiva de que isso tenha mesmo acontecido, a coisa certamente não está fora de cogitação. Os templários escoceses podem ter concluído que não tinham absolutamente nada a perder dando apoio ao rei escocês, principalmente desde que, a essa altura, a Inglaterra já tinha seguido a determinação do papa, prendendo Cavaleiros Templários e se apoderando de suas terras. Isso pode ter levado os templários a ver a Inglaterra como inimiga. Certamente, para evitar o mesmo destino que seus irmãos mais ao sul, era interesse deles impedir que o poder inglês se estendesse para a Escócia.

Outro motivo pode ter sido praticar uma homenagem a seu último Grande Mestre, pois a vitória escocesa em Bannockburn veio apenas dois meses depois de Jacques de Molay ter morrido na fogueira em Paris. O Grande Mestre e um de seus antigos camaradas, convocados para confessar publicamente suas culpas, fizeram uma dramática retratação das "confissões" anteriores. O rei Filipe IV ficou tão furioso que mandou que os dois homens fossem naquele mesmo dia queimados na fogueira (curiosamente, De Molay negou a maioria das acusações dirigidas contra os templários, mas não fez menção à principal delas, a de negar a divindade de Jesus Cristo).

As Consequências: Suíça

Na França, o rei Filipe IV conseguira destruir, em alguns poucos anos, tudo que as Famílias da Estrela tinham tão cuidadosamente criado durante séculos. O tratamento grosseiro que deu a Flandres levou a uma destruição quase total de sua infraestrutura industrial, o que significava que pouco ou nenhum tecido de lã estava chegando às Feiras de Champagne. Não que isso importasse muito porque as feiras já estavam começando a declinar, devido também em grande parte a Filipe e suas políticas. Sem os judeus e os templários, as linhas de crédito sucumbiram e com o acréscimo da falta do tecido de lã chegando do norte, as feiras atraíam cada vez menos negociantes.

Bastante estranhamente, menos de um ano após a execução de Jacques de Molay em Paris e a suposta aceitação pelos escoceses do apoio templário contra os ingleses, um acontecimento importante estaria ocorrendo bem a leste dos domínios reais franceses. Alguns anos antes, os três pequenos estados alpinos de Uri, Schwyz e Unterwalden tinham declarado em conjunto a independência de seus suseranos, a casa imperial de Habsburgo. Esses territórios se limitavam com o economicamente importante Passo de São Gotardo, que atravessava os Alpes, uma área que os habsburgos prezavam. Para reprimir os três estados, o duque Leopoldo I da Áustria, irmão do duque Luís IV da Baviera, partiu para a região em novembro de 1315 com um exército de cerca de 5.000 homens, decidido a liquidar qualquer ideia de autodeterminação na região. Suas forças se encontraram com as da confederação dos três estados na batalha de Morgarten, que teve lugar em 15 de novembro de 1315.

Leopoldo marchou com suas tropas para uma posição de onde esperava surpreender as forças conjuntas de Uri, Schwyz e Unterwalden, planejando atacá-las do sul através do Lago Aegeri e do Passo Morgarten. Os confederados estavam esperando um ataque do leste e tinham construído importantes trincheiras. Alguém, contudo, geralmente mencionado como "o Cavaleiro de Huenenburg" advertiu os camponeses para "tomarem cuidado com o Dia de São Otmar" no Morgarten. Como resultado disso, os confederados ficaram prontos e esperando. Eles emboscaram as forças dos habsburgos no passo da montanha, provocando uma debandada e garantindo uma grande vitória que deixou os habsburgos completamente atordoados. Como em Bannockburn, há lendas persistentes de que cavaleiros de manto branco deram ajuda na vitória.

Os três estados originais transformaram-se em "cantões" na república independente da Suíça, chamada oficialmente de Confederação Suíça e considerada o mais antigo estado democrático da Europa. Como nos Estados Unidos, os estados originais acabaram sendo acrescidos de outras regiões. A Suíça foi e continua sendo um dos mais estranhos e menos compreendidos países do mundo. De fato, durante a maior parte de sua história, não foi absolutamente um país, mas uma confederação de regiões muito distintas que meramente cooperavam em sua defesa mútua. Defendida contra poderosos vizinhos, principalmente por sua posição alpina, a Suíça enfrentou desafios quase insuperáveis e sobreviveu. Ela tem várias línguas diferentes e poderia facilmente ter sido dilacerada pelas encarniçadas guerras de religião que se seguiram, na Europa, à Reforma do século XVI. A despeito de sua grande população católica, no entanto, foi para a relativamente tolerante Suíça que os primeiros divulgadores do protestantismo viajaram em busca de segurança – homens como João Calvino, que introduziu sua própria variante de protestantismo em Genebra.

Pouco se sabe sobre a mecânica interna da história do estado suíço e o país continua sendo um grande enigma. Apesar de ter produzido durante séculos alguns dos mais ardentes e mais respeitados combatentes (geralmente empregados como mercenários), manteve de forma inflexível uma neutralidade que tem atravessado séculos.

A Suíça é justificadamente famosa por seus negócios bancários. Isso recua bastante no tempo e já existiam banqueiros privados na Suíça antes do século XV, época em que o governante florentino Cosimo de Médici instalou uma casa bancária em Basileia. Os banqueiros "privados" da Suíça eram investidores, corretores e agentes aduaneiros. Sua verdadeira especialidade estava em transações de crédito, mas sua própria existência é um tanto misteriosa, pois apareceram da noite para o dia no século XIV. Isso pode trazer uma prova adicional de que templários franceses em fuga procuraram refúgio nos Alpes, onde continuaram a fazer o que vinham fazendo nos últimos dois séculos. A Suíça é famosa por seu sigilo quase fanático, o que, é claro, seria de se esperar se suas origens se encontrassem numa ordem religiosa herética que fora abandonada e destruída pela Igreja.

Quanto mais se olha para a Suíça, maiores parecem ser suas credenciais templárias e aquelas ligadas, em última análise, à Família da Estrela. Embora mantendo uma neutralidade quase feroz, a Suíça tem feito muito para promover a paz mundial e foi, é claro, o estado fundador da Cruz Vermelha, que ainda exibe um símbolo idêntico ao usado pelos templários (a própria bandeira suíça, uma cruz branca sobre fundo vermelho, é uma versão invertida do emblema templário). A Suíça não tem um registro histórico particularmente bom quando se olha para o tratamento dado aos judeus vivendo dentro de suas fronteiras, mas por estranho que pareça as expulsões e perseguições de judeus só têm início em meados do século XIV. Até esse momento os cantões suíços tinham uma população muito grande de judeus, que viviam em harmonia com seus vizinhos. Basileia tinha uma das maiores comunidades da Europa, com judeus de origem principalmente francesa e alemã. Berna, St. Gall, Zurique, Schaffhausen, Diessenhofen e Lucerna, todas adquiriram comunidades judaicas no século XIII e a vasta maioria dos judeus na Suíça estava envolvida em atividades bancárias – exatamente como tinha estado em Champagne.

Sob certos aspectos, o tipo de negócio que tinha lugar nos cantões era similar ao que tinha ocorrido nas Feiras de Champagne. O uso do crédito se tornara comum entre comerciantes, que cada vez mais preferiam não andar pela Europa carregando sua riqueza e seus bens como tinham feito antigamente. Sem dúvida a Suíça se encontrava em importantes rotas de comércio que cruzavam os Alpes e sua recusa, quase desde o início, em se deixar envolver em alianças internacionais que tinham de acabar levando a guerras e a invasões tornou-a popular como local de passagem para comerciantes europeus, um lugar onde poderiam depositar uma parte de suas reservas financeiras. Podiam estar tão certos quanto era possível naquele período de que o dinheiro permaneceria a salvo.

Além de sua vocação financeira, a Suíça foi um dos primeiros países da Europa a criar uma grande e lucrativa indústria têxtil, que parece ter começado a ganhar terreno no início do século XIV. O negócio incluía o linho, mas estava centrado na lã – que evidentemente era sempre um dos principais interesses tantos dos cistercienses quanto dos templários. Como aconteceu com a Grã-Bretanha, a verdadeira riqueza comercial da Suíça brotou do lombo de suas ovelhas, mas ao contrário da Grã-Bretanha ela continuou sendo um estado voltado para dentro, desconfiado dos vizinhos e se recusando, a qualquer preço, a sacrificar seu senso de liberdade e a natureza distinta de suas muitas partes.

A Suíça, em suma, deixa realmente a impressão de um estado que, em última análise, deve sua existência aos Cavaleiros Templários que, como vimos, fugiram para lá, provavelmente algum tempo antes do ataque contra a ordem orquestrado por Filipe IV. Desde que Alan Butler e Stephen Dafoe fizeram pela primeira vez essa sugestão no final dos anos 1990, a ideia tem proliferado entre pesquisadores templários e parece agora ter sido generalizadamente aceita como explicação para o desaparecimento da maioria dos templários da França. Parece que, de fato, menos de 10% do pessoal templário que anteriormente se julgava ter estado na França no início do século XIV realmente caiu vítima do ataque de Filipe IV.

Depois de estudar todos os acontecimentos significativos inspirados pelos que controlaram Champagne desde o fim do século XI, não é difícil identificar uma estratégia óbvia, que durou vários séculos. O método dos líderes da Família da Estrela em Champagne era usar instrumentos "ordinários" para produzir resultados "extraordinários". A realização da Primeira Cruzada com a captura da Terra Santa e de rotas comerciais de importância crucial, a criação da Ordem Cisterciense e da Ordem dos Cavaleiros Templários, a construção de uma sólida base industrial em Flandres e a criação das Feiras de Champagne não podem ser vistas como fenômenos isolados. O objetivo comum de todas essas estratégias, por mais que surgissem isoladamente, era de natureza econômica. Elas beneficiaram não apenas Champagne, mas atraíram a totalidade da Europa e áreas mais distantes para relações de um novo tipo, provocadas por um vasto aumento do comércio internacional.

Admitia-se que tanto os cistercienses quanto os templários fossem instituições religiosas e, no entanto, em ambos os casos, podemos ver que o resultado final se deveu muito mais à política e à economia que ao cristianismo. Tomadas em conjunto, as decisões sugerem fortemente a presença de um órgão sagaz e muito influente, com uma missão específica: desgastar o poder do estado feudal em geral e da igreja católica em particular. Negar isso e insistir que, durante três séculos, todos aqueles acontecimentos cuja inspiração veio de Champagne não tinham relação uns com os outros, que foram inteiramente casuais, é algo que nos parece ignorar cegamente uma evidência tangível e persuasiva.

O súbito aparecimento da Suíça, exatamente no momento em que os templários eram proscritos e a Família da Estrela não conseguia mais exercer sua influência em Champagne, sob domínio francês, é mais uma indicação da existência de uma "racionalidade". A Suíça e suas importantes rotas comerciais, juntamente com a grande proximidade dos novos centros comerciais e financeiros que se desenvolviam no norte da Itália, ofereceram uma segura base de operações para as Famílias da Estrela. A salvo nos Alpes, situados bem no centro do que se tornaria o mais reservado estado que o mundo jamais conheceu, os dirigentes da Família da Estrela puderam esperar o momento propício e passar gradualmente ao ataque.

A destruição dos templários pode ou não ter parecido um terrível revés no que dizia respeito às Famílias da Estrela. O genial da coisa fora deixar sair da garrafa o que uma dezena de reis Filipes não poderiam mais tampar. Tudo o que ele e seu domesticado papa conseguiram fazer foi cortar a cabeça da hidra. Outras cresceram em seu lugar. As rotas comerciais rapidamente se deslocaram de Champagne, porque as Famílias da Estrela não podiam mais controlar o que acontecia ali. A Suíça era uma opção muito mais segura, com a proteção natural criada pelas montanhas que faziam parte de sua topografia. Afinal, algumas centenas de camponeses haviam destruído um exército inteiro de 5.000 cavaleiros armados em Morgarten. Ninguém perdeu de vista esse fato e a Suíça jamais tornou a ser invadida até o reinado de Napoleão Bonaparte – a expectativa de desastre era simplesmente grande demais. Além disso, a Suíça rapidamente se tornou útil para todos os estados vizinhos e finalmente para aqueles muito mais distantes. Graças à sua confessada neutralidade, não tinha aliados nem inimigos. Entre as vicissitudes das fortunas europeias era uma cidadela confiável. Durante três séculos de atividade, as Famílias da Estrela tinham aprendido uma regra muito importante: não é a pessoa com o poder militar que acaba governando o mundo, mas a que segura os cordões da bolsa.

Quando o século XIV chegou ao fim, a Europa estava à beira de uma revolução que tinha começado com a Primeira Cruzada e a conquista do Oriente Médio. O comércio continuava, fortunas eram feitas e perdidas e Estados-Nações surgiam e caíam. No norte da Itália, estavam ocorrendo experiências de democracia e elas nasciam não de reis ou barões em luta, mas de comerciantes e dos banqueiros que lhes davam apoio. Contudo, se a musculatura da Nova Jerusalém devia ser procurada nos Alpes Suíços, seu coração se encontrava bem para o Ocidente, naquele lugar onde os tesouros sagrados encontrados pelos templários em Jerusalém eram mantidos a salvo. Outro conjunto de circunstâncias peculiares permitia que as Famílias da Estrela construíssem um lar permanente para seus tesouros. Este seria criado pela dinastia de sacerdotes que tinham protegido os interesses da Família da Estrela desde o princípio. A Nova Jerusalém em sua manifestação em pedra seria construída pelos St. Clairs, os sacerdotes da Sagrada Luz Brilhante. A próxima Shekinah seria observada por esses sacerdotes não da árida plataforma de pedra em Jerusalém – mas da encosta de um verde vale escocês.

Capítulo 8

O Novo Templo da Shekinah

A Sagrada Shekinah tinha aparecido pela última vez no signo do zodíaco de Sagitário, no ano 8 a.C., na época em que o clero secreto de Salomão, os líderes das Famílias da Estrela, tinham esperado que o Messias chegasse e expulsasse de sua terra o que viam como as forças das trevas (ver capítulo 2). A Shekinah tinha aparecido como fora vaticinado e, em seu rastro, tinham surgido os líderes e profetas da Igreja de Jerusalém (João Batista, Jesus e Tiago), mas a esperada Nova Jerusalém não chegara. Pelo contrário, a nação judaica havia sofrido uma calamidade sem precedentes nas mãos dos romanos.

Como vimos, contudo, as Famílias da Estrela sobreviveram. Nos séculos que se seguiram, elas e sua forma particular de judaísmo inspirada pelos essênios tinham brotado e florescido, acabando por se tornarem uma força rival, praticamente invisível, mas potente, do Catolicismo Romano paulino que tinham sempre odiado tanto. Os anos entre a Primeira Cruzada e o período da grandeza cisterciense e templária foram um momento privilegiado para o poder e a influência das Famílias da Estrela. E de repente, tudo ficara reduzido a nada graças à perda do último apoio na Terra Santa, às ações de Filipe IV da França e ao reinado do papa Clemente V. Não causa surpresa, portanto, que as Famílias da Estrela contassem que a próxima Shekinah fosse um arauto do renascimento de sua boa sorte. Seguindo o padrão anterior de aparições da Shekinah, esperaríamos que ela chegasse exatamente 1.440 anos depois de 8 a.C., em outras palavras em 1432. Mas qualquer pessoa que estivesse esperando isso teria ficado decepcionada, pois nesse ano a Shekinah não apareceu.

Os astrônomos qualificados das Famílias da Estrela quase certamente souberam, um bom tempo antes, que daquela vez a Shekinah não ia aparecer. O conhecimento da astronomia estava aumentando no século XV e os astrônomos árabes, notadamente Ibn al-Shatir (1304-75), tinham desenvolvido técnicas matemáticas para prever com maior precisão o movimento dos planetas. Seu trabalho com toda a probabilidade teria sido transmitido às Famílias da Estrela através da Espanha e da corte de Navarra, a elas ligada.

A razão para o não aparecimento da Shekinah era simples. Durante milhares de anos todos os padrões cíclicos se alteram, um passo quase imperceptível de cada vez. O sistema solar é um relógio maravilhoso e Vênus é um incrível ponteiro dos minutos para o relógio, mas não existe essa coisa de repetição perfeita de um ciclo astral. O ciclo particular de Mercúrio e Vênus que levara ao aparecimento da Shekinah na época da construção do Templo de Salomão e da esperada chegada do Messias já tinha milhares de anos. Ao observar, num planetário, o ciclo da Shekinah acelerado, é possível ver que, no decorrer dos acontecimentos, no decorrer de uma atordoante extensão de tempo, Mercúrio e Vênus vão gradualmente caindo de novo na direção do Sol, até finalmente chegarem tão perto que se confundem com o disco solar e a Shekinah não pode mais ser reconhecida. Foi o que aconteceu em 1432.

A Nova Shekinah

Mas o que Vênus tira, ela devolve sob outras formas. Usando seus astrolábios e as técnicas matemáticas que tinham aprendido no correr dos séculos, principalmente de fontes árabes, os astrônomos da Família da Estrela teriam sido capazes de estabelecer um *novo* padrão de aparições da Shekinah. Essa nova Shekinah não se manifestaria no solstício de inverno, como a antiga tinha feito, mas no equinócio de outono.

Devido às peculiaridades da órbita da Terra ao redor do Sol, quando visto de qualquer ponto da superfície da Terra, o Sol parece se levantar e se pôr em diferentes posições no horizonte à medida que cada ano avança. No hemisfério norte, o sol se levanta ao sul do leste no inverno e ao norte do leste no verão – produzindo nossas estações. Os pontos extremos do nascer e do pôr do sol ocorrem em extremidades opostas do ano. O meio do inverno chega quando o sol se levanta ao sul do leste em 21 de dezembro, enquanto o meio do verão ocorre quando o sol se levanta a norte do leste em 21 de junho. Esses pontos são conhecidos como solstícios do meio do inverno e do meio do verão (solstício significa literalmente "parada do Sol", porque a olho nu o Sol parece fazer uma pausa quando termina sua jornada norte-sul ou sul-norte e começa a viajar na direção oposta). Os solstícios eram da mais extrema importância para nossos ancestrais mais antigos.

A meio caminho entre os solstícios estão os equinócios. Eles ocorrem quando o Sol está exatamente na metade de sua jornada do sul para o norte ou do norte para o sul. O equinócio da primavera acontece por volta de 21 de março e o equinócio de outono por volta de 21 de setembro. Nesses dois dias, a cada ano, o sol se levanta exatamente a leste e se põe exatamente a oeste, e o dia e a noite são de idêntica duração (equinócio significa "noite [e dia] igual").

Os solstícios e os equinócios são conhecidos como as quatro "estações" ou "esquinas" do ano e têm sido reconhecidos, estudados e mesmo cultuados há quase tanto tempo quanto a humanidade tem erguido sua cabeça coletiva para o céu com espanto e curiosidade.

A Sagrada Shekinah, que fora de suma importância para os judeus e seus ancestrais, tinha aparecido no solstício de inverno – uma época de solene importância e algum medo para todos os antigos seres humanos. Nossos ancestrais remotos ficariam ansiosamente atentos, para ter certeza de que o Sol não continuaria viajando para o sul ao amanhecer, findo o esperado solstício. Se ele o fizesse, o tempo esfriaria cada vez mais e toda a vida chegaria ao fim, com geadas implacáveis e montanhas de neve. Desde uma data muito remota, ocorriam grandes cerimônias por todo o hemisfério setentrional, garantindo que fossem cumpridos os procedimentos corretos para convencer os deuses a mandar o Sol de novo para o norte, para que a primavera retornasse e a natureza pudesse renascer.

Tais cerimônias também tinham lugar nas outras esquinas do ano. As que eram praticadas no solstício de verão teriam sido principalmente coisas alegres, com a promessa da exuberância da natureza pronta a se realizar, mas também uma certa apreensão sobre a hipótese de o Sol continuar sua marcha para o norte, trazendo um calor maior que ressecaria e finalmente mataria as colheitas. Os equinócios eram também extremamente significativos. O da primavera era uma época de gratidão, com o conhecimento de que os dias mais escuros estavam agora terminados e que os dias mais longos iam começar. O equinócio de outono trazia gratidão pela generosidade da colheita, mas com um forte senso de sacrifício e o conhecimento dos inevitáveis dias cada vez mais escuros à frente.

Em diferentes culturas através do planeta, as cerimônias realizadas nas estações do ano teriam variado grandemente, mas as oferendas de presentes para os deuses, ou qualquer outro poder oculto considerado responsável, teria sido comum e, em certas culturas, teriam incluído sacrifício de animais e mesmo sacrifício humano. Tudo que fosse possível tinha de ser feito para aplacar os deuses, para melhor garantir que os padrões previstos continuassem a surgir, permitindo que a vida humana prosseguisse.

Vale a pena ter tudo isso em mente ao considerarmos a reação dos astrônomos da Família da Estrela quando, lançando seus cálculos planetários para o futuro, viram emergir um novo padrão da Shekinah centrado não no solstício do meio do inverno, mas no equinócio de outono. O primeiro equinócio de outono com a Shekinah teria lugar a 21 de setembro de 1456. Talvez ele prometesse um novo começo e certamente não era desprovido de significação bíblica. A Bíblia registra que os dois grandes templos de Jerusalém – o primeiro construído por Salomão e o segundo por Zorobabel depois do cativeiro babilônico (e mais tarde restaurado e embelezado por Herodes) – tinham sido ambos dedicados ao momento do equinócio de outono. Somos informados no caso do Templo de Salomão:

> Congregou Salomão os anciãos de Israel, todos os cabeças das tribos, os príncipes das famílias dos israelitas, diante de si em Jerusalém, para fazer subir a arca da aliança de Iahweh da Cidade de Davi, que é Sião, para o templo. Todos os homens de Israel se congregaram junto ao rei Salomão na ocasião da festa, no mês de Etanim, que é o sétimo.[1]

O mês lunar de Etanim é hoje conhecido como Tishri no calendário hebreu.[2] Embora seja o sétimo mês do ano civil é o começo do ano religioso e, portanto, uma época de importantes dias santos e festas. A mais significativa delas é a Festa dos Tabernáculos, que começa no décimo quinto dia de Tishri. A festa, com efeito, é um festival da colheita.

Para os antigos judeus, e na verdade para todas as sociedades de base agrária, o equinócio de outono indicava a grande colheita, quando o florescer de verão da natureza dá lugar aos grãos e frutas que os sustentariam durante os longos e escuros dias de inverno. As espigas de trigo, altas e douradas, juntamente com os frutos das árvores e arbustos eram absolutamente essenciais para sua sobrevivência. Essa exuberância poderia ser confiscada a qualquer momento, talvez como resultado de uma primavera fria, de violentos temporais de verão ou de condições generalizadamente fora do previsto. Para aqueles que reconheciam a natureza caprichosa e imprevisível da graça de Deus, a forma correta de culto e a maior demonstração de gratidão poderiam assegurar que a colheita fosse realizada com segurança.

No centro da celebração de outono, para a maioria dos sistemas de crença, havia a ideia de sacrifício: devolver um pouco das recompensas recebidas. A natureza (pela qual se pautam a Deusa e a Terra) tinha, com seu próprio corpo, criado sua prole, que seria impiedosamente abatida pela humanidade para atender às suas próprias necessidades. A ideia do Deus do Trigo, que cresce e é sacrificado (*ver* capítulo 3), é tão antiga que é impossível saber onde e quando começou. Mas como tantas outras coisas da religião primitiva ela nunca foi inteiramente esquecida. Já mostramos que mesmo Jesus, de fato ou como fábula, tinha deliberadamente se associado ao sacrificado Deus Trigo com sua fala e ações na Última Ceia (*ver* pp. 83-4). As religiões iniciáticas de Deméter e Mitras também tinham importantes celebrações, que falavam de morte e renascimento, por volta do equinócio de outono.

Os Sinclair de Rosslyn

O fato de a nova Shekinah cair nessa época do ano era, portanto, altamente significativo. Certamente, a importância do equinócio de outono de 1456 com a Shekinah não passou despercebida para um grupo de sacerdotes da Família da Estrela. Eram os St. Clair (ou Sinclair) – os sacerdotes da Sagrada Luz Brilhante. Eles tinham estado presentes na Escócia desde pouco antes de o duque William, da Normandia, invadir a Inglaterra em 1066. Nessa época as esperanças dos saxões repousavam sobre um deslocado príncipe saxão conhecido como Edgar Atheling. Edgar tinha fugido para a Escócia depois de liderar uma rebelião contra William em 1068 e sua irmã Margaret, depois de passar algum tempo na Hungria, o seguira para lá. Margaret se casara com o rei Malcolm III, da Escócia, e assim se tornara rainha. Sabemos que os St. Clairs estiveram presentes na corte escocesa pelo menos a partir daí, porque um deles, William, "o Correto", era copeiro de Margaret e recebeu grandes extensões de terra, incluindo algumas em Midlothian. Ele havia previamente compartilhado o breve exílio de Margaret na Hungria e era nitidamente um de seus favoritos.

Desse ponto em diante, os Sinclair (usaremos a partir de agora a ortografia moderna) jamais estiveram longe da corte escocesa. Com uma combinação de boa diplomacia, casamentos por conveniência e lealdade inabalável, mantiveram sua posição através das vicissitudes da história escocesa, sendo frequentemente mais ricos que o próprio rei. Sempre permanecendo à margem da manobra política e da luta corpo a corpo dos barões, os Sinclair acumularam títulos e honrarias, ganhando finalmente controle das importantes ilhas de Orkney e Shetland na última parte do século XIV. Em meados da década iniciada em 1440, William Sinclair, o terceiro *jarl* de Orkney (*jarl* significa "conde" ou "príncipe" em norueguês, então o principal idioma daquelas ilhas), era um aliado indispensável do rei Tiago II da Escócia. Entre seus títulos, William era também Almirante Supremo da Escócia e, em 1454, foi elevado ao cargo de Presidente da Câmara dos Comuns da Escócia – efetivamente o segundo em comando depois do rei.

A moradia da família William Sinclair era o Castelo Rosslyn (ou Roslin) em Midlothian, perto da sede do poder real, e é lá que o próximo episódio-chave na história do clero de Salomão se desenrola. Como vimos, os documentos encontrados pelos primeiros Cavaleiros Templários sob o arruinado Templo de Jerusalém no século XII foram levados para a Escócia, possivelmente ainda em 1128, onde provavelmente foram mantidos na nova abadia tironense de Kelso, antes de serem transferidos, em 1140, para um local mais seguro, a abadia tironense em Kilwinning (*ver* capítulo 6). Passados pouco mais de dois séculos, os documentos se mudaram de novo, dessa vez para o Castelo Rosslyn, cerca de 16 quilômetros ao sul de Edimburgo, num promontório sobre o Rio Esk.

Um castelo de algum tipo tinha existido no lugar desde o início do século XII, mas a construção que ainda hoje está em parte de pé só começou em cerca de 1304. O castelo foi muito ampliado e modificado quando William Sinclair, conde de Roslin, herdou seus títulos de nobreza em 1417.

Temos agora certeza de que os preciosos documentos que estavam embaixo do Templo de Jerusalém foram levados de Kilwinning para o Castelo Rosslyn pouco antes de 1447. A primeira prova, ainda que circunstancial, vem do registro de um incêndio que irrompeu no castelo naquele ano:

Mais ou menos nessa época [1447] houve um incêndio na torre de menagem [do Castelo Rosslyn] por ocasião do qual os ocupantes foram obrigados a fugir do prédio. O capelão do príncipe [do lorde Sinclair], vendo isso, e lembrando de todos os escritos de seu mestre, foi para a frente do calabouço, onde todos estavam, e jogou quatro grandes baús onde eles estavam. Com as notícias do incêndio chegando ao príncipe por meio dos dolorosos gritos das senhoras e damas de companhia, e a visão da coisa chegando à sua observação no lugar onde ele se encontrava junto a Colledge [sic] Hill, ele só lamentava a perda de seus Títulos de terras e outros escritos; mas quando o capelão, que tinha se salvado descendo pela corda do sino amarrada numa viga, declarou como os Títulos e Escritas [sic] foram todos salvos, ele ficou animado e foi consolar sua Princesa e as Ladys [sic].[3]

Parece muito estranho que um homem como William, conde de Rosslyn e *jarl* de Orkney, uma pessoa conhecida pelo temperamento amável e generosidade, pudesse estar mais preocupado com alguns documentos legais que com sua própria esposa ou os outros ocupantes do castelo. Por outro lado, se poderia compreender seu pesar se ele tivesse pensado, por um terrível, breve momento, que os documentos sagrados confiados a ele pelas Famílias da Estrela estavam correndo o risco de serem destruídos. Afinal, eram sagrados e absolutamente insubstituíveis.

Os manuscritos tinham estado em perigo numa série de ocasiões desde que o Templo de Jerusalém, erguido sobre os túneis profundos onde os documentos se achavam, fora reduzido a cinzas em 70 d.C. Uma vez retirados de seus esconderijos pelos Cavaleiros Templários, os documentos corriam o risco de serem descobertos e destruídos. A viagem marítima da Terra Santa à Escócia deve ter sido um momento de preocupação, pois não era raro os navios sofrerem desastres ao cruzar o Golfo de Biscaia ou navegar pela costa subindo o Mar da Irlanda. O período em que foram de novo tirados do lugar e levados pelo sul da Escócia havia sido outro período de vulnerabilidade – que o incêndio no castelo demonstrara.

Mas dessa vez os manuscritos tinham viajado para seu destino final. William Sinclair asseguraria que ficariam a salvo dentro das paredes do Templo da Nova Jerusalém que ele ia erguer em Rosslyn.

O "Terceiro Templo"

Essa nova estrutura ia ser construída da mesma pedra que o Templo de Jerusalém; quase a um quarto de mundo de distância mas na mesma camada geológica de rocha. Deveria ser a cópia mais fiel do segundo templo herodiano que fosse possível criar. Abaixo do solo, reproduzir o templo não era problema porque o conde William Sinclair possuía o relato que os Cavaleiros Templários fizeram de sua escavação. Acima do solo, tudo que era ainda compreendido do templo original relacionava-se a uma seção da parede oeste, que sobrevivera à destruição causada pelo exército de Tito em 70 d.C. Os homens do conde reconstruíram essa parcial parede oeste e depois construíram o conjunto principal do novo templo usando uma planta baixa, que se sabia ser precisa, das bases subterrâneas das paredes destruídas. Contudo, a parte principal da estrutura de Rosslyn tinha de ser nova e eles criaram um desenho original que era uma brilhante interpretação da visão de Ezequiel da Nova Jerusalém, descrita na época da destruição do primeiro templo de Jerusalém, o do rei Salomão, pelos babilônios.

O conde William não procurou artífices locais. Escolheu trabalhadores de cantaria das guildas da Europa – grupos que ainda usavam os rituais fornecidos a eles pelos Cavaleiros Templários durante o período de construção da grande catedral no século XII. Esses homens cumpriam seus rituais na chamada cripta, no nível mais baixo de Rosslyn, que foi completado antes do conjunto principal do prédio.

Num promontório alto, a apenas dois minutos de caminhada do castelo, teve início a construção desse edifício muito especial. Segundo a tradição, o conde William havia dado início às escavações para as câmaras subterrâneas e as fundações do prédio ainda em 1440. Mas a primeira pedra da nova morada para os tesouros templários não poderia ser posta no lugar até o dia em que a Shekinah voltasse – e agora fora calculado que isso ia acontecer em 21 de setembro de 1456.

Evidentemente, o conde William não poderia contar a ninguém fora de seu círculo imediato na Família da Estrela que estava reconstruindo o antigo templo dos judeus. Para o reconhecimento do mundo em geral, o novo prédio ia ser chamado de "Igreja de São Mateus". Hoje é conhecido como Capela Rosslyn.

Salomão tinha recorrido às aptidões de Hiram Abiff para construir seu templo lendário e agora o conde William também precisava de aptidões muito superiores às próprias para completar sua obra-prima em pedra. O homem que tinha a seu lado quando a Capela Rosslyn estava sendo criada era *sir* Gilbert Haye. Nascido em cerca de 1405, Haye era filho de uma ilustre família de escoceses que, como os Sinclair, sempre estivera próxima do centro do poder escocês. Haye fora educado na nova universidade de St. Andrews, onde se revelara um estudioso brilhante. Em 1428, estava na França, de início provavelmente como emissário do rei escocês, e lá permaneceu até 1456, tornando-se bibliotecário-chefe do rei da França e reunindo uma coleção de livros que rivalizaria com as de Florença e do Vaticano. Haye era um linguista soberbo, que falava e lia não menos de dezesseis línguas – um grande trunfo ante os artesãos de tantos idiomas diferentes trazidos para construir o novo templo.

Haye morou na França durante um de seus períodos mais movimentados, tendo conhecido e apoiado uma agitadora adolescente e de vida curta, Joana d'Arc. Ele se tornou amigo pessoal do herdeiro do trono, o príncipe Charles, e foi convidado de honra quando Charles foi coroado rei Charles VII da França, em 1429. Imediatamente após a coroação, o novo rei, pessoalmente, armou Haye cavaleiro.

E então, em 1456, aos 52 anos de idade, no auge de seu prestígio e riqueza na França, Haye tomou a surpreendente iniciativa de deixar a corte francesa e o trabalho de uma vida inteira em sua amada biblioteca para retornar ao isolado Castelo Rosslyn, na Escócia. Praticamente de uma hora para outra desistira de uma alta posição numa das grandes cortes da Europa para, assim a história nos conta, assumir o humilde posto de tutor dos filhos do conde William Sinclair.

Isso não parece verdade. Acreditamos que Haye tinha uma razão muito importante para juntar-se ao conde William. Do nosso ponto de vista, sua missão era ser o novo Hiram Abiff – um papel que Haye deve ter julgado que suplantava qualquer outro.

Há mais surpresas. Durante toda a sua vida adulta, o conde William nunca deixou de merecer uma grande estima por parte de sucessivos reis escoceses e, em 1452, acrescentara o posto de Condestável da Escócia – de fato um comandante das forças armadas – a seus outros títulos e cargos. E ainda no início de 1456, no mesmo ano em que Haye deixava a corte em Paris, o conde também renunciou às altas posições que ocupara na corte real em Edimburgo para se concentrar em seu novo projeto.

A historiadora Barbara E. Crawford ficou perplexa com esse desaparecimento aparentemente inexplicável da corte e se perguntava se o conde não tivera alguma desavença com o rei Tiago II, perdendo a proteção real.[4] Mas a evidência disponível não dá sustentação a essa teoria, porque William continuou sendo muito estimado pelo rei. Ainda em 1455, recebera prestigiosas e importantes terras e um título do condado de Caithness, e prestara assistência ao rei em suas lutas com o clã Douglas, frequentemente em estado de rebelião.

Então, em junho de 1456, o rei escocês pôs sua assinatura num documento que concederia à aldeia de Roslin a condição de burgo ou vila (a aldeia, como o condado, é geralmente "Roslin", embora a capela seja mencionada pela ortografia alternativa Rosslyn). Daí por diante, ela poderia realizar um mercado no sábado, uma feira anual e desfrutaria de todos os privilégios da condição de burgo. Foi nessa época que o conde William abandonou o povoado de Roslin que ficava do outro lado do vale estreito a leste do castelo e começou a construir uma comunidade inteiramente nova a oeste.

Todos esses acontecimentos nos levam a acreditar que, embora alguns relatos declarem que a "Capela" Rosslyn foi iniciada em 1440, a verdadeira construção acima do solo só começou em 1456. O conde precisou de uma força de trabalho de artesãos especializados e eles e suas famílias teriam de ser alojados – daí a nova aldeia e seu novo status cívico. A data de 1456 para a nova aldeia é uma indicação segura de que nenhuma grande força de trabalhadores esteve presente no local da capela antes dessa época. Com toda a probabilidade, o trabalho empreendido antes de 1456 compreendeu a escavação da rede de túneis e câmaras que se encontram bem abaixo da capela e a preparação das fundações do prédio.

O mundo em geral foi informado que a Capela Rosslyn ia ser uma igreja "colegiada". Isso não era o mesmo que uma igreja paroquial normal. Igrejas colegiadas tinham sido originalmente instituições de aprendizado e uma comissão de homens conhecidos como "cônegos seculares" ou "cônegos irregulares" as administrava. Como os mosteiros, as igrejas colegiadas possuíam sua própria propriedade, geralmente fazendas distantes. Essas terras eram arrendadas e era daí que vinham os fundos para a igreja.

Igrejas colegiadas se mantinham distintas de igrejas paroquiais sob outro importante aspecto. As igrejas paroquiais enquadravam-se na jurisdição de um bispo local. Para o sacerdote da igreja paroquial o bispo local era seu superior direto e absoluto, mas não era isso que acontecia com as colegiadas. A permissão para construir uma igreja colegiada tinha de vir diretamente do papa e, uma vez completada, ela permanecia fora do controle ou influência da hierarquia normal da Igreja. Em 1456, o pontífice era o debilitado e hesitante papa Calixto III, mas o verdadeiro poder por trás do trono papal era o cardeal Aeneas Sylvius Piccolomini. Piccolomini, que se transformaria em 1458 no papa Pio II, era um conhecido do conde William e um amigo das Famílias da Estrela – pode até mesmo ter sido um membro da Família da Estrela.

O conde William Sinclair precisava que sua nova "capela" fosse uma colegiada por duas razões. Em primeiro lugar, ia ser um tipo de igreja muito estranho – e na realidade, como veremos, não foi absolutamente uma igreja. Em segundo lugar, ele não queria a hierarquia da igreja local interferindo com seus planos ou mesmo observando, excessivamente de perto, o que estava realmente fazendo.

Desde o princípio, a Capela Rosslyn esteve destinada a ser um lugar de depósito para os documentos descobertos em Jerusalém no século XII. Mas era também muito mais. Era nada menos que uma cópia do arruinado templo herodiano de Jerusalém, com base nos relatos dos primeiros Cavaleiros Templários que tinham escavado sob o entulho. Criar uma tal estrutura era um objetivo repleto de dificuldades – não tanto em termos da construção, mas considerando principalmente a aparência que teria o prédio uma vez concluído e a reação que ia provocar. O conde William e *sir* Gilbert Haye devem ter analisado com muito cuidado o problema potencial da recepção de um prédio tão raro. Haveria fatalmente perguntas incômodas. Discutindo entre si, os dois homens chegaram a uma solução tão engenhosa que beira a genialidade.

Um Ato de Ocultação

Era primeiro necessário fazer saber que a igreja terminada seria uma construção razoavelmente convencional do período. Como muitas igrejas, conteria uma "capela da senhora" (uma capela dedicada à Virgem) na extremidade leste, além da qual haveria um transepto ao norte e ao sul e depois uma nave se estendendo para oeste.

Os planos da igreja colegiada completa foram mostrados a membros da hierarquia da igreja. Ela seria certamente esplêndida, mas basicamente não muito diferente de outras pelo país afora. Visitantes oficiais poderiam mesmo ter sido levados a dar um giro pelas fundações dispostas em fossos que avançavam pela encosta da colina, desde a volumosa parede oeste da parcialmente construída "capela da senhora". Essas fundações eram simples pilhas de pedras que pareceriam ser o começo da prometida igreja colegiada.

O fato é que nenhuma igreja colegiada completa foi jamais construída. Quando a "capela da senhora" foi terminada, todo o trabalho parou de repente. Hoje, a explicação-padrão é que os Sinclair devem ter tido falta de dinheiro ou de interesse, mas acreditamos que isso não seja verdade. Estamos certos de que *jamais houve qualquer intenção de construir qualquer coisa além da "capela da senhora".*

Os planos de uma grande igreja convencional não passavam de uma cortina de fumaça arquitetada por Sinclair e Haye. John Wade, um bom amigo de Chris Knight, é um estudioso do grego e do latim, assim como membro pleno da primeira loja maçônica de pesquisa, conhecida como Quatuor Coronati. Wade estava originalmente convencido de que Rosslyn não pretendera ser nada mais que uma igreja colegiada convencional. John e Chris se encontraram pouco depois de John ter voltado de uma visita a Rosslyn e John declarou que se deixara convencer pelo argumento da igreja colegiada. A razão para essa convicção era que os *scanners* tinham detectado algumas partes das fundações da igreja pretendida.

Chris, no entanto, ressaltou que fundações *fictícias* teriam sido essenciais para convencer as autoridades de que o edifício teria a aparência final de uma igreja cruciforme normal. De fato não pode haver dúvida de que se tratam de fundações falsas. A prova veio de uma fonte da maior envergadura na pessoa de Jack Miller, chefe de estudos de geologia da Cambridge University e membro da Sociedade Geológica.

Visitando Rosslyn com Chris, Miller havia salientado que a parede oeste de Rosslyn, grande, desproporcional, vista como parte da inacabada igreja colegiada, não estava corretamente amarrada na textura do prédio principal. Qualquer tentativa de avançar na construção teria resultado no desmoronamento da estrutura inteira.

Miller disse: "Bem, só existe uma possibilidade[...] e posso dizer que você tem razão. Essa parede é um completo absurdo".

Em sua opinião, não havia dúvida de que os mestres de obras jamais pretenderam construir um centímetro a mais do que fizeram. A qualidade do projeto e do acabamento era boa demais para essa falha de amarração na pedra ter sido algum erro colossal.

Foi Miller quem primeiro chamou a atenção de Chris para a natureza da pedra usada no projeto. Como geólogo, estava qualificado para declarar categoricamente que era do mesmo estrato que aquela usada para o Templo de Jerusalém. Mais adiante, para confirmar a impossibilidade da "teoria colegiada", declarou que a grande parede oeste não era uma seção inacabada de alguma grande estrutura, mas cópia deliberada de uma ruína. Ele disse: "Se os construtores tivessem parado o trabalho porque tinham ficado sem dinheiro ou simplesmente porque se fartaram daquilo, teriam deixado pedras de cantaria bem cortadas, mas essas pedras foram deliberadamente trabalhadas para parecerem danificadas – típicas de uma ruína. As pedras não se desintegraram pela ação do tempo[...] Foram cortadas para parecerem uma parede arruinada".

No correr dos anos, Chris levou vários acadêmicos a Rosslyn e todos o consideraram um lugar muito estranho. O professor Philip Davies, autoridade de renome mundial nos Manuscritos do Mar Morto e judaísmo antigo, ficou impressionado com o que viu. Depois de examinar o local, declarou que o edifício lhe parecia antes uma construção *judaica* que uma igreja de qualquer espécie. Achou que a parede oeste era de um estilo bem herodiano.

O professor Jim Charlesworth, outro estudioso dos Manuscritos do Mar Morto da Princeton University e professor de arqueologia no Instituto Albright de Jerusalém, concordou, declarando: "Isto não é uma construção cristã". Ele também ressaltou que a parede oeste tinha um traçado inteiramente herodiano e que aqueles que a projetaram haviam chegado a extremos para imitar as ruínas de Jerusalém, usando versões especialmente trabalhadas do que se conhece como "pedras furtadas". Além de ser um acadêmico, Charlesworth é clérigo ordenado e cancelou sua planejada assistência no serviço matinal de domingo dizendo que não era apropriado realizar um serviço cristão naquela construção obviamente judaica!

O professor Charlesworth passou muitos anos procurando Manuscritos do Mar Morto perdidos, que se sabe que existiram outrora, e concordou que havia uma probabilidade muito alta de que estivessem debaixo de Rosslyn. Ele passou um tempo considerável reunindo uma equipe de arqueólogos de renome mundial para conduzir uma escavação, mas até agora os curadores de Rosslyn não responderam (pelo menos que saibamos), apesar da promessa de que a equipe escolhida seria composta de peritos renomados.

Não há dúvida de que, na época em que estava construindo Rosslyn, o conde William tinha de tratá-la como uma igreja, porque se alguém dentro da hierarquia da igreja tivesse suspeitado que fosse uma estrutura de inspiração judaica ele teria, sem dúvida com muita rapidez, perdido a vida.

Um requisito importante para qualquer igreja era o padroeiro. Todas as igrejas do período eram dedicadas a um santo, a um apóstolo ou à Virgem Maria. O candidato no caso de Rosslyn veio com toda a probabilidade de *sir* Gilbert Haye. Era inspirador, relevante para as crenças da Família da Estrela e proporcionava uma razão plausível para a orientação geográfica muito específica do edifício (já que ele tinha de ficar de frente para a luz da Shekinah).

Desde o início mais remoto do cristianismo, tinha sido uma regra peculiar no Ocidente que as igrejas deviam, sempre que possível, ser construídas de modo a que os altares estivessem voltados para leste – supostamente para Jerusalém. Para a maioria das pessoas, leste era um termo relativo, significando aquela parte do horizonte onde o sol se levantava a cada manhã. Quando as igrejas eram planejadas, seria feita uma observação, sob as primeiras luzes do amanhecer, no dia da festa do santo proposto, a quem a igreja seria dedicada. Por exemplo, se o padroeiro fosse São Edmundo, o mártir inglês, o dia em questão seria 6 de novembro. O ponto do horizonte oriental no qual o sol se levanta a 6 de novembro seria considerado "leste" para aquela determinada igreja e toda a orientação do prédio seria planejada de acordo com isso.

Mesmo agora, é inteiramente possível no caso de antigas igrejas escocesas, inglesas e do País de Gales calcular o provável padroeiro original da igreja simplesmente fazendo uma leitura de bússola e cotejando-a com um livro de dias santos. Embora a topologia local de um determinado ponto afete a hora em que os primeiros raios do sol aparecem, o alinhamento das paredes norte e sul identificarão um ou dois dias no ano e, portanto, a consagração a um ou outro dos santos associados a esses dias.

No caso do prédio em Rosslyn, era de importância vital que ele se voltasse quase exatamente para leste, de modo a reproduzir a situação do Templo de Jerusalém.

Isso efetivamente significava que a Capela Rosslyn só poderia ser dedicada a um santo cuja festa caísse no equinócio da primavera ou de outono, porque são os únicos momentos do ano em que o sol se levanta exatamente a leste. O conde e Gilbert Haye tinham o candidato perfeito na figura de São Mateus.

A Igreja de Mateus

Há algo de muito estranho acerca do dia de São Mateus no que diz respeito à igreja ocidental. Documentos da igreja muito primitiva, remontando provavelmente a cerca de 200 d.C., atestam que Mateus morreu em 16 de novembro e, na verdade, a igreja ortodoxa oriental ainda celebra sua festa nesse dia. No Ocidente, contudo, até onde podemos recuar e chegando certamente aos dias de Bede (672-735 d.C.), historiador da igreja, o dia de São Mateus tem sido comemorado a 21 de setembro – o dia do equinócio de outono. Como e por que esse estado de coisas surgiu continua sendo um mistério.

São Mateus se revelou um perfeito padroeiro por uma série de outras razões além do dia de sua festa. Na tradição da igreja, São Mateus foi um dos primeiros discípulos de Jesus. O Novo Testamento nos conta que tinha sido um publicano ou cobrador de impostos, uma profissão odiada pela maioria dos judeus durante o período da ocupação romana – e no entanto Jesus o chamara e aceitara. Embora não seja mencionado extensamente nos Evangelhos como eles existem hoje, São Mateus foi apresentado visitando o túmulo vazio de Jesus com a mãe de Jesus e Maria Madalena, e Mateus, o discípulo, tem sido tradicionalmente identificado com Mateus, o autor do Evangelho. Seu Evangelho foi a única versão da história de Jesus em que os ebionitas confiavam: fora originalmente escrito em hebraico ou aramaico e não continha qualquer referência à natividade de Jesus. Além disso, o Evangelho original de Mateus retratara João Batista muito mais favoravelmente que a versão grega posterior, muito alterada, ou os outros Evangelhos.

Símbolos do Tesouro Oculto

Em 1996, Chris sobrepôs acidentalmente duas folhas de acetato num projetor de *slides* e descobriu que a planta da Capela Rosslyn é idêntica à das paredes subterrâneas do Templo de Herodes. Encaixavam-se como a mão que se ajusta a uma luva. Investigações posteriores feitas por Chris mostraram que, inseparavelmente ligados à planta baixa da Capela Rosslyn, havia dois traços característicos que eram de natureza tipicamente maçônica. O primeiro deles era um "Triplo Tau", um símbolo composto de três "cruzes tau" (uma cruz *tau*, da palavra grega para a letra T, se parece simplesmente com um T maiúsculo e o T é também a última letra do alfabeto hebraico). O símbolo é mencionado na Maçonaria como a "joia" do grau Real Arco e significaria, entre outras coisas, *Templum Hierosolymae* (o Templo de Jerusalém); *Clavis ad Thesaurum* (a chave do tesouro); *Theca ubi res pretiosa deponitur* (um lugar onde uma coisa preciosa está escondida); ou *Res ipsa pretiosa* (a própria coisa preciosa).

Esse ritual maçônico, que ninguém entende hoje, parece revelar o segredo de Rosslyn. O Templo de Jerusalém, a chave do tesouro, um lugar onde uma coisa preciosa está escondida e a própria coisa preciosa – Rosslyn é tudo isso!

É como se o conde William Sinclair tivesse criado esse ritual para que ele fosse se transmitindo pelas gerações como a chave decisiva para compreender Rosslyn. E é provável que seja exatamente esse o caso, porque o primeiro Grande Mestre Maçom da Maçonaria era um descendente do construtor de Rosslyn – e também se chamava William St. Clair. O ritual do Real Arco, o Quarto Grau da Maçonaria, descreve a escavação do templo arruinado em Jerusalém, com os maçons sendo simbolicamente baixados por cordas para investigar câmaras ocultas sob o templo e recuperar documentos antigos. O Triplo Tau tem uma relevância maçônica específica para o Templo de Jerusalém e, como Chris demonstrou, é formado na planta baixa de Rosslyn por linhas que conectam as oito colunas mais orientais da capela.

Chris foi à frente e percebeu que o único símbolo que faltava na capela era o Selo de Salomão ou Estrela de Davi. No antigo grau do Real Arco, o Selo de Salomão era descrito da seguinte maneira:

A Joia do Companheiro do Real Arco é o duplo triângulo, às vezes chamado de Selo de Salomão, dentro de um círculo de ouro; no fundo há um rolo de pergaminho estampando as palavras: *Nil nisi clavis deest* – Nada está faltando, a não ser a chave – e no círculo aparece a legenda: *Si tatlia jungere possis sit tibi scire posse*: Se podes compreender estas coisas, conheces o suficiente.

Chris já detalhou em outro lugar[5] como traçava uma linha através das colunas do fundo do Triplo Tau, abria um compasso na largura do prédio na planta e descrevia um arco a partir de cada parede. Os dois arcos se cruzavam exatamente entre as colunas mais ocidentais para formar um triângulo equilátero. Ele puxava então outra linha através da largura do edifício entre o segundo par de colunas a partir da entrada oeste e traçava mais dois arcos numa direção oriental; eles se cruzavam bem no centro da coluna central do Triplo Tau, formando um perfeito Selo de Salomão. As duas colunas dentro do símbolo estavam colocadas no ponto exato de interseção das linhas da estrela.[6]

Além disso, como Chris já observou:

Precisamente no centro desse invisível Selo de Salomão, no teto em arco, há uma grande protuberância suspensa na forma de uma ponta de flecha decorada que aponta diretamente para uma pedra de encaixe

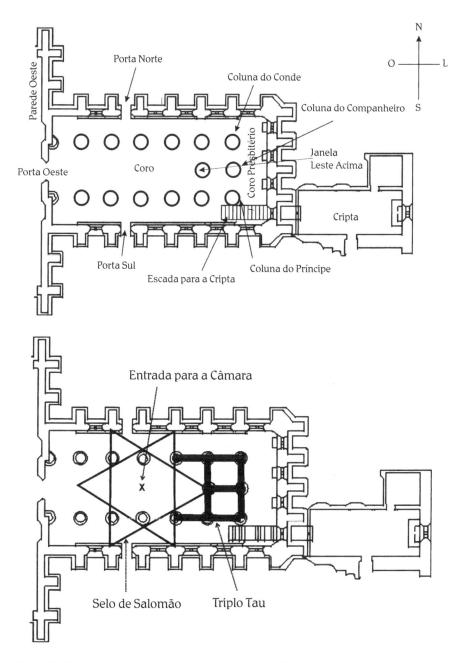

Figura 9. Planta baixa da Capela Rosslyn mostrando o Triplo Tau e o Selo de Salomão.

no chão abaixo. É, acreditamos, essa pedra que tem de ser levantada para se entrar nas câmaras reconstruídas do Templo de Herodes e recuperar os Manuscritos Nazoreanos.[7]

A construção é de estilo vagamente gótico, embora ao contrário de muitas construções góticas tenha um teto de abóbada cilíndrica. Ela contém 32 tipos diferentes de arcos, mas o que realmente distingue Rosslyn da maioria das igrejas comuns é a tremenda soma de ornamentação com que vamos deparar por todo o exterior e interior do edifício. Provavelmente não existe uma só construção em qualquer outro lugar da Europa que possua tantos entalhes em pedra dentro de um espaço tão pequeno quanto o seu.

Uma Floresta de Pedra

É fascinante ver as pessoas visitando Rosslyn pela primeira vez. Quando atravessam o portão no final da trilha que há do lado de fora e penetram nos terrenos da capela, a primeira impressão da maioria delas é que a coisa é menor do que tinham imaginado. Mas assim que entram, quando os olhos já se acostumaram ao interior um tanto escuro, ficam completamente paralisadas, tentando apreender o esplendor absoluto do que se acha na sua frente. As paredes são inteiramente cobertas com gravuras naturalistas de folhas, frutos, gavinhas de plantas e flores. Só depois de muitas visitas e uma boa dose de autodisciplina torna-se claro que toda essa folhagem de pedra emana de um ponto específico da construção.

Na extremidade leste de Rosslyn, três colunas de pedra, diferentes das que existem em outros lugares do edifício, guardam a área conhecida como presbitério, onde foram colocadas as mesas do altar. Duas dessas colunas são extremamente ornamentadas, enquanto a outra tem uma aparência relativamente sem adornos. É da coluna da extremidade direita que começa a jornada da folhagem de pedra. A coluna é alternativamente conhecida como Coluna do Príncipe ou Coluna do Aprendiz. Em sua base há vários dragões e, sobre eles, a coluna se transforma no que parece ser o tronco de uma árvore muito estilizada, ao redor da qual se entrelaçam videiras grandes, mas delicadamente esculpidas. Elas se enroscam por toda a extensão da coluna até que, no capitel, irrompem numa profusão de ramos e folhagem de pedra, estendendo-se por boa parte do espaço disponível da área.

No meio dessa folhagem de pedra, nas pontas de botões ou espreitando de nichos, há dezenas de representações do Homem Verde, antigo componente do imaginário celta. É uma face humana coberta de galhos e gavinhas ou inteiramente composta por eles. Há bem mais de 100 amostras do Homem Verde no edifício e esse número não para de aumentar na medida em que novas amostras vão sendo identificadas.

Mas os Homens Verdes não estão sozinhos. A capela também contém literalmente dezenas de entalhes de anjos. Cerca de metade deles carrega rolos de pergaminho ou livros, alguns têm penteados cheios de cachos e todos estão maravilhosa e primorosamente representados. Na extremidade leste em particular há representações de camponeses, lordes, reis, músicos e criaturas fantásticas – todos obviamente tinham um significado muito especial para os que criaram a estrutura, mas para o visitante moderno parecem representar um quebra-cabeças inútil, confuso.

Segredos da Coluna do Aprendiz

Como mencionamos anteriormente, a coluna adornada da qual se deriva a folhagem esculpida é conhecida como Coluna do Aprendiz. A história-padrão fornecida aos visitantes diz respeito ao pedreiro-mestre de Rosslyn que, tendo sido encarregado de criar essa fabulosa coluna, achou necessário fazer uma viagem a Roma para conseguir inspiração ou para examinar uma coluna muito parecida na Cidade Eterna. Só na volta se sentiria capaz de se empenhar numa criação tão maravilhosa e exigente. Enquanto estava fora, seu aprendiz resolveu fazer ele próprio o entalhe que, quando o pedreiro-mestre voltou, já estava terminado. O mestre ficou tão atônito com a beleza da técnica do aprendiz que se viu tomado por uma raiva incontrolável e, pegando um martelo, golpeou o aprendiz na cabeça, matando-o instantaneamente. Diz-se que uma das faces próxima da linha do teto, não longe da coluna, mostra uma imagem do aprendiz, com um ferimento na cabeça.

Esse relato parece ser um equivalente truncado e impreciso da história de Hiram Abiff (*ver* capítulo 1), mas como Alan Butler e o investigador local John Ritchie iriam descobrir, a verdade sobre a Coluna do Aprendiz é ainda mais fantástica que isso.

Alan e John Ritchie estavam trabalhando em conjunto num livro intitulado *Rosslyn Revealed*, projetado para ser a investigação mais completa da "Capela" Rosslyn, de sua história e do significado de suas esculturas, até então escrita. Quanto à verdade por trás da Coluna do Aprendiz, eles a descobriram dentro de um conjunto de escritos de antigos teólogos conhecidos como "Padres Pré-Niceia", chamados assim por terem escrito antes do Concílio de Niceia em 325 (*ver* capítulo 3). Esse grande acervo de literatura inclui a maioria daquelas importantes tradições da igreja que não estão efetivamente presentes na escritura. Por exemplo: é geralmente aceito que a mãe da Virgem Maria chamava-se Ana, mas não há nada nos Evangelhos que sugira isso. A informação deve ser procurada nas obras dos Padres Pré-Niceia, assim como em diferentes escrituras populares não canônicas. Outras tradições católicas são reverenciadas em suas obras, como os relatos da vida dos apóstolos após a morte de Jesus, histórias de inumeráveis santos e sermões de alguns dos primeiros padres da Igreja.

Enquanto investigavam por que São Mateus fora escolhido como o santo padroeiro da suposta igreja em Rosslyn, Alan e John depararam com uma história fascinante detalhando os fabulosos acontecimentos que cercaram o martírio de São Mateus e os acontecimentos que imediatamente o precederam.

Escrita por um autor desconhecido e com toda a probabilidade criada por volta do ano 200 d.C., trata-se de uma história fantástica que relata a jornada de São Mateus a uma cidade chamada Mirna. É provável que tenha sido um local da Ásia Menor, atual Turquia. A história sugere que Mateus estava empenhado num jejum de 40 dias nas vizinhanças de Mirna, quando uma criança celestial aproximou-se dele. Mateus tomou o visitante por um anjo e, talvez, por uma das crianças que haviam sido mortas pelo rei Herodes. Mas era Jesus, manifestando-se sob a forma de uma criança. Depois de uma longa discussão, o Jesus-menino deu a Mateus um cajado, mandando que ele o fincasse no solo, num trecho alto de terra com vista para a igreja de Mirna.

Mateus fez isso e o que aconteceu depois surpreendeu a ele e aos habitantes da cidade. Assim que tocou no solo, o cajado começou a crescer, até formar o tronco de uma grande árvore. Em volta do tronco, havia espirais de videiras e de seus ramos brotavam folhas e frutos de todas as variedades possíveis. No topo da árvore, havia uma colmeia, de onde o mel caiu em cascata para os habitantes que olhavam lá de baixo, enquanto na base da árvore surgiu um lago, onde nadavam inumeráveis criaturas.

Devido aos pormenores da história e ao modo como eles combinavam tão bem com os entalhes que podiam ser vistos em Rosslyn, não houve dúvida na mente de Alan ou John de que as aventuras de São Mateus em Mirna tinham sido usadas como modelo para a Coluna do Aprendiz e a massa de vegetação em pedra que brota dela. Tudo da história de Mateus está presente em Rosslyn, inclusive a referência a uma colmeia. Um dos pináculos, no alto do telhado, foi deliberadamente escavado pelos pedreiros para permitir o acesso de abelhas selvagens. Elas andaram durante séculos por lá e os habitantes locais costumavam dizer que, no verão, o mel escorria pelas paredes do edifício.

A exatidão da história foi mais tarde confirmada pela redescoberta de uma gravura a água-forte ou xilogravura do Castelo Rosslyn. Sua data é desconhecida, mas tendo em mente o estado completo do castelo na gravura, deve ter sido criada antes de meados do século que começou em 1600, porque nessa época o castelo ficou extensamente danificado em consequência da Guerra Civil Inglesa. A gravura mostra o Oriente do morrote onde está o castelo, diante da qual se encontra uma personagem misteriosa que veste uma túnica e tem um cajado na mão esquerda. Na frente do cajado está a árvore que figura na história. Até recentemente ninguém tinha compreendido o significado da personagem que está na frente do castelo nesse desenho, mas parece altamente provável que se trate aqui de uma representação da história de São Mateus.

Como Alan e John Ritchie sugeriram em *Rosslyn Revealed*, qualquer dignitário da igreja de visita no século XV, atônito com a fantástica profusão e complexidade dos entalhes em Rosslyn, teria sem dúvida vontade de saber o que tudo aquilo significava. Uma vez lembrada a lenda de São Mateus e suas proezas em Mirna, pareceria que tudo estava em ordem e que o edifício meramente recriava, mesmo que com certa ostentação, o paraíso sobre a terra que brota do divino cajado de São Mateus.

Para nós, contudo, isso nem chega perto de explicar a fantástica multiplicidade de imagens salpicadas em pedra no interior de Rosslyn, mas sem dúvida teria sido suficiente para um bispo ou cardeal, convencido como indubitavelmente estaria de que o conde William era um verdadeiro filho da Igreja e um grande patrocinador da arte religiosa.

Afirma-se que muitos entalhes em Rosslyn têm uma conexão maçônica, mas a maioria das associações sugeridas parece espúria. Contudo, um entalhe realmente descreve o que hoje seria identificado como um candidato atravessando seu ritual de Primeiro Grau. O candidato é um homem jovem, bem barbeado, com os olhos vendados e que se ajoelha com uma corda em volta do pescoço. A ponta livre da corda está sendo segura por um homem barbado que está parado atrás e que parece estar vestindo o traje de um Cavaleiro Templário. Os pés do homem que se ajoelha estão na forma de um esquadro e ele tem um livro na mão esquerda. Na sua frente estão duas colunas. O número de correspondências entre esse entalhe e o moderno ritual maçônico são numerosos demais para serem simples acaso.

Figura 10. Desenho do Castelo Rosslyn, mostrando em primeiro plano São Mateus com seu cajado e árvore. A entrada da gruta atrás de São Mateus poderia muito bem ter a intenção de representar a passagem que conecta o Castelo Rosslyn à Capela Rosslyn.

Outros entalhes parecem ter sido inspirados por um desenho conhecido como *A Jerusalém Celeste*. A cópia que sobrevive foi criada em cerca de 1120 por um certo Lambert de St. Omer e está depositada na biblioteca da Ghent University. As primeiras investigações de Chris Knight o tinham levado a acreditar que o desenho da Jerusalém Celeste era cópia de um dos documentos originalmente encontrados pelos templários sob o Monte do Templo em Jerusalém. A cópia, Chris logicamente presumiu, fora feita quando Geoffroi de St. Omer, o segundo homem no comando depois de Hugo de Payen, levara parte do material de Jerusalém para ser interpretado por um velho estudioso de sua própria cidade, St. Omer, na França. Esse estudioso, Lambert, era um linguista refinado e passara boa parte de sua vida compilando a primeira enciclopédia do mundo, que permaneceu incompleta até sua morte.

Nossas conclusões foram que os entalhes em Rosslyn não haviam sido copiados da versão de Lambert de *A Jerusalém Celeste*, mas do documento original, do qual Lambert produzira apressadamente uma cópia – e que o documento original finalmente chegara a Rosslyn juntamente com os outros documentos essênios. O desenho da Jerusalém Sagrada traz uma iconografia, por exemplo esquadros e compassos, que seria instantaneamente reconhecida até mesmo por um maçom moderno, e seus temas se encontram no centro mesmo do ritual e prática maçônicos – especialmente daqueles associados ao grau do Real Arco.

Em conclusão, portanto, embora os entalhes próximos da Coluna do Aprendiz, que deveria agora ser mais apropriadamente chamada de Coluna de São Mateus, pudessem todos ter sido facilmente explicados como representações da cidade de Mirna da história de São Mateus, eles estão de fato intimamente relacionados com a Jerusalém histórica e seu antigo templo.

Rosslyn e a Cabala

O arranjo das três colunas mais importantes da Capela Rosslyn, isto é, a Coluna do Aprendiz, a Coluna do Companheiro e a Coluna do Mestre, também revela outra obsessão medieval e uma obsessão que tem também sua raiz na antiga tradição esotérica judaica chamada cabala. É um tema que teria permanecido muito próximo do coração dos sacerdotes da Família da Estrela.

A cabala se tornou quase uma obsessão entre intelectuais e filósofos cristãos em tempos medievais, embora suas origens se encontrem exclusivamente no judaísmo. A própria palavra cabala, que tem muitas variações de ortografia, se encontra no centro do culto e crença esotéricos judaicos, embora só tenha aparecido oficialmente no século XIV – mais ou menos na época da construção da Capela Rosslyn.

A cabala consiste de duas obras específicas, além de inumeráveis comentários e explicações. As obras são o Zohar (o "Livro do Esplendor" ou "Luz") e o Sefer Yetzirah (aproximadamente o "Livro da Formação"). Dos dois, o Sefer Yetzirah é quase certamente o mais antigo em sua forma escrita, tendo sido muito provavelmente produzido pelo místico judeu Rabino Akiba em cerca de 100 d.C. O Zohar, embora possivelmente tão antigo quanto o Sefer Yetzirah em sua forma oral, só foi posto no papel no século XIV, tendo supostamente sido coletado e transcrito por outro rabino, agora um espanhol que atendia pelo nome de Moisés de León.

É muito provável que as ideias filosóficas e espirituais que se encontram no centro da cabala sejam realmente de natureza remota, até porque algumas trazem semelhanças impressionantes com aspectos de outras religiões muito antigas, como o hinduísmo. A cabala surge de uma necessidade muito grande de "definir" de alguma maneira o inexplicável. O Deus do judaísmo é uma personagem muito distante. Até mesmo proferir seu nome sagrado era e continua sendo blasfematório, muito provavelmente porque fazê-lo é "personalizar" a divindade, depreciando assim tanto ele quanto sua posição no universo. A cabala deixa abundantemente claro que Deus é tão elevado, tão intocável e indefinível que qualquer tentativa de aproximar-se dele diretamente está condenada ao fracasso.

Pondo a coisa de maneira simples, a cabala sugere que o único caminho para Deus é por meio de seus emissários – uma série de entidades espirituais conhecidas como *Sefirot* (singular *Sefirah*). Os seres humanos podem não estar numa posição que lhes permita conhecer ou se comunicar com a divindade, mas as *Sefirot* estão. As *Sefirot*, que podem ser mais bem descritas como uma espécie de anjos, são geralmente mostradas distribuídas num padrão geométrico com três linhas verticais e muitas trilhas de conexão. Ele é invariavelmente mencionado como "Árvore da Vida Cabalista" (*ver* figura 11).

Cada *Sefirah* representa um aspecto diferente da divindade. Conhecendo e compreendendo todas as *Sefirot* e seguindo as trilhas que conectam uma *Sefirah* com outra, meros seres humanos adquirem a possibilidade de alcançar pelo menos um vislumbre do divino.

A cabala também fornece conselho sobre o melhor meio de seguir as leis de Deus e, assim, levar uma vida virtuosa e feliz. Não obstante, o tema continua sendo extremamente complicado, a começar pelo fato de estar inundado de códigos linguísticos, todos baseados nas letras do alfabeto hebraico. Cada *Sefirah* se relaciona a uma letra hebraica e a cabala também contém aspectos de numerologia.

Pela gravura da Árvore Cabalista podemos ver que todas as trilhas entre as *Sefirot* se originam, em última análise, da *Sefirah* que ocupa a posição mais baixa e mais central, e pode também ser observado que essa *Sefirah* chama-se *Shekinah*. Embora todas as *Sefirot* sejam interdependentes e, por-

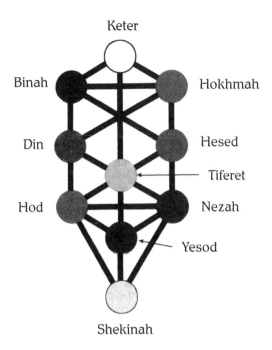

Figura 11. A Árvore da Vida Cabalista. Cada globo representa uma *Sefirah*. Elas estão conectadas por trilhas (*ver* o texto principal).

tanto, nenhuma *Sefirah* possa ser considerada mais ou menos importante que as outras, aproximamo-nos de todas elas, em última análise, pela meditação e prece por meio da Shekinah. A importância disso para o antigo clero pré-judaico de Salomão e para seus sucessores nas Famílias da Estrela foi deixada bastante clara pelos capítulos precedentes.

Na cabala, a Shekinah se torna muito mais importante até mesmo que sua manifestação astronômica como conjunção dos planetas Mercúrio e Vênus. Agora ela representa o conduto através do qual a comunhão com instâncias espirituais, e em última análise com Deus, é alcançada.

Quase assim que apareceu em sua forma escrita, a cabala fascinou não apenas místicos e estudiosos judeus, mas também cristãos. Na realidade, ela foi quase certamente conhecida e examinada muito antes do século XIV, inclusive entre alguns supostos cristãos. Há uma sugestão persistente de que São Bernardo de Clairvaux (*ver* capítulo 5) tinha estudiosos cabalistas dentro de sua abadia de Clairvaux, em Champagne, e se presume que tenham existido escolas de pensamento cabalista na cidade de Troyes e certamente em cidades mais ao sul da França, bem como na Espanha pré-inquisição, onde o judaísmo tinha uma longa e ilustre história.

Ainda que por ora não tenhamos prova definitiva de que o conhecimento da cabala tenha desempenhado algum papel direto no projeto ou construção da Capela Rosslyn, a possibilidade se torna muito mais provável quando se examina a capela e seu projeto no contexto de outro aspecto específico da Maçonaria.

As Três Colunas

A Maçonaria está repleta de símbolos e imagens e alguns dos mais importantes dentre eles são "quadros". Vistos em todas as lojas, os quadros representam imagens ou ícones e cada quadro tem importância para um determinado aspecto ou grau da Maçonaria. Os quadros se originaram, sem a menor dúvida, nas oficinas de pedreiros. Com frequência diretamente traçados a giz nas lajotas quadradas do piso da oficina, eram desenhos em escala das construções planejadas. Na Maçonaria, os desenhos a giz acabaram se tornando panos pintados estendidos no chão do Templo Maçônico e, por fim, gravuras que eram penduradas nas paredes.

Um quadro muito interessante é o que se relaciona especificamente com o Primeiro Grau da Maçonaria (*ver* figura 12). Todos os quadros trazem mensagens, que são geralmente passadas ao novo aprendiz maçom enquanto ele segue as várias trilhas do Ofício, embora seja inteiramente possível que algumas das mensagens contidas dentro deles sejam agora mal interpretadas ou desconhecidas, mesmo por aqueles que se julga terem "o conhecimento".

O quadro associado ao Primeiro Grau consiste de três colunas, cada uma de um diferente gênero de arquitetura clássica (jônico, dórico e coríntio). Cada uma tem um nome e uma posição calculada e todas as três se relacionam alegoricamente a atributos específicos aos quais se espera que o futuro maçom aspire.

A coluna à esquerda é conhecida como "Força", daí a letra S que aparece em sua base.* A da direita é conhecida como "Beleza" e leva a letra B, enquanto a coluna central, com seu W, é chamada "Sabedoria".** As três

---

* S de "strength", *força, energia* em inglês. (N. do T.)

** "Wisdom", em inglês, daí o W. (N. do T.)

Figura 12. O quadro associado ao Primeiro Grau da Maçonaria.

figuras femininas dispostas na escada que leva para cima da coluna central representariam as três Virtudes da Fé, Esperança e Amor.

Há muito tem sido ressaltado que há paralelismos impressionantes entre as três colunas do quadro do Primeiro Grau e as três colunas da Árvore Cabalista. Pelo menos desde o século XIX, tanto defensores quanto adversários da Maçonaria têm sugerido que há fortes traços do cabalismo no cerne da prática maçônica e que esse quadro ilustra esse fato.

Contudo, o que não parece ter sido reconhecido antes é que as três colunas do quadro do Primeiro Grau quase certamente têm sua origem nas três colunas da extremidade leste da Capela Rosslyn. Isso se tornou ainda mais provável pela redescoberta da caixa de luz da Capela Rosslyn (*ver abaixo*) e pelo fato de que, como vamos mostrar, a Maçonaria, como a conhecemos, deve sua própria existência à capela.

As três colunas da Maçonaria são conhecidas como Força, Beleza e Sabedoria, enquanto as da cabala são chamadas Misericórdia, Severidade e Brandura. Seus atributos cabalistas são incrivelmente semelhantes aos que encontramos nas interpretações maçônicas e não se pode duvidar que exista uma conexão. Conclui-se, portanto, que os instigadores da Maçonaria conheciam a "verdadeira" história por trás das três colunas de Rosslyn e estavam conscientes de sua herança cabalista. Contudo, admitir abertamente uma tal conexão judaica no século XV levaria a pessoa a cair na perseguição movida pela igreja. Por essa razão, os maçons deram nomes e biografias diferentes às colunas para proteger essa herança real das três colunas da Árvore da Vida Cabalista. Parece certo que hoje todo o conhecimento desses assuntos foi perdido, mesmo entre os maçons das mais altas fileiras.

Sobre a entrada da cripta e, portanto, mais ou menos no mesmo local dos entalhes que se parecem com o desenho da Jerusalém Sagrada, estão as únicas palavras gravadas na trama do interior da Capela Rosslyn. Estão em latim medieval e traduzidas dizem: "O vinho é forte, um rei é mais forte, as mulheres são ainda mais fortes, mas a verdade vence tudo".

Pode parecer uma sentença estranha, mas é também usada no ritual maçônico. Aparece num grau chamado "Ordem dos Cavaleiros da Cruz Vermelha da Babilônia", que está intimamente associado ao grau do Sagrado Real Arco. Como observamos no capítulo 1, as palavras vêm do Livro de Esdras (1Esdras), uma obra não canônica que foi conhecida no século I d.C. e se refere a um acontecimento ocorrido durante o cativeiro judeu na Babilônia. O grau maçônico consiste de três dramas que falam de incidentes extraídos do Livro bíblico de Ezra, capítulos 1-6,[8] 1 Esdras capítulos 2-7 e *Antiguidades dos Judeus*, de Josefo, livro 11, capítulos 1-4. E qual é o tema do grau? Nada menos que a reconstrução do Templo de Jerusalém.

O ritual se abre com o mais graduado maçom, que é chamado de Venerável Mestre. Ele pergunta: "Que horas são, Segundo Vigilante?"

A resposta é: "A hora de reconstruir o templo".

O ritual continua dizendo como a frase "o vinho é forte, um rei é mais forte, as mulheres são ainda mais fortes, mas a verdade vence tudo" era a resposta para uma adivinhação proposta pelo rei babilônio Dario durante o cativeiro dos judeus. Zorobabel, o líder dos judeus, respondeu corretamente à adivinhação e teve permissão de retornar a Jerusalém, com seu povo, para reconstruir o templo. Além disso, o rei prometeu devolver-lhes o tesouro roubado do templo pelos babilônios.

Assim, as únicas palavras gravadas na pedra de Rosslyn são aquelas que permitem a reconstrução do Templo de Iawhew. Que prova maior do que o conde William Sinclair estava fazendo seria ainda necessária?

A Câmara Subterrânea

Uma conexão adicional entre o Templo de Salomão, a Maçonaria e Rosslyn é a descoberta recente, diretamente abaixo do Selo de Salomão, de uma câmara subterrânea com um longo túnel levando até o castelo. O Décimo Quarto Grau do Rito Escocês Antigo e Aceito da Maçonaria, que é chamado de "Grande Eleito, Perfeito e Sublime Maçom", descreve exatamente uma passagem subterrânea semelhante conectando o Templo do Rei Salomão com seu palácio em Jerusalém. O ritual inclui as palavras:

O rei Salomão construiu uma câmara secreta, à qual se tinha acesso através de outras oito câmaras, todas subterrâneas, e à qual chegava uma passagem comprida e estreita que vinha do palácio. O nono arco ou câmara ficava imediatamente sob o sacrário do templo. Nesse aposento o rei Salomão mantinha suas conversas particulares com o rei Hiram e Hiram Abiff.

Niven Sinclair, um empresário que devotou grande parte de sua vida e riqueza pessoal ao estudo de Rosslyn, contou a Chris Knight que, em 1997, um certo número de homens, incluindo o próprio Niven, tinham escavado sob Rosslyn e encontrado a câmara e a enorme passagem subterrânea que leva ao castelo, que fica a várias centenas de metros de distância.

As posições relativas e a topologia da Capela Rosslyn e do castelo estão o mais próximas quanto se pode chegar das do Templo de Salomão e do palácio do rei em Jerusalém. Ambos os túneis levam mais ou menos exatamente ao sul e descem por um vale.

Ninguém sabe se o Templo de Salomão, pelo menos como descrito na Bíblia com todo o seu fabuloso esplendor, realmente existiu. Mas podemos ter certeza que o conde William Sinclair achava que tinha existido e ele obviamente sabia do seu traçado secreto. As chances de ser por mero acaso que as características especiais de Rosslyn (tão absolutamente únicas entre "igrejas") correspondam a descrições detalhadas encontradas no ritual maçônico são de praticamente zero. Junte-se a isso uma série de fatos conhecidos e devemos certamente ter um elo 100% seguro entre a antiga Jerusalém, Rosslyn e a Maçonaria. Vamos resumir os pontos principais:

1. A única inscrição em Rosslyn é uma frase que, segundo uma lenda que tem pelo menos 2.000 anos, era a chave para a reconstrução do Templo de Jerusalém.

2. Um grau maçônico que chama seus membros de "Ordem dos Cavaleiros da Cruz Vermelha" (isto é, Cavaleiros Templários) se descreve como preocupado com a reconstrução do Templo de Jerusalém e cita exatamente a mesma frase que aparece em Rosslyn.

3. Palavras usadas nos rituais de outro importante grau maçônico dão significado a traços simbólicos encontrados em Rosslyn, por exemplo:

   "O Templo de Jerusalém";

   "A Chave do tesouro";

   "Um lugar onde uma coisa preciosa está escondida";

   "A própria coisa preciosa";

   "Nada está faltando a não ser a Chave";

   "Se podes compreender estas coisas, conheces o suficiente".

4. O ritual maçônico também descreve um traço secreto do Templo do Rei Salomão. Era uma câmara sob o sacrário que estava conectada ao palácio do rei. Rosslyn tem exatamente este componente conectando-a ao castelo.

5. Rosslyn é a *única* "capela" medieval conhecida que tem uma câmara subterrânea secreta conectada por um grande túnel a um castelo vizinho.
6. Pode-se demonstrar que a parede oeste de Rosslyn é absurda e as fundações para a igreja colegiada são uma fraude; contudo, o traçado da parede oeste é óbvia e deliberadamente uma cópia do templo herodiano.
7. A pedra usada para construir Rosslyn vem da mesma camada de rocha que a do templo herodiano em Jerusalém.
8. Rosslyn é, na verdade, uma mistificação – não é, e nunca foi, uma igreja. Muita gente, contudo, ainda insiste que é, apesar de uma avalanche de evidências e de opinião acadêmica dizendo o contrário.

Mas essa construção fabulosa ainda tem mais a revelar.

A Caixa de Luz

Outra descoberta recente, de novo feita por Alan Butler e John Ritchie, confirma a importância de Rosslyn em termos de sua posição geográfica e também o conhecimento astronômico de seus criadores. Graças à informação fornecida por um dos primos de John, que é membro da junta que administra a "capela", John e Alan foram alertados sobre uma estranha peça aparentemente de "decoração" que pode ser vista fora do edifício, sobre o vértice da grande janela do leste. Durante nova investigação, comprovou-se que era uma descoberta da maior importância, porque não é uma simples peça de ornamentação, mas um tubo sofisticado e propositalmente criado, destinado a permitir que a luz de qualquer objeto brilhante no horizonte passe através dele para o interior do edifício.

Esse tubo ou caixa de luz tem forma pentagonal, mas está colocado dentro de uma pirâmide. O tubo é forrado por algum tipo de material altamente reflexivo e tão eficiente que, quando uma lâmpada forte é acesa dentro dele, o reflexo é quase ofuscante. É ainda evidente que na extremidade interna do tubo existe algum tipo de filtro avermelhado, pois quando uma luz brilha através da caixa de luz vindo do exterior do edifício, a luz resultante dentro do edifício é vermelho-sangue.

Situada bem no centro da extremidade leste do prédio, a caixa de luz aponta para o horizonte distante. Assim, por exemplo, quando o sol se le-

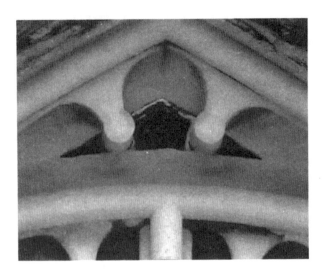

Figura 13. Vista exterior da caixa de luz na extremidade leste de Rosslyn.

vanta exatamente a leste na época dos equinócios da primavera e de outono, logo que ele clareia o horizonte, toda a intensidade de sua luz passa através do tubo para o interior. Isso só pode funcionar porque a orientação de Rosslyn é "exatamente" leste-oeste.

Mas não é apenas o sol que se levanta exatamente a leste na época dos equinócios, mas também os planetas Mercúrio e Vênus. A figura 14 é um mapa de um planetário virtual. Mostra o horizonte oriental, como visto de Rosslyn, como teria aparecido cerca de uma hora antes do amanhecer de 21 de setembro de 1456.

A linha curva na parte de baixo da figura representa o horizonte e a letra "L" simboliza o leste exato. Mercúrio e Vênus se acham lado a lado e a olho nu a luz combinada dos dois teria parecido convergir. Evidentemente, a capela estava apenas *iniciada* no dia desse acontecimento, mas logo que a caixa de luz estivesse concluída ela captaria acontecimentos como esse e enviaria sua luz para o corpo de Rosslyn.

Vênus por si só seria suficientemente brilhante para iluminar o interior através da caixa de luz, porque o tubo é espelhado por dentro e assim transmite com eficiência qualquer luz que caia dentro dele. Contudo, isso só seria possível ocasionalmente, quando Vênus estivesse muito próximo do Sol, surgindo como estrela da manhã durante os equinócios. Quando longe do Sol, e surgindo bem à frente dele, Vênus nasceria ao norte do leste

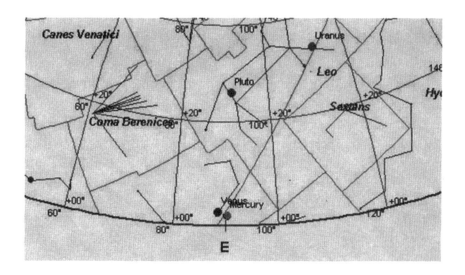

Figura 14. Mapa astronômico mostrando a Sagrada Shekinah que ocorreu em 21 de setembro de 1456 (Dia de São Mateus).

e viajaria depois para o sul, quando se erguesse no céu. Isso a colocaria além do alcance da caixa de luz.

Há outras ocasiões, que não os equinócios, em que Vênus lançaria sua luz pela caixa de luz, mas no século XV teria sido necessária a perícia de um astrônomo extremamente competente para calcular quando isso iria acontecer. O Sol, por exemplo, vai iluminar a caixa de luz no dia de São Mateus em 2007, e embora nesse momento Vênus vá ser uma brilhante estrela da manhã, ela só aparecerá na caixa de luz 48 dias mais tarde, em 8 de novembro às 3h05 da madrugada. Depois ela reaparecerá na caixa de luz exatamente oito anos mais tarde, em 8 de novembro de 2015, e no mesmo dia a cada oito anos pelo futuro distante.

Com paciência seria possível construir um quadro dos aparecimentos de Vênus na caixa de luz a qualquer tempo e, assim que estas tivessem sido estabelecidas, os padrões poderiam ser registrados, conservados e consultados sempre que necessário. A verdadeira Shekinah, isto é, a conjunção de Mercúrio e Vênus imediatamente antes do amanhecer, seria um fenômeno muito raro na caixa de luz.

O que é particularmente interessante é o fato de que um novo trabalho de cantaria nessa janela data apenas de meados do século que começou em 1800. Na medida em que o novo trabalho em pedra reproduz, sem a menor dúvida, uma caixa de luz original da janela, ele realmente sugere que ainda havia gente por ali, no século XIX, que sabia da importância e da finalidade da caixa de luz. Essa é a primeira indicação de que as Famílias da Estrela podem ter sobrevivido até tempos relativamente recentes – e provavelmente continuam ativas até os dias de hoje.

O conde William Sinclair e *sir* Gilbert Haye devem ter tido plena consciência das discrepâncias que existiam no calendário de sua época. Já nos tempos romanos, Júlio César introduzira um novo calendário para que o ano civil e o ano celeste corressem em harmonia. O calendário juliano, como foi chamado, tinha um ano de 365 dias e acrescentava um dia extra a cada quatro anos para compensar o fato de o ano solar ter a duração de cerca de 365 dias e um quarto. Contudo, embora um grande melhoramento, não era suficientemente preciso, porque o ano é de fato uma realidade muito fracionária, bem menor que 365,25 dias. Consequentemente, o ano solar ficava para trás no calendário um dia inteiro a cada 128 anos. No período da construção de Rosslyn, a discrepância entre o calendário civil e o calendário celeste andava por volta de nove dias. Como resultado, quando Rosslyn foi iniciada, o Dia de São Mateus e o dia do equinócio de outono não coincidiram como deviam. Já havia pedidos para uma mudança do calendário civil no século XV e Rosslyn foi especificamente construída com o conhecimento de que essa mudança seria mais cedo ou mais tarde implementada. O novo calendário gregoriano, decretado pelo papa Gregório XIII em 1582, ajustava as antigas discrepâncias e entrou em uso quase de imediato nos países católicos. Mas em outros lugares sua aceitação foi gradual e, na Escócia protestante, o novo calendário só foi implementado em 1752, de modo que, até essa data, o Dia de São Mateus e o dia do equinócio de outono jamais coincidiam em Rosslyn.

Rosslyn é uma das maravilhas da arquitetura britânica e até mesmo europeia e continua ocupando um lugar solitário, pois não existe nada realmente como ela em qualquer outra parte do mundo. A única conclusão lógica a extrair da evidência disponível é que se trata de um monumento às crenças das Famílias da Estrela, que recriaram, no alto da encosta de um belo vale escocês, a reprodução mais fiel que conseguiram fazer do edifício que era de importância crucial para suas crenças: o Templo de Jerusalém. A chamada "capela" era deliberadamente um farol para aqueles que "sabiam", mas isso poderia facilmente ter resultado em desastre tanto para os Sinclair quanto para os documentos enterrados se a Igreja Católica tivesse descoberto seu verdadeiro significado e objetivo. Era, portanto, indispensável que os segredos integrados a Rosslyn não se tornassem de conhecimento geral.

Rosslyn foi considerada o Templo da Nova Jerusalém que alojaria os preciosos manuscritos removidos de sob o templo herodiano pelos Cavaleiros Templários. Era importante para William Sinclair que as "chaves" intelectuais para a compreensão do edifício fossem transmitidas através das gerações, de forma sincera e fiel, por gente que não compreendesse o código de decifração.

Com tal objetivo, Sinclair acrescentou novos rituais aos ritos originais das Famílias da Estrela e dos Cavaleiros Templários. Associou isso à ostensiva metáfora da construção em pedra que estava corporificada nas guildas de maçons operativos que tinham sido estruturadas pelos templários. Várias gerações mais tarde, outro William Sinclair iria se tornar o primeiro Grande Mestre Maçom da Escócia – um título que, desse momento em diante, se tornou hereditário.

Os segredos do Templo da Nova Jerusalém ficaram intactos, à espera de um tempo futuro para serem revividos. O grupo da Família da Estrela que tinha se transformado nos St. Clair ou Sinclair da Escócia escolhera bem seu nome. "St. Clair de Rosslyn" significa em gaélico "conhecimento antigo transmitido pelas gerações".[9] Evidentemente, St. Clair era originalmente um nome francês de inspiração latina, mas a dupla associação em sua forma gaélica é particularmente interessante no contexto escocês.

O conde William Sinclair foi um homem de gênio. Rosslyn era o "hardware" e a Maçonaria transportava o "software". Só era preciso juntar os dois e rodar o programa.

Capítulo 9

O Segredo Sagrado

Uma considerável força de trabalho levou muitos anos para criar Rosslyn. Sua esplêndida coleção de arcos góticos e as impressionantes esculturas que cobrem as paredes, por dentro e por fora, exigiram artífices realmente da melhor qualidade – uma coleção de peritos que quase certamente não poderiam ser encontrados nas proximidades. Aqueles que construíram e adornaram Rosslyn teriam de ser atraídos, em sua maioria, de toda a Europa e registros da época mostram que o conde William Sinclair não só construiu casas para seus trabalhadores na nova aldeia de Roslin, mas também ofereceu salários extraordinariamente altos.

A razão pela qual William fez tanto pelos trabalhadores não se deveu apenas às suas habilidades – mas ao fato de esses homens ainda praticarem os rituais de iniciação que lhes tinham sido passados pela Ordem dos Cavaleiros Templários, há muito tempo extinta. Qualquer pedreiro qualificado poderia ter garantido a construção da estrutura, mas ninguém poderia afirmar que os segredos que se achavam em seu próprio cerne não se tornariam imediatamente de conhecimento público.

Durante muitos anos antes da chegada dos pedreiros, um grupo de maçons operativos da Família da Estrela tinha feito escavações profundas sob o local do novo templo. O dramático episódio dos baús de documentos resgatados do incêndio no Castelo Rosslyn em 1447 (*ver* p. 176) indica que nessa época os manuscritos essênios não estavam enterrados. Nove anos mais tarde, porém, em 1456, o local estava pronto para receber a pedra fundamental. Pode ser ou não uma coincidência que o processo de tornar a ocultar os manuscritos tenha levado nove anos, exatamente o tempo que os Cavaleiros Templários levaram para extraí-los de sob o arruinado Templo de Jerusalém, mais de três séculos atrás.

Desde que Chris Knight expôs seu argumento de que havia manuscritos essênios debaixo de Rosslyn,[1] quase todos imaginaram que seriam encontrados numa câmara subterrânea, cavada na rocha, por trás de uma porta blindada acessada por alguma escada oculta. Nada poderia estar mais longe da verdade.

A obra-prima de William Sinclair está construída sobre uns 40 metros de areia.[2] A intenção só pode ter sido devolver cada manuscrito a um ponto que correspondesse a seu lugar de repouso original sob o arruinado Templo de Jerusalém. Os Cavaleiros Templários terão mantido registros de onde cada documento foi encontrado, o que corresponderia às descrições fornecidas no Manuscrito de Cobre.

O Mistério da Ilha Oak

Neste ponto vale a pena fazer uma digressão em nossa história para refletir sobre uma pequena ilha nas águas costeiras da Nova Scotia (que significa "Nova Escócia"), no leste do Canadá. A Ilha Oak, de 56 hectares, fica apenas a algumas milhas da cidade de Halifax (hoje uma Municipalidade Regional), que compartilha seu nome com a cidade no Yorkshire da qual já falamos com referência a São João Batista (ver p. 141). É também a próxima parada para os navios ao sul da cidade de St. Johns – batizada em homenagem ao Batista.

A Ilha Oak é o lugar onde se suspeita que se encontre o tesouro dos Cavaleiros Templários, cuja frota escapou do porto francês de La Rochelle uma noite antes de o rei Filipe IV da França armar sua armadilha para capturar a ordem templária. A teoria parece ter alguma substância.

O mistério da Ilha Oak começou com escavações levadas a termo em 1795, quando um jovem chamado Daniel McGinnis e dois amigos encontraram um guincho de navio pendendo de um galho de árvore e, ao lado, uma depressão no solo. Cavaram um ou dois metros e descobriram um pavimento de lajes cuidadosamente assentadas, que aparentemente não atendia a qualquer finalidade numa ilha que jamais fora habitada. Cavaram mais na areia e, a três metros, depararam com uma plataforma feita de carvalho. Continuando a árdua investigação, descobriram novas plataformas a seis e depois a nove metros.

Alguns anos mais tarde, sob a suposição de que poderiam ter topado com a cova de um tesouro pirata escondido, foi formada por alguns empresários da região uma companhia chamada Onslow Syndicate para financiar uma nova exploração. As plataformas de carvalho continuaram a ser encontradas até que, a mais de 27 metros de profundidade, os escavadores deram com uma pedra onde havia um código gravado. A partir desse código deduziram que o tesouro estava apenas mais 12 metros abaixo. Contudo, o código pode ter sido uma pista falsa levando-os a uma armadilha, porque o poço logo ficou cheio de água do mar, o que durante 200 anos impediria uma nova escavação.

Tornou-se claro que uma série de túneis para trazer a água tinham sido cavados de enseadas em ambos os lados da ilha. Até hoje só foram encontrados uma corrente de ouro com uma volta, uma tesoura de ferro e um pedaço de pergaminho ilegível apesar dos milhões de dólares investidos em escavações – e de cinco pessoas terem perdido suas vidas.

Quer as descobertas da Ilha Oak remontem aos templários ou sejam mais antigas, elas trazem a marca de uma tecnologia semelhante àquela usada pelos templários e isso, por sua vez, pode nos dar uma pista do que poderíamos esperar encontrar debaixo de Rosslyn. Como na Ilha Oak, os segredos de Rosslyn estão depositados bem no fundo da areia – e é razoável esperar que tenham sido montadas armadilhas para os que não compreenderam as chaves de decifração embutidas no ritual maçônico.

O trabalho conduzido no subsolo naqueles nove anos anteriores a 1456 foi complexo e o túnel conectado ao Castelo Rosslyn deve ter sido um verdadeiro feito de engenharia.

A Guilda Secreta de Sinclair

Quando chegou a hora de erigir o edifício principal da "capela", o conde Sinclair precisou de operários – homens para o aparelhamento da pedra bruta e canteiros –, bem como de artistas, porque a certa altura todos os relevos de Rosslyn foram talhados com cores vibrantes. Para que os documentos permanecessem em segurança no novo esconderijo subterrâneo e ele e sua família não colidissem com as mesmas forças que tinham destruído os templários, Sinclair não poderia deixar de conceber algum meio de manter a lealdade dos trabalhadores. Mais uma vez ele recorreu ao conhecimento e aos recursos de *sir* Gilbert Haye. Gilbert tinha escrito muitos livros e traduzido muitos outros. Era um conhecedor de cavalaria, linhagens reais, filosofia e ciência, mas tinha também estudado algo que se mostraria de suma importância: pesquisara as corporações de ofício ou guildas e escrevera exaustivamente sobre elas.

A ideia dessas guildas recuava de tal modo no tempo que os historiadores achavam difícil dizer com certeza quando tinham aparecido pela primeira vez. Originalmente havia diferentes tipos de guildas, algumas religiosas, outras sociais e outras ainda criadas por razões de auxílio econômico mútuo, mas todas representavam grupos de indivíduos que tinham se unido por vontade própria em torno de uma causa comum. As guildas de comerciantes se desenvolveram muito cedo na Grã-Bretanha (pelo menos já em cerca de 1090). Elas geralmente estavam baseadas num local específico, por exemplo, Bristol, Canterbury ou Londres, e eram associações que tinham como propósito fundamental reservar todo o comércio num determinado local aos que pertenciam à guilda.

Isso fazia sentido no que dizia respeito à lei e à ordem porque as guildas de comerciantes eram autorregulatórias. Estavam tão interessadas nos aspectos morais e de respeito à lei da atividade comercial quanto no lucro. Cada membro de uma guilda local de comerciantes pagava uma soma anual que era destinada a sustentar as famílias de membros doentes ou falecidos e a educar seus filhos. Agindo e negociando de comum acordo, as guildas de comerciantes podiam salvaguardar seus próprios interesses e garantir a lisura e honestidade de seus membros.

As corporações de ofício tinham uma estrutura muito parecida com as guildas de comerciantes e, provavelmente, são tão antigas quanto elas. Uma das primeiras e mais importantes corporações de ofício foi a dos pedreiros, cuja existência parece remontar ao tempo do rei Athelstan da Inglaterra (governou de 924 a 939).

Obviamente era interesse dos que estavam envolvidos num determinado negócio ter o máximo possível de exclusividade. Ao se reunirem numa associação solidamente organizada, podiam regular seu ofício e conservar a exclusividade que assegurava trabalho futuro. Uma guilda era ao mesmo tempo um sindicato e uma federação de sindicatos porque era importante para todos os envolvidos. Jovens que se iniciavam numa profissão específica eram invariavelmente filhos de homens já empenhados no mesmo trabalho. Eles eram "confiados" a um mestre, que tinha a responsabilidade não apenas de ensinar-lhes a profissão, mas também de cuidar de seu bem-estar moral e espiritual.

Depois de uma aprendizagem formal e demorada, o rapaz ganharia o status de "companheiro". Findo um determinado período, depois de enfrentar uma sabatina de seus pares e geralmente também uma cerimônia especificamente preparada, o companheiro tornava-se mestre da profissão, podendo estabelecer seu próprio negócio.

A cantaria, acima de todos os ofícios, estava próxima da santidade. Embora a visão geral nos tempos medievais fosse que o trabalho com a pedra era apenas mais um ofício, as famílias que produziram os Cavaleiros Templários pensavam de modo diferente. Desde a Idade da Pedra, os astrônomos – os que compreendiam o funcionamento dos céus – tinham sido os sacerdotes e esses santos homens que sabiam como construir em pedra. Todas as estruturas de pedra pré-históricas eram feitas ou para observar e medir o mundo dado pelos deuses ou para objetivos relacionados com a morte e a vida após a morte. Estruturas como as de Maes Howe na Escócia, Newgrange na Irlanda, Bryn Celli Ddu no País de Gales ou Avebury na Inglaterra foram observatórios celestes que alteraram o modo das pessoas viverem.

Esses astrônomos-sacerdotes-pedreiros eram tão avançados que criaram, há mais de 5.000 anos, um sistema de mensuração baseado numa precisa unidade internacional de medida obtida por intermédio da observação da rotação da Terra com relação a Vênus. Alexander Thom, professor de engenharia da Oxford University que primeiro identificou sua existência, chamou esta unidade de "jarda megalítica" e sua quadragésima subdivisão de "polegada megalítica". A jarda megalítica era tão exata que foi determinada no nível de uma fração da largura de um cabelo humano.

Muito mais surpreendente é que as Famílias da Estrela parecem ter estado cientes desse sistema de medidas da Idade da Pedra. O peso da libra, introduzida pela primeira vez nas Feiras de Champagne (*ver* p. 133), é definido pela soma do cereal contido num cubo com os lados de 4 x 4 x 4 polegadas megalíticas. Quando cheio de água, o mesmo cubo contém precisamente um *pint* imperial!

Desde o momento em que recuperaram seus manuscritos perdidos em 1118, os Cavaleiros Templários começaram a assumir o controle das guildas de pedreiros passando-lhes antigos rituais de iniciação que não tinham sido usados desde o tempo de Cristo. Quando Herodes, o Grande, financiou pela primeira vez a reconstrução do Templo de Jerusalém em 19 a.C., só sacerdotes pedreiros tiveram permissão para construir a estrutura sagrada.

Não menos de 10.000 deles foram empregados durante os 90 anos de construção e cada um teve de passar por um ritual para que lhe fosse permitido trabalhar no posto que lhe era adequado. Do século XII em diante, os melhores pedreiros da Europa estavam compartilhando esses rituais antigos.

Essa nova instituição da Família da Estrela funcionava mais ou menos do mesmo modo que sua antiga predecessora. Os que se uniam aos cistercienses ou aos templários em seus primeiros e mais gloriosos dias nada sabiam da existência das Famílias da Estrela ou das crenças singulares e peculiares que se encontravam no centro de sua vocação. E foi desse modo que a coisa se colocou para talvez 90% dos monges cistercienses e Cavaleiros Templários do início ao fim de suas vidas. Só os poucos escolhidos, homens inteligentes que ascenderam através das fileiras para ocupar posições de autoridade, seriam um dia introduzidos nos "segredos internos" de cada ordem. Seriam homens leais e que tinham se mostrado capazes de proteger segredos menores, que de fato provavelmente não tinham real importância. Os possíveis candidatos para uma iniciação mais elevada seriam monitorados de perto, talvez durante décadas, antes de serem levados a participar de qualquer coisa verdadeiramente importante.

Os trabalhadores qualificados que foram levados para Rosslyn já eram iniciados nesses rituais dados pelos templários e estavam acostumados a guardar segredos, por isso Sinclair e Haye puderam ter certeza que os segredos de Rosslyn jamais se tornariam de conhecimento público. Mas agora o conde acrescentava todo um leque de cerimônias adicionais aos rituais de seus pedreiros – juramentos e normas que transformaram uma associação de ofício numa fraternidade muito mais profunda e ainda mais sigilosa. Nessa fraternidade se encontram as raízes do que se tornaria mais tarde conhecido como Maçonaria.

Graus e Rituais Maçônicos

O moderno Primeiro Grau da Maçonaria remonta quase certamente aos tempos do Antigo Testamento, enquanto o Terceiro Grau tem muitos milhares de anos e seus elementos-chave de ressurreição sob a luz de Vênus são indubitavelmente de origem pré-cananeia. Entre os novos graus que foram criados está o importantíssimo Sagrado Real Arco. Como já comentamos (*ver* pp. 198-9), esse grau está relacionado à reconstrução do Templo Sagrado e descreve como as escavações no local do templo arruinado levaram à descoberta de documentos que encerravam grande conhecimento secreto.

Como assinalamos, o grau contém as "chaves" simbólicas que anunciam o começo do processo necessário para revelar os segredos de Rosslyn – possivelmente segredos que foram encontrados nos manuscritos essênios. Ele também conta como o Templo de Salomão foi construído para permitir que a luz da Shekinah entrasse:

> Bezaleel foi o inspirado operário do Santo Tabernáculo, que construiu para alojar a Arca da Aliança e para permitir que a luz da Divina Shekinah brilhasse sobre ela. Seu projeto tornou-se mais tarde o modelo do Templo do Rei Salomão e se amolda a um padrão entregue por Deus, no Monte Horebe, a Moisés, que posteriormente se tornou o Grande Mestre da Loja de Israel.
>
> Esta graça foi sinalizada aos irmãos pela aparição no Oriente da Divina Shekinah, que representa a Glória de Deus aparecendo no Monte Sinai durante a entrega da Lei Sagrada.

Mais tarde, no mesmo rito, é feita menção ao fato de que o brilho da Shekinah não é necessariamente um acontecimento regular ou previsível. O ritual adverte que Deus pode remover, se assim o quiser, esse sinal de sua graça:

> Na consagração do Santo Tabernáculo e mais tarde na dedicação do Templo do Senhor pelo rei Salomão, a Divina Shekinah baixou de modo que sua luz brilhou sobre a Arca ou o Propiciatório que se encontravam no sacrário, cobertos pelas asas dos querubins, onde ela apareceu durante várias gerações, até que os israelitas se mostraram infiéis ao Altíssimo. E assim possa a luz da Maçonaria ser removida de todo aquele que se mostrar infiel ao seu Deus!

Como proteção extra, os iniciados da fraternidade do conde Sinclair eram persuadidos a prestar juramentos impondo obrigações. Até muito recentemente, os maçons repetiriam o mesmo tipo de juramentos que foram criados para Rosslyn – com ameaças de terríveis punições envolvendo partes do corpo sendo rasgadas ou decepadas se eles não protegessem os segredos. Naturalmente, os maçons modernos compreendem que isso é apenas ritual – ameaça simbólica – mas talvez não tenha sido esse o caso na Escócia do século XV. Era uma época violenta e homens poderosos como o conde Sinclair não apenas *representavam* a lei em seus domínios; eles *eram* a lei.

Os rituais, práticas e iconografia usados pela fraternidade de Rosslyn provavelmente não são muito diferentes das primeiras formas conhecidas usadas na Maçonaria. Seguindo as práticas habituais da guilda, os iniciados – o que nesse caso quase certamente significava qualquer pessoa envolvida no projeto de construção de Rosslyn – eram introduzidos como aprendizes, ascendendo finalmente à condição de companheiro e depois de mestre maçom.

É evidente que todos os envolvidos no projeto tinham de ser iniciados porque alguns dos segredos mais bem guardados, por exemplo a localização da câmara subterrânea, seriam conhecidos pelo mais simples e menos instruído dos trabalhadores. O objetivo do conde, portanto, foi criar um "clube" privado em que todos os envolvidos eram membros num nível ou em outro.

Sob muitos aspectos, Rosslyn pode ser considerada a primeira loja Maçônica, porque teria incluído maçons "não operativos" nos rituais – membros que, como a maioria dos maçons modernos, não eram realmente pedreiros. É significativo que entre esses homens estivesse o conde William e *sir* Gilbert Haye.

Quando Rosslyn foi concluída e os manuscritos retornaram em segurança a seu novo "Templo de Jerusalém", a segunda e terceira geração de trabalhadores partiu para buscar em outra parte trabalho na construção. E levaram seus rituais com eles.

Como os maçons modernos, teriam contado com sinais e símbolos – apertos de mão especiais, frases e gestos especiais – para que um membro pudesse imediatamente reconhecer outro.

A associação a essa primeira loja Maçônica teria trazido importantes benefícios. Se algum irmão fosse ferido ou caísse doente, a família receberia apoio e os filhos seriam instruídos e treinados no ofício da cantaria. Estes já teriam sido incentivos importantes numa época que carecia, de forma nítida, de qualquer tipo de segurança. Os membros tinham sempre acolhida e se tornavam parte de uma comunidade fechada – fortalecendo ainda mais os compromissos de sigilo que cercavam a misteriosa estrutura de Rosslyn. E assim a tradição se desenvolveu e foi mantida durante todo o período em que a construção estava ocorrendo.

Parece bem possível que, de início, a Maçonaria não tenha pretendido ser mais que isso, ou seja, simplesmente um meio de assegurar o compromisso de sigilo por meio da criação de uma irmandade mais ou menos secreta de autoajuda, com o respaldo de um dos homens mais ricos da Escócia. Só com a passagem do tempo e uma mudança nas circunstâncias a situação se alterou. As Famílias da Estrela logo enfrentariam uma nova ameaça e, paradoxalmente, algo que elas próprias tinham em parte provocado. Não muito tempo depois de Rosslyn ser concluída, acontecimentos na cristandade tomaram um rumo inteiramente inesperado. O que aconteceu alteraria tudo – e daria origem à Maçonaria propriamente dita.

Nesse meio-tempo, o conde William Sinclair morre em 1482 e é sucedido como lorde de Rosslyn por Oliver, um filho de seu segundo casamento. Seu outro título importante, conde de Caithness, foi para William, outro de seus filhos. Na ocasião da morte do velho conde, Rosslyn não estava de todo completa.

Relatos do período mostram que a Capela Rosslyn foi usada pelos Sinclairs e pelos habitantes da aldeia de Roslin do início ao fim de boa parte da primeira metade do século XVI. Sugere-se que a família Sinclair realizava seu próprio culto não na capela em si, mas na cripta. O acesso a esta é feito por um íngreme lance de degraus que descem do lado direito (sul) da Coluna do Aprendiz. A cripta tinha seu próprio altar e só podemos fazer suposições sobre a natureza do culto que ocorria lá nas décadas que se seguiram à conclusão desse novo Templo de Jerusalém.

De modo incomum para uma suposta igreja, Rosslyn já teve persianas que podiam ser fechadas sobre todas as janelas inferiores do prédio. Foi sugerido que isso acontecia porque as janelas em questão nunca tinham recebido vidraças, mas esse não é o caso. Fotos muito antigas da década de 1840 mostram que o edifício estava em geral em mau estado de conservação com algumas das janelas quebradas, mas as janelas inferiores sem a menor dúvida tinham vidraças. É verdade, porém, que não podemos saber quando essas janelas mais antigas foram colocadas.

Como já indicamos, há épocas em que a luz do planeta Vênus teria entrado na caixa de luz bem acima da janela leste nas primeiras horas da manhã. Se cerimônias de uma natureza maçônica estivessem ocorrendo em fins do século XV e princípios do XVI, as persianas teriam sido necessárias para manter a distância os olhares curiosos dos que não tivessem participação no que estava acontecendo. Na verdade, prover de persianas todas as janelas mantendo livre a caixa de luz ampliaria enormemente o efeito do brilho de Vênus entrando no edifício.

Cisões na Cristandade

Enquanto Rosslyn estava sendo concluída, nuvens escuras se agrupavam sobre a Europa católica. Com a morte do papa humanista Pio II (Enea Silvio Piccolomini) em 1464, o liberalismo e humanismo dos 30 anos precedentes foi impiedosamente esmagado. Os humanistas, provavelmente respaldados pelas Famílias da Estrela, revidaram. Foi praticado um atentado contra a vida do reacionário papa Paulo II, em 1468, mas o plano fracassou. Sucessivos papas foram se tornando cada vez mais agressivos e conservadores com relação às forças do humanismo representadas pelas Famílias da Estrela.

O papa Inocêncio VIII (1484-1492) fortaleceu a Inquisição, popularizou a queima de bruxas e magos e preconizou uma cruzada contra uma seita cristã, inofensiva e amante da paz, chamada valdense. O sucessor de Inocêncio, Alexandre VI (1492-1503) – o nome real era Rodrigo Bórgia – chegou ao papado por meio da manobra secreta e do assassinato.

Depois de Alexandre VI as coisas passaram de mau a pior. Gastando somas enormes em tesouros artísticos e luxo pessoal, sucessivos papas sentiram falta de dinheiro. Práticas como a venda de indulgências, introduzida pela primeira vez no século XIV, foram intensificadas em torno da virada do século XVI pelo papa Júlio II para financiar a restauração da basílica de São Pedro como a mais esplêndida igreja da cristandade. Uma indulgência era literalmente um bilhete expresso para o céu. Qualquer católico, mediante uma certa soma de dinheiro, podia adquirir sua libertação, ou mesmo a de parentes, das punições do purgatório. Os abusos eram comuns, sendo tanto ricos quanto pobres chantageados com a ameaça do fogo do inferno por inescrupulosos vendedores de indulgências. Juntamente com a lucrativa administração de locais santos, o comércio de supostas relíquias e uma centena de outros abusos praticados em nome da Igreja, em muitas regiões o papado se tornou uma fonte proverbial de corrupção e depravação.

O resultado seria uma reação inevitável que foi iniciada por Martinho Lutero (1483-1546), um brilhante monge agostiniano alemão, professor e teólogo, que nascera quando as obras finais eram realizadas em Rosslyn. Em seguida a uma série de sermões contra as indulgências, em 1517, Lutero redigiu, em latim, uma lista de 95 "teses" sobre a questão das indulgências, pedindo uma discussão (um debate público) sobre o assunto. Queria esclarecer exatamente o que as indulgências podiam ou não proporcionar, embora não questionasse expressamente o poder do papa para concedê-las. Nessa fase, Lutero não tinha intenção de romper com a Madre Igreja, mas simplesmente de iniciar um debate urgente com vistas a uma reforma.

Depois da famosa colocação das teses na porta da igreja do castelo de Wittenberg, a 31 de outubro de 1517, Lutero mandou uma cópia para seu superior, o arcebispo Albrecht de Mainz. Ia acompanhada de uma carta expressando suas preocupações com o tráfico de indulgências na arquidiocese de Albrecht. Embora Lutero não tivesse desafiado diretamente a autoridade papal, Albrecht se apressou a remeter a carta para Roma, sugerindo que Lutero estava implicitamente atacando o papa.

Uma ou duas gerações mais cedo, talvez a coisa não tivesse passado de um assunto local da Igreja alemã. Mas uma recente inovação tecnológica – a tipografia – permitiu que, em duas semanas, uma tradução alemã das teses de Lutero, impressa em massa, estivesse sendo lida de uma ponta à outra da Alemanha. Daí a dois meses, o nome de Lutero era conhecido em toda a Europa católica.

A princípio Roma desconsiderou Lutero como "um alemão bêbado que, quando estiver sóbrio, mudará de opinião". O papa Leão X ordenou uma investigação sobre os pontos de vista de Lutero, que concluiu que as críticas de Lutero realmente desafiavam a autoridade papal. Roma declarou Lutero herético.

Mas Lutero não mudou de opinião, longe disso. Uma combinação de crescente apoio alemão com a hostilidade de Roma tornaram-no mais determinado. Suas opiniões ficaram mais radicais e logo ele começou a denunciar toda a Igreja Romana, do papa para baixo, como materialista, corrupta, desprovida de autoridade legítima e antítese da Igreja fundada por Cristo (ou mais exatamente, da fundada por São Paulo). A Reforma havia começado e ia alterar a face religiosa e política da Europa.

Um por um, a começar da Alemanha, governantes seculares do norte da Europa seguiram Lutero na rejeição da autoridade papal, um movimento que convenientemente também permitiu que se apoderassem de ativos da Igreja e dos mosteiros. O futuro estava começando a parecer melancólico para muitas antigas instituições católicas, incluindo as abadias. Terras e construções monásticas foram confiscadas e os monges expulsos para o convívio social com pequenas pensões para levarem suas vidas o melhor que pudessem. Uma das prováveis vítimas dessa importante cisão na cristandade ocidental foi a enigmática ordem tironense de monges pedreiros (*ver* capítulo 6), que desapareceu da história.

A Reforma criou imensos problemas para as Famílias da Estrela e suas organizações afiliadas. Para elas, a fé protestante era pior do que aquela que tinha existido antes. Haviam passado centenas de anos se infiltrando na Igreja em Roma e as crenças estilo ebionita da Igreja de Jerusalém e das Famílias da Estrela vinham há muito tempo existindo dentro da Igreja Católica, ocultas dentro da armadura, da cerimônia e da iconografia do catolicismo. Em comparação com isso, o protestantismo era seco, austero, inflexível e muito comprometido com a Igreja paulina, que as Famílias da Estrela tanto desprezavam. O ebionismo havia sobrevivido, despercebido, dentro do catolicismo, como visco numa macieira, mas os ramos do protestantismo, como os severos interiores brancos de suas igrejas, não ofereciam possibilidade de encobrimento.

O protestantismo em sua forma calvinista finalmente se tornou a religião nacional da Escócia em 1560, quando o Parlamento escocês derrubou a doutrina, o culto e o governo da Igreja Católica Romana. Para o mundo exterior, a ideia foi que os Sinclairs de Rosslyn teriam permanecido obstinadamente agarrados à velha Igreja, mesmo se, agindo assim, corressem o risco de perder influência, prestígio e talvez, por fim, até mesmo suas vidas. A realidade da situação, no entanto, foi bem diferente. Como tantos herdeiros da Família da Estrela, eles ficaram imprensados entre dois fogos. Ebionitas geralmente não podiam deixar a cobertura de uma Igreja onde tinham, pelo menos, talhado um nicho secreto para si próprios, juntando-se a outra que achavam ainda mais difícil de engolir doutrinariamente e que não possuía cantos escuros para lhes proporcionar qualquer tipo de proteção.

Por todos os longos anos das guerras de religião, as Famílias da Estrela da Escócia mantiveram a cabeça baixa e sobreviveram o melhor que puderam. Durante o reinado da muito católica Mary, rainha dos escoceses (1561-68), uma furiosa turba protestante de Edimburgo irrompeu em Rosslyn. Arrancaram todas as estátuas de seus nichos do lado de fora do edifício, quebrando-as depois em mil pedaços. Com toda a probabilidade teriam causado um prejuízo ainda maior se um habitante local, chamado Cochran, não tivesse tido rapidamente a ideia de desviar a multidão para as adegas de vinho do Castelo Rosslyn, onde ela se serviu do vinho e escapuliu antes de os soldados chegarem.

Quase milagrosamente, a maioria dos entalhes dentro de Rosslyn sobreviveu, embora alguns mostrem sinais de considerável desgaste graças aos incessantes ventos do norte. Eles sopraram por décadas no interior depois que as persianas apodreceram e algumas janelas se quebraram.

O Novo Caminho para a Frente

O resultado das guerras religiosas do século XVI representou um impasse, com alguns países mostrando total apoio ao protestantismo reformado, enquanto outros, como França e Espanha, se mantinham presos à Igreja Católica. Quando a poeira começou a assentar, as Famílias da Estrela tiveram de encontrar um meio de seguir em frente. Sua determinação de construir a Nova Jerusalém e de criar o reino de Deus na terra continuou inalterada, mas tinha se tornado claro que nenhum ramo da fé cristã na Europa veria seus planos amadurecerem.

Naturalmente, a maioria das Famílias da Estrela estava obrigada a conservar publicamente algum tipo de fidelidade às fés católica ou protestante, dependendo do lugar onde vivessem, já que apenas o cristianismo, de um tipo ou de outro, era oficialmente tolerado. Mas ao mesmo tempo muitos membros da Família da Estrela tornaram-se partidários de subculturas semissecretas, como os rosa-cruzes, uma forma peculiar de pseudocristianismo místico que representava melhor as crenças e ideais da Família da Estrela. Eles também adotaram a nascente ideia do deísmo – que aceitava a existência de Deus, mas não tentava encaixá-lo numa visão de Igreja; estavam envolvidos com as forças ascendentes do humanismo, de cuja defesa tinham participado durante o século XV.

Na Escócia, as forças do protestantismo calvinista eram tão fortes e intolerantes que qualquer crença alternativa simplesmente não conseguia se sustentar. Lá, o único meio de expressar os ideais da Família da Estrela era fazê-lo em total sigilo, por intermédio de uma sociedade secreta. E evidentemente as Famílias da Estrela escocesas já possuíam uma sociedade desse tipo. Tinham-na criado por uma razão muito específica, mas ela continuara a funcionar mesmo após a construção de Rosslyn e sua influência estava se disseminando. No novo clima religioso, essa sociedade secreta se tornaria uma organização que permitia que os indivíduos celebrassem Deus da maneira que preferissem. A verdadeira Maçonaria estava prestes a nascer.

Os Estatutos de Schaw

A primeira evidência documental da existência da Maçonaria, que definitivamente não está diretamente relacionada ao ato de cortar e trabalhar a pedra, vem da Escócia nos anos de 1598 e 1599. Antes disso há menções de maçons, mas não está claro se elas se relacionavam ou não com maçons operativos, isto é, pedreiros que estavam realmente empregados na arte da construção. Foi com os estatutos de Schaw que a verdadeira Maçonaria moderna nasceu.

A figura central nessa época era o rei Tiago VI da Escócia (mais tarde Tiago I da Inglaterra), que era, com toda a probabilidade, um produto da coalizão Família da Estrela-normandos. Ele nascera de uma dinastia que veio do tronco normando na forma das influentes famílias Stewart (Stuart) e Bruce. O primeiro membro conhecido da casa de Stewart foi Flaald, o Senescal,* um nobre bretão do século XI de descendência normanda, enquanto a família Bruce era proveniente de Robert de Brus, um cavaleiro normando que chegou à Inglaterra com William, o Conquistador, e a quem originalmente foram concedidas terras em Yorkshire.

O rei Tiago nomeou William Schaw para o cargo de Mestre de Obras da Escócia no ano de 1584. Quatorze anos mais tarde, Schaw publicou um documento, ou estatuto, que fazia uma exposição completa das regras e normas sob as quais todos os maçons deviam atuar. É provável que, no fundamental, Schaw estivesse se referindo no primeiro estatuto aos verdadeiros pedreiros e canteiros. Suas ponderações, contudo, não agradaram a todos e, menos de um ano depois, ele foi forçado a convocar outro encontro que trataria de algumas questões que o primeiro estatuto não conseguira resolver. Talvez mais revelador seja o fato de que o encontro que levou ao segundo estatuto de Schaw tenha sido realizado em 24 de junho – dia de São João Batista.

Especificamente, os maçons de Kilwinning ficaram irritados porque o primeiro estatuto fazia menção específica de lojas em Edimburgo, mas não da loja de Kilwinning, cujos membros afirmavam ter precedência sobre todas as outras lojas em razão de sua antiguidade. Schaw tratou dessa questão no segundo estatuto, publicado em 1599. Mencionou Kilwinning pelo nome e admitiu sua venerável idade, declarando "que a loja era no-

---

* Antigo administrador dos bens de uma casa real. (N. do T.)

toriamente reconhecida [que era de conhecimento geral que a loja tinha aparecido] em nossos mais antigos escritos".

O mais notável de tudo é o fato de que o fraseado do segundo estatuto de Schaw parece levar em conta o fato de que, nessa época, a Maçonaria já era muito mais que uma corporação de ofício comum.

As Famílias da Estrela baseadas na Escócia sabiam que tinham uma grande responsabilidade, pois eram as guardiãs dos documentos essênios em seu novo templo sagrado de Rosslyn (*ver* capítulo 8). Os rituais que o conde William Sinclair havia concebido para conservar e proteger os segredos de Rosslyn tinham sido acrescentados aos antigos ritos transmitidos através das gerações desde o tempo de Salomão. Agora, esses rituais seriam usados numa base mais ampla para reunir todos os homens, católicos ou protestantes – ou mesmo judeus.

Os registros da Loja de Scoon [*sic*]* e Perth nº 3, que datam de 1598, declaram que o rei Tiago VI se tornou maçom em 15 de abril de 1601. Logo depois, Tiago decidiu que gostaria de se tornar o Grande Mestre Maçom da Escócia. Contudo, foi polidamente informado que não poderia ter essa posição porque se tratava de um título hereditário – mantido pelos Sinclairs de Rosslyn.

Em 1603, chegaram a Edimburgo as notícias de que a rainha Elizabeth I da Inglaterra estava morta e tinha nomeado o rei dos escoceses como seu herdeiro. Tiago VI imediatamente tomou o rumo sul de Londres para se tornar o rei Tiago I da Grã-Bretanha – e levou a Maçonaria com ele.

---

* *Scone*, uma localidade do leste da Escócia, era a palavra certa. (N. do T.)

Capítulo 10

Todos Irmãos

O entusiasmo pela Maçonaria do rei Tiago I da Inglaterra deve ter rapidamente atraído a imaginação de cortesãos no palácio real em Greenwich, perto de Londres, onde o novo monarca passou boa parte de sua vida (e onde, na vizinha Blackheath, ele também tem fama de ter apresentado seus súditos ingleses ao jogo de golfe escocês). Apesar da ausência de registros de loja para confirmar a presença do Ofício na cidade, outras fontes indicam que, em uma ou duas décadas, o Ofício certamente se tornou popular entre profissionais de toda a cidade.

Na Escócia, registros sobreviventes de loja mostram que um número crescente de figuras notáveis estavam se associando no início do século que começou em 1600.[1] Na loja de Santo André, em Fife, os membros usavam o jogo de golfe para encobrir suas atividades maçônicas. Eles mantinham registros maçônicos quando os tempos eram bons mas, quando havia alguma atitude negativa com relação ao Ofício, só mantinham relatos referentes a seu estranho jogo de taco e bola.

Praticamente não sobreviveram registros das atividades cumpridas pelas lojas inglesas desde a primeira metade do século XVII, ou porque nunca foram mantidos ou porque foram destruídos na época dos problemas políticos causados pela rebelião jacobita de 1715 (*ver* p. 237). Contudo, a evidência disponível sugere enfaticamente que exatamente o mesmo processo de aristocratização estava acontecendo na Maçonaria inglesa, à medida que figuras importantes entravam em número cada vez maior no Ofício.

O Documento de Inigo Jones

O grande arquiteto *sir* Christopher Wren foi Grande Mestre da Maçonaria durante a segunda metade do século XVII. Mas houve outro arquiteto, igualmente famoso, que foi membro do Ofício desde os primeiros anos do reinado do rei Tiago I. Seu nome era Inigo Jones.

Jones nasceu em 1573 nos arredores de Smithfield, na área central de Londres, e passou muitos anos estudando arquitetura na Itália antes de ser nomeado agrimensor real – um posto mais tarde ocupado por Christopher Wren. Uma das mais conhecidas construções de Jones é a Queen's House [Casa da Rainha] em Greenwich, construída para a esposa do rei Tiago, a rainha Anne da Dinamarca. O rei tinha sua corte em Greenwich, que foi na época um centro para a Maçonaria de Londres. Foi lá que o jovem arquiteto criou, em 1607, um documento maçônico hoje conhecido como "Manuscrito de Inigo Jones". Esse documento propõe-se a descrever a antiga natureza da Maçonaria:

BONS IRMÃOS e COMPANHEIROS, Nosso Propósito é lhes dizer como e de que maneira este Valoroso Ofício da MAÇONARIA foi iniciado; e posteriormente, como foi mantido e Encorajado por Valorosos REIS e Príncipes, e por muitos outros Homens Valorosos.

E TAMBÉM para aqueles que estejam aqui: Nós nos Responsabilizaremos pela Responsabilidade que cabe a Cada MAÇOM manter; POIS se eles prestam, em boa Fé, uma Boa atenção à coisa, ela vale a pena ser bem mantida, POIS A MAÇONARIA é um Ofício Valoroso, e uma curiosa CIÊNCIA, e Uma das ciências LIBERAIS.

OS Nomes das Sete ciências liberais são estes:

I. GRAMÁTICA, e esta ensina um Homem a Falar e escrever de verdade.

II. RETÓRICA, e esta ensina um Homem a Falar bem, e em termos brandos.

III. LÓGICA, e esta ensina um Homem a discernir a verdade da falsificação.

IV. ARITMÉTICA, que ensina um Homem a Calcular e a Contar toda sorte de Números.

V. GEOMETRIA, e esta ensina a um Homem o Limite e a Medida da Terra, e de todas as outras coisas; e essa CIÊNCIA é Chamada MAÇONARIA.

VI. MÚSICA, que Dá a um Homem Habilidade de Cantar, ensinando-lhe a ARTE da Composição & a tocar Diversos Instrumentos, como o ÓRGÃO e a HARPA metodicamente.

VII. ASTRONOMIA, que ensina um Homem a conhecer o Curso do Sol, da Lua e das Estrelas.

O documento prossegue narrando a transmissão desse grande conhecimento da época do Dilúvio em diante e descreve a construção do Templo do Rei Salomão por Hiram Abiff. Ele continua contando a história da reconstrução do Templo de Jerusalém por Zorobabel e de novo por Herodes. Jones também afirma que os pedreiros de Jerusalém viajaram para Glastonbury, na Inglaterra, no ano de 43 d.C.

Prestigiado pela realeza e pela Igreja, Inigo Jones – cuja Igreja de São Paulo, em Covent Garden, foi a primeira Igreja no estilo clássico da Inglaterra – esteve no centro da sociedade inglesa desde os primeiros anos do reinado do rei Tiago até sua morte em 1652. Não pode haver dúvida, portanto, de que o Ofício estava prosperando em Londres durante todo o século XVII.

O Caminho para a Guerra Civil

Em 1652, quando Jones morreu, Oliver Cromwell tinha temporariamente destituído o monarca com sua Comunidade da Inglaterra.* Isso havia acontecido graças a um acúmulo de acontecimentos com ramificações que iriam afetar a Maçonaria por quase dois séculos.

Geralmente se considera que o rei Tiago I foi uma das pessoas mais sábias e cultas que até hoje ocuparam o trono inglês. Deu continuidade ao patrocínio da ciência, literatura e artes iniciado pela rainha Elizabeth I e ele próprio foi reconhecido como um estudioso de talento graças a seus tratados (anônimos) como *A Verdadeira Lei das Monarquias Livres* e talvez a peça extremamente precoce de propaganda antitabagista, *Uma Vigorosa Reação ao Tabaco*.

---

* A **Comunidade da Inglaterra** (em inglês: *Commonwealth of England*) foi um governo republicano que exerceu o poder no Reino Unido entre 1649 e 1660. Depois do regicídio de Carlos I em 30 de janeiro de 1649, sua existência foi inicialmente declarada por meio de *Um Ato declarando a Inglaterra como Comunidade* pelo Parlamento em 19 de maio de 1649. (N. do T.)

A obra mais significativa associada ao rei foi, sem a menor dúvida, a nova tradução inglesa da Bíblia encomendada por ele, que se tornou conhecida como Versão Autorizada ou Bíblia do Rei Tiago. Ela começou em 1604 e a primeira edição foi publicada sete anos mais tarde.

A introdução à Bíblia do Rei Tiago expressa uma hostilidade à Igreja Católica bem ao gosto do público. Uma seção declara:

> Se [...] formos caluniados por Elementos Papistas no país ou no estrangeiro, que vão nos denegrir por sermos pobres instrumentos para tornar a sagrada Verdade de Deus cada vez mais conhecida do povo que eles ainda desejam manter em ignorância e trevas[...], podemos descansar tranquilos, com o suporte interior da verdade e inocência de uma boa consciência.

Essa irada rejeição do catolicismo revela uma nova perspectiva na qual "o povo" é visto como tendo um direito ao "conhecimento", em oposição à visão católica da época que se baseava em manter controle da fé não promovendo a instrução fora da própria Igreja.

Tiago morreu em 27 de março de 1625 e seu filho se tornou Charles I. O novo rei passou a ser impopular quase de imediato ao se casar com uma princesa francesa de 16 anos, Henrietta Maria, a católica – provocando um temor de que o novo rei abolisse as restrições aos católicos e minasse a instituição oficial do protestantismo. A prosperidade que a Inglaterra tinha desfrutado sob o governo longo e em geral criterioso de Elizabeth e Tiago levara ao surgimento de uma poderosa classe média. Era composta tanto de uma nova elite de proprietários rurais quanto de um setor comercial que progredia rapidamente e muitas dessas pessoas foram ficando cada vez mais desconfiadas dos planos políticos e das atitudes de Charles, suspeitando especialmente das tendências absolutistas de Charles I.

Como o pai, Charles acreditava firmemente num conceito conhecido como "direito divino dos reis"; em outras palavras, que os monarcas eram escolhidos por Deus e, portanto, Deus era a única entidade a quem tinham de prestar contas. Embora Charles I professasse o anglicanismo, suas inclinações para a High Church* não eram bem-vistas pelos protestantes mais

---

* Ala conservadora da Igreja anglicana. É a que está mais próxima do clero católico. (N. do T.)

radicais, que eram conhecidos como puritanos. Na época a Câmara dos Comuns estava dominada pela pequena nobreza rural e por comerciantes puritanos. O conflito com o intransigente Charles era coisa certa.

Charles tentou pôr em vigor medidas impopulares e, quando o Parlamento resistiu, ele simplesmente o dissolveu. Várias vezes governou sozinho, rompendo com antigos precedentes ao tentar aumentar impostos sem aprovação parlamentar. Em 1642, as tensões entre o rei e o Parlamento explodiram em guerra civil.

A guerra terminou em 1646 com a derrota de Charles, mas novas lutas tornaram a irromper em 1648. Logo depois Charles I foi levado a julgamento por traição e executado em janeiro de 1649. A monarquia foi abolida e a Inglaterra foi declarada república pelo líder das forças parlamentares, Oliver Cromwell.

Os Primeiros Maçons Registrados na Inglaterra

É desse grave período que temos o mais antigo registro remanescente, datado de 20 de maio de 1641, da iniciação de um maçom em solo inglês. Nessa data, *sir* Robert Moray foi levado para o Ofício por compatriotas escoceses em Newcastle, durante uma escaramuça na Inglaterra em apoio ao rei Charles (cuja política impopular inflamou uma guerra na Escócia antes mesmo da guerra civil na Inglaterra).

Isso é celebrado como a primeira iniciação de um maçom em solo inglês, se bem que, considerando que o rei maçom Tiago I chegara a Londres em 1603 e que o documento de Inigo Jones veio à luz em 1607, seja altamente improvável que Moray fosse de fato o primeiro maçom a ser iniciado na Inglaterra. É, contudo, a primeira ocasião cujos registros sobrevivem.

O mais antigo registro existente de um inglês sendo iniciado como maçom data da Guerra Civil. Elias Ashmole era o secretário da Ordem Pública do reino, baseado em Oxford, capital realista depois que Londres caiu em mãos do exército do Parlamento. Em 1646, após a rendição de Oxford, Ashmole viajou para Warrington ao norte, onde foi iniciado na Maçonaria em 16 de outubro, como ele registra em seu diário:

4h30 da tarde. Sou feito pedreiro-livre [*sic*] em Warrington, no Lancashire, com Coll: Henry Mainwaring of Karincham em Cheshire.

Os nomes dos que eram então da Loja: Mr. Richard Penket, guardião; Mr. Tiago Collier, Mr. Richard Sankey, Henry Littler, John Ellam, Richard Ellam e Hugh Brewer.

No dia seguinte mesmo Ashmole partiu para Londres, o baluarte parlamentar. Foi uma jornada difícil – de carruagem, por estradas péssimas – e também um empreendimento perigoso, já que todos os antigos altos funcionários realistas estavam obrigados por lei a se manter fora de um raio de 32 quilômetros da cidade. Contudo, sua visita certamente não foi clandestina, como uma fonte escreveu em 1650: "Ele [Ashmole] faz seu domicílio em Londres, não obstante o Ato do Parlamento em sentido contrário".[2]

Pouca dúvida pode haver de que a estranha jornada de Ashmole de Oxford a Londres através da distante cidade de Warrington era parte essencial de um plano. Parece que sua única esperança de ser admitido na capital parlamentar era se tornar um irmão maçom.

Muita gente especulou que o próprio Cromwell seria um maçom, mas até hoje não existem documentos para confirmar isso. Contudo, é quase certo que muitos de seus oficiais mais antigos eram membros do Ofício. Por exemplo, *sir* Thomas Fairfax, comandante do "Exército de Tipo Novo" de Cromwell era maçom e a morada de sua família em Ilkley, Yorkshire, ainda conserva seu próprio templo maçônico datando dessa época.

Ashmole, presumivelmente por meio de seus novos contatos no Ofício, teve permissão de entrar em Londres e ficar lá. Alguns anos após a guerra, em 17 de junho de 1652, ele registra um encontro em "Blackfriers" [sic]* com uns certos "Doutor Wilkins & Mr. Wren". Wren era o astrônomo e arquiteto Christopher Wren, que entraria em cena reconstruindo as igrejas de Londres, incluindo sua obra-prima nessas reconstruções, a Catedral de São Paulo, depois do Grande Incêndio de 1666. Wren estava destinado a se tornar o Grande Mestre da Maçonaria em Londres.

Na época, Wren era um jovem professor do Wadham College, em Oxford, do qual o dr. John Wilkins, também maçom, era o supervisor ou diretor. Wilkins era também cunhado de Oliver Cromwell e, mais tarde, se tornou bispo de Chester e membro fundador – juntamente com o Irmão *sir* Robert Moray, o homem que se tornara maçom em Newcastle, em 1641 – da Royal Society.

---

* Isto é, Blackfriars. (N. do T.)

Essas eram algumas das pessoas mais importantes do seu tempo e parece que a Maçonaria era o denominador comum. Embora o diário de Ashmole seja o primeiro registro físico de um inglês sendo iniciado como maçom, parece ter havido uma importante infraestrutura maçônica instalada em Londres e, ao que parece, também em cidades como Warrington, bem antes de 1646.

Em 1660, a monarquia foi restaurada depois da morte de Oliver Cromwell, em 1658, e do breve governo de seu filho Richard. O novo rei, Charles II, retornou do exílio na Europa com promessas de tolerância religiosa e um perdão geral para todos, exceto para os que tinham assinado a sentença de morte do seu pai.

Uma Nova Sociedade Maçônica

Em novembro desse ano, *sir* Robert Moray convidou um grupo de cientistas e pensadores influentes para um encontro no Gresham College, em Londres. Muitos desses homens já eram maçons e outros logo seguiriam o seu exemplo. O rei precisava de conselheiros e Moray estava determinado a reunir o que de melhor pudesse encontrar – independentemente de quais pudessem ter sido suas lealdades anteriores. O resultado desse encontro foi a formação da Royal Society [Real Sociedade de Londres], a primeira instituição verdadeiramente científica no mundo.

O núcleo da Royal Society, que se autodenominou "O Colégio Invisível", tinha se reunido informalmente no Gresham College já em 1645. Alguns analistas afirmam que não existe prova de que todos aqueles que participaram do Colégio Invisível fossem maçons, mas desde seu primeiro encontro a Royal Society foi governada por princípios tirados diretamente da Maçonaria. Como qualquer loja maçônica, a sociedade tinha três oficiais em exercício e decidiu, desde o início, evitar de maneira estrita discussões sobre política ou religião. Além disso, o sistema de votação usado pelos membros era idêntico ao usado na Maçonaria. Sob tais circunstâncias, parece justo sugerir que uma grande proporção dos membros da Royal Society já eram maçons desde o primeiro momento.

As pessoas que criaram a Royal Society foram os mesmos indivíduos a quem coube a responsabilidade pela reconstrução de Londres depois do Grande Incêndio que destruiu dois terços da cidade em 2 e 3 de setembro de 1666. Tinha começado numa padaria e se espalhara rapidamente, atiçado por ventos fortes. Alguns puritanos viram nisso uma punição de Deus devido aos hábitos devassos de Charles II e sua corte, enquanto outros ficaram simplesmente atônitos ante a destruição de uma cidade tão grande e próspera. O centro comercial da Inglaterra se fora, incluindo a maior parte de suas igrejas.

Por mais transtornados que possam ter ficado por causa da perda de suas propriedades na cidade, os membros da Royal Society sem dúvida também viram naquilo uma grande oportunidade. Quando ressurgisse das cinzas, Londres seria um modelo das aspirações e do simbolismo maçônicos.

Wren: Mestre Maçom da Inglaterra

Figura ímpar entre os membros da Royal Society era Christopher Wren, um homem que podia pôr sua mão em qualquer coisa na esfera criativa. Como Wren, a maioria dos membros maçons da Royal Society acreditava que a Londres construída de novo representaria a Nova Jerusalém num sentido muito real e concreto.

A mais importante construção a sucumbir às chamas do Grande Incêndio fora a Catedral de São Paulo. A catedral poderia ter sido reconstruída em sua antiga forma medieval, mas Wren, que foi encarregado da reconstrução, viu a oportunidade de substituí-la por alguma coisa totalmente diferente.

Wren nascera em East Knowle (East Knoyle), Wiltshire, em 1632, sendo filho de um ministro da Igreja anglicana. O velho Wren foi mandado para servir em Londres e também em Windsor, e foi lá que o jovem Christopher Wren travou conhecimento com Charles, filho mais velho do rei Charles I. Os dois se tornaram grandes amigos e Wren prestaria serviços a Charles depois de este se tornar rei.

Wren foi gradualmente se transformando num cientista versátil, com interesse específico em astronomia, mas também um conhecimento profundo de anatomia e arquitetura. Não era uma época de especialização científica, por isso seus diversos interesses não são surpreendentes. Contudo, a mente inquieta de Wren em seus anos de mocidade não passou despercebida. Um quase contemporâneo dele na Royal Society disse a seu respeito: "A difusão de suas aptidões é tão espantosa e frustrante para nós quanto, muito possivelmente, acabou sendo também para ele próprio".[3]

Em 1657, três anos antes da restauração da monarquia, Wren tornou-se professor de astronomia no Gresham College, aquela mesma instituição onde a Royal Society nasceria alguns anos mais tarde e local de influência indubitável da Família da Estrela. Ele era membro do Colégio Invisível, que se reunia no mesmo edifício numa base irregular e não oficial. Embora geralmente mantido ocupado por seus estudos astronômicos e matemáticos, já em 1663 Wren mostrara sua capacidade como arquiteto quando projetou a capela do Pembroke College, em Cambridge.

Quase imediatamente depois do Grande Incêndio, Wren foi nomeado Comissário para a Reconstrução de Londres. Desse ponto em diante sua carga de trabalho foi fenomenal. Projetou não menos de 51 igrejas, assim como numerosos edifícios públicos e privados. Felizmente para Londres, e apesar da imensa pressão do trabalho, Wren teve uma vida muito longa. O resultado é que grande parte da cidade de Londres, como ela agora se apresenta, é um monumento à perseverança e ao talento de Wren.

Não se sabe exatamente quando Wren se tornou maçom. Segundo algumas fontes, não foi antes de 1691, mas outro fundador maçônico da Royal Society, John Aubrey, afirmou que Wren fora maçom de destaque desde 1660, o que parece mais provável. De fato, quando se olha para duas de suas criações, as credenciais maçônicas de Wren se tornam evidentes muito antes de 1691. Essas obras-primas são a Catedral de São Paulo, sua obra maior, e o Monumento construído como memorial do Grande Incêndio no ponto aproximado onde ele começou.

O Novo Templo de Londres

Segundo o escritor Adrian Gilbert,[4] quando Wren traçou os planos para a nova Catedral de São Paulo, preferiu orientar o edifício oito graus a nordeste, o que era substancialmente diferente da orientação do edifício original. (Como dissemos anteriormente – ver p. 184 –, a maioria das Igrejas britânicas estava alinhada com a parte do horizonte oriental onde o sol se levantava no dia de seu santo padroeiro. No caso de Londres, no dia de São Paulo, 29 de janeiro, ela deveria estar 30 graus a sudeste e não oito graus a nordeste.)

A posição dada por Wren à Catedral de São Paulo significava que a extremidade oeste da Igreja ficava em linha direta com a velha Igreja do Templo, localizada num bairro que não fora destruído pelo Grande Incêndio. A Igreja do Templo, que ainda se acha de pé, está na área da sede de Londres dos Cavaleiros Templários. Gilbert sustenta que Wren tomou essa decisão com Jerusalém em mente. A Igreja do Templo em Londres, como muitas outras igrejas templárias, é uma cópia da Igreja do Santo Sepulcro em Jerusalém e sua relação com a Catedral de São Paulo, que recebera um novo domo, era a mesma que a relação entre a Igreja do Santo Sepulcro e o Domo da Rocha, em Jerusalém.

Uma vez definido isso, a Colina de Ludgate, na qual se acha a Catedral de São Paulo (e onde também se localiza o que é provavelmente o mais antigo templo pré-cristão de Londres), assumia agora a posição do Templo de Salomão em Jerusalém. Parece haver pouca dúvida de que Wren estava inteiramente familiarizado com a topografia da Cidade Santa e que tentava representá-la simbolicamente na Londres reconstruída.

Um Monumento para o Ofício

A Catedral de São Paulo era impressionante, mas de um ponto de vista maçônico o Monumento a Londres a supera. Embora seja um empreendimento muito menor, seu rico simbolismo fala realmente muita coisa sobre os maçons de Londres naquele período e acerca de quais eram realmente suas crenças e aspirações.

O Monumento se encontra na Fish Street. É uma coluna dórica muito grande, que contém uma escada para que os visitantes possam chegar a seu topo. Com 202 pés [entre 61 e 62 metros] de altura, teria tornado pequenos quase todos os edifícios ao seu redor quando foi concluída em 1677. Ostensivamente o Monumento era apenas isto: uma estrutura especificamente construída para rememorar o Grande Incêndio. Mas Wren pôs em sua construção toda uma série de mensagens codificadas que só fariam sentido para o eleito do Ofício.

A ideia do monumento era que sua altura seria a mesma que a distância entre a base e a padaria em Pudding Lane onde o fogo havia começado. Mas por que então Wren optou por 202 pés, quando teria sido mais simples arredondar isso para 200 pés? Segundo Gilbert, a resposta se encontra na sombra lançada pelo Monumento. A posição de Londres no globo é tal que, durante o solstício de verão (21 de junho), o Sol cruzará uma linha unindo os horizontes leste e oeste duas vezes com seu zênite (altura máxima), uma por volta das 09h22 da manhã no leste e a segunda vez por volta das 04h43 da tarde no oeste. Em ambas as ocasiões o observador vai notar que a sombra lançada pelo Monumento será de 350 pés [106,7 metros]. Isso nos dá uma razão de $1:\sqrt{3}$ entre a altura do Monumento e o comprimento de sua sombra. Bem versado como era em astronomia e matemática, Wren não pode ter deixado de apreciar o fato e esse é quase certamente o motivo pelo qual o Monumento tinha de ter 202 pés de altura e não arredondados 200 pés.

A razão acima é a da *vesica piscis* ("bexiga de peixe"), uma estranha e antiga figura geométrica que os arquitetos empregavam repetidamente para determinar o traçado das construções, particularmente das igrejas.

Figura 15. A *Vesica Piscis*.

A *vesica piscis*, também conhecida como *mandorla* ("amêndoa") é essencialmente criada pela interseção de duas esferas e é uma figura repleta de simbolismo antigo. Em tempos remotos, foi encarada como representação da conjunção do Deus e da Deusa (provavelmente, pelo menos em parte, porque lembra uma vagina). Pode, portanto, ser vista também como profundamente simbólica da Shekinah. Certamente era um símbolo repleto de conotações místicas e foi frequentemente associado ao signo zodiacal e constelação de Virgo, a Virgem.

Vendo a coisa isoladamente, poderíamos achar que a relação da sombra do Monumento com sua altura não passasse de uma estranha coincidência. O fato, porém, é que temos mais informações sobre o pensamento dos homens que criaram a estrutura. A base do Monumento traz uma série de frisos em relevo. Um deles foi criado por Caius Gabriel Cibber, mas foi encomendado por Wren. Mostra Londres como uma deusa, mas uma deusa que está nitidamente cansada e aflita, a espada da justiça (um dos símbolos de Londres) prestes a cair de suas mãos. Adrian Gilbert equipara isso a um verso das Lamentações de Jeremias na Bíblia: "Como jaz solitária a cidade populosa! Tornou-se como viúva [...]!"[5]

A cidade descrita nas Lamentações não é outra senão Jerusalém. Na placa à direita da "deusa" de Londres vemos outras deusas, uma das quais está derramando a cornucópia ou "chifre da abundância" pela cidade. A cornucópia é outra figura repleta de simbolismo maçônico.

São todos generosos símbolos de renascimento, o que é inteiramente apropriado em termos da recriação da cidade de Londres. Teriam significado pouca coisa para o não iniciado, que sem dúvida encara o Monumento pelo seu significado aparente. Mas para os novos cientistas da época e especialmente para os maçons, Londres estava passando por sua própria cerimônia de "terceiro grau" de morte e renascimento.

Parece que Wren originalmente queria a estátua de uma deusa mais alta que o Monumento, mas isso teria se mostrado excessivamente caro. Igualmente dispendiosa (e, por alguma razão, um tanto desorientadora, segundo o próprio julgamento de Wren) teria sido sua segunda sugestão, uma fênix. No final a comissão, por sugestão de Wren, preferiu uma grande urna com uma orbe solar emergindo dela. Não causa surpresa que Wren acabasse propondo essa opção, pois ela representa parte do código necessário para calcular a relação tipo *vesica piscis* que existe entre o Monumento e sua sombra no momento do solstício de verão. Ao mesmo tempo, reflete a alegoria solar que está no centro da Maçonaria.

O mesmo fascínio com os movimentos do Sol foi mostrado pelos essênios em seu reduto no deserto, 1.600 anos antes do incêndio de Londres e de sua ressurreição. Os essênios, como vimos, conservaram um calendário solar quando a corrente dominante do judaísmo adotou o lunar, da Babilônia; na verdade, uma razão fundamental para os essênios passarem a constituir uma seita distinta foi, antes de mais nada, esta determinação em manter a herança solar do clero especial de Salomão (*ver* p. 52).

Uma Era de Racionalidade

Depois da Guerra Civil e a austeridade da república puritana, a monarquia restaurada desembocou numa era de racionalidade, caracterizada por um notável espírito criativo. Com certo atraso, o resgate dos estilos clássicos de arquitetura, que havia começado na Itália durante o Renascimento, floresceu na Inglaterra pela primeira vez durante esse período. Houve, pelo menos por pouco tempo, um sentimento de grande confiança com relação ao futuro. As antigas diferenças de religião pareciam ter se extinguido e uma trégua um tanto desconfortável entre católicos e protestantes prevaleceu durante o restaurado regime monárquico de Charles II. O comércio e os negócios voltaram ao normal e depois prosperaram na nova era da Restauração.

Os sinais sugerem que a associação maçônica estava ganhando força entre as classes médias ascendentes e os livres-pensadores mais radicais, cujos efetivos tinham aumentado desde o Renascimento e desde a Reforma dos séculos precedentes. É provável que, nessa época, o ritual maçônico também tenha recebido um incentivo por meio de influências imprevistas, jamais imaginadas por aqueles que o tinham criado. Havia um interesse crescente pelo estudo da história e a impressão em massa unia-se a um uso cada vez maior do inglês, em vez do latim. Os livros levavam obras de gabarito a uma classe média cada vez mais instruída e informada, que começava a sentir um fascínio pelos mistérios do passado.

Teatrólogos e poetas louvavam um período tranquilo, meio mítico, identificado com a ascensão da antiga Grécia, caracterizado por um idílio rural em que as pessoas tinham vivido em harmonia com a natureza e com as leis naturais. Essa fascinação por uma Arcádia perdida levou a um interesse renovado pelas antigas religiões iniciáticas da época clássica, particularmente as de Deméter e Ísis. Viajantes intrépidos traziam visões excitantes do esplendor que tinham sido a Babilônia e o Egito, enquanto o próprio passado misterioso da Grã-Bretanha – a época dos druidas semimíticos e da construção de grandes monumentos megalíticos, como Stonehenge – também alimentava a imaginação coletiva de fins do século XVII e início do XVIII. Aspectos desse passado pouco compreendido, mas que ainda assim despertava grande interesse, penetraram na Maçonaria em desenvolvimento.

No coração da Maçonaria, porém, ainda se encontravam seus mistérios originais, postos lá pelas Famílias da Estrela de modo a garantir sigilo acerca de questões que não eram para consumo público. Acima de tudo, a Maçonaria ainda abrigava, em seu íntimo, os imperativos dos ebionitas joanitas, agora, desde a Reforma, removidos do manto – e portanto das restrições – do cristianismo dominante. A Maçonaria oferecia um "caminho diferente", que podia ser bem recebido por aqueles de mente aberta. Ele se ajustava bem aos homens de ciência, cuja ascensão estava marcada pela criação da Royal Society em Londres. Somente os que estudavam longa e arduamente, sem hesitar diante dos aspectos mais místicos da Maçonaria, poderiam ter percebido a joia que se achava em seu centro. A Maçonaria representava uma ponte importante que levava do dogma do cristianismo estabelecido para a meta, menos espiritualmente certa, da ciência.

Pela sua própria natureza, a Maçonaria adotava a liberdade de consciência, essa liberdade que ia se tornar uma divisa pelo mundo afora nos séculos futuros, abraçando a ideia de que qualquer pessoa tinha a possibilidade de atingir sua própria *gnose* pessoal – o conhecimento de Deus ou compreensão do universo, sem recurso ao papa ou ao pregador.

No início do século XVIII, vendo a prosperidade crescente da Grã-Bretanha empurrada pelo despontar da revolução agrícola e pelas primeiras pontadas da industrialização, as pessoas começavam a falar abertamente sobre um país britânico que realmente poderia ser "A Nova Jerusalém".

Depois dos altos e baixos de um passado turbulento, as Famílias da Estrela – membros das quais devem certamente ter se movido no coração da sociedade de Londres – teriam se dado por satisfeitas em perseguir esse objetivo por meio da Maçonaria, a mais recente camuflagem para suas crenças e atividades. Elas haviam por fim se deslocado para uma posição em que não precisavam absolutamente mais da Igreja, fosse qual fosse a denominação. Isso foi importante, porque as manteve acima das contínuas vicissitudes sectárias dos reinados dos últimos Stuarts.

Um Tempo de Tumulto

O rei Charles II tinha mantido uma linha prudente em assuntos de religião. Mas Tiago, seu irmão e herdeiro, era católico e, depois da morte de Charles em 1685, não demorou muito para o novo rei se envolver em problemas. Entre vários atos instantaneamente impopulares, Tiago II procurou abolir procedimentos penais contra os católicos e pôr a Igreja anglicana sob estrito controle. Essa e outras medidas fizeram o descontentamento se espalhar por toda a nação e, em 1688, Tiago foi forçado a fugir para o exterior. Declarou-se que ele abdicara e o Parlamento ofereceu o trono à sua filha e ao genro protestantes, Mary e William de Orange, o líder holandês. William era também sobrinho de Tiago II e primo de Mary.

A destituição de Tiago II ficou conhecida como "Revolução Gloriosa", embora fosse realmente um *coup d'état* parlamentar em que pouco sangue foi derramado (embora o subsequente desembarque de Tiago na Irlanda tenha levado a uma dura campanha militar na qual ele foi finalmente derrotado em 1690).

A chegada de William à Grã-Bretanha, com uma força de 15.000 soldados, foi tornada possível pelas ações de um grupo de homens conhecidos como os "Sete Imortais". Esses homens eram em sua maioria aristocratas e se pode comprovar que pelo menos quatro deles foram maçons. Os Sete Imortais estavam certamente respaldados por uma considerável parcela da população e é interessante observar que membros ilustres da Royal Society, mais destacadamente *sir* Isaac Newton, colocaram em risco suas carreiras, e de fato suas vidas, fazendo frente a Tiago II.

O rei William III (1688-1702) e a rainha Mary II (1688-1695) eram primos (ambos netos de Charles I) e governaram conjuntamente como soberanos. Não tiveram filhos sobreviventes, por isso com a morte de William em 1702 (Mary morreu em 1695) o trono passou à irmã de Mary, Anne.

Ela reinou por doze anos, mas nenhum de seus filhos – ficou grávida não menos de dezoito vezes – sobreviveu. O Ato de Assentamento de 1701 excluía os católicos do trono e, com a morte de Anne em 1714, a coroa passou para o mais próximo herdeiro masculino protestante, o Eleitor George de Hanôver, que era bisneto do rei Tiago I. Com a chegada do rei George I, o governo dos Stuarts se encerrou e começou a era hanoveriana.

Mas os Stuarts exilados não renunciaram às suas pretensões e ainda tinham seus partidários, conhecidos como jacobitas (de *Jacobus*, a palavra latina para Tiago). Em 1715, houve uma revolta na Escócia em defesa de Tiago Stuart (o "Velho Pretendente"), filho de Tiago II, mas ele sofreu uma dupla derrota dos hanoverianos nas batalhas de Preston, em Lancashire, e Sheriffmuir, perto de Stirling. Tiago Stuart escapou de novo para o exílio na França. Os líderes jacobitas, lordes Derwentwater e Kenmure, foram publicamente decapitados em Londres. Sete outros nobres envolvidos na rebelião foram executados e outros ainda tiveram suas propriedades confiscadas, enquanto centenas de seus soldados e partidários eram transportados para o Caribe e para as colônias americanas.

Maçons sob Suspeita

De repente as coisas começaram a ficar perigosas para os maçons. Apesar de eles tentarem se manter acima das questões sectárias, espalhou-se por Londres que os maçons eram simpatizantes jacobitas devido à sua íntima ligação anterior com o trono Stuart. As pessoas estavam cientes de que a Maçonaria viera da Escócia e que era também muito popular na França (*ver capítulo12*); ao mesmo tempo, ninguém de fora sabia o que se passava nas reuniões maçônicas ou qual era o objetivo da sociedade. O sigilo engendra suspeita e a suspeita leva rapidamente a uma pressuposição de culpa.

Muitos maçons temiam uma investigação acerca de suas atividades. Embora os membros tivessem pouca estima pelos jacobitas, as lojas sem dúvida possuíam muito material sobre uma série de mistérios e outros assuntos esotéricos, que poderia facilmente ser mal interpretado como paganismo velado – até mesmo feitiçaria – por alguém movido pelo interesse de encontrar alguma falta.

Por esse motivo, a maioria dos maçons abandonou suas lojas e se humilhou; muitos repudiaram publicamente as lojas e uma loja atrás da outra fechou as portas. Mesmo o Grande Mestre, *sir* Christopher Wren, não teria mais qualquer relação com o Ofício, pelo menos em público.

Wren tinha razão em manter distância. Além de ter se tornado o Grande Mestre da Maçonaria, fora também membro fundador da "Loja de Druidas do Filósofo", em 1674, e presidira a "Loja de Druidas Meca" em 1675. Não eram atividades que pudessem ser favorecidas se o novo regime exigisse um inquérito oficial sobre o Ofício e seus principais membros.

A Grande Loja e a Antiga Ordem dos Druidas

Estava claro para o principais maçons de Londres que, se queria sobreviver, o Ofício teria de se adaptar radicalmente às novas realidades políticas.

Um encontro de seis lojas remanescentes foi realizado na taberna Goose and Gridiron na quinta-feira 24 de junho de 1717 – dia de São João Batista, uma data que também assinalava o meio do verão.

Na ocasião, duas lojas decidiram que era perigoso demais fazer um encontro tão visível e não compareceram. As três lojas que de fato chegaram à Goose and Gridiron [Ganso e Grelha], no adro da Catedral de São Paulo, na data marcada, foram a da Apple Tree Tavern [Taberna da Macieira], em Covent Garden, a da Crown Ale House [Cervejaria da Coroa], perto da Drury Street, e a da Rummer & Grapes Tavern [Taberna Poncheira & Uvas], de Channel Row, Westminster. A quarta era a loja da própria Goose and Gridiron.

Três das lojas tinham apenas quinze membros cada, enquanto a Rummer & Grapes dominou o encontro com uma impressionante soma de setenta membros. No encontro, as quatro lojas de Londres agruparam-se unilateralmente numa "Grande Loja" de Londres e Westminster. Anthony Sayer foi o primeiro Grande Mestre da nova loja. Os dois outros membros mais antigos, guardiões da nova ordem, foram Jacob Lamball e Joseph Elliot.

Na nova Grande Loja, Sayer e seus principais oficiais voltaram-se para o tema de separar da Maçonaria certas ideias que consideravam não se ajustarem inteiramente à ordem renascida. Só três meses mais tarde voltaram todos a se encontrar na taberna Apple Tree, em Covent Garden, no dia do equinócio de outono. Ali, com muitos outros, eles empossaram a "Antiga Ordem dos Druidas" (*Druidh Uileach Braithrearchas*), que se tornou conhecida como "Círculo Britânico do Elo Universal". O homem encarregado desse encontro foi o teólogo irlandês John Toland, que nesse dia foi eleito o primeiro Grande Mestre da ordem.

Como a Maçonaria, os druidas tinham três graus que eram atingidos pela iniciação. Também em ambos os casos, o tema central desses graus era a observação astronômica e, em particular, os movimentos do Sol através do ano. Foi por isso que, em 1717, a Maçonaria renasceu no dia do ano que desfrutava do maior período de claridade, enquanto a ordem druida renasceu no equinócio de outono seguinte (quando o dia e a noite foram exatamente da mesma duração), no Dia de São Mateus, que tinha sido tão importante na consagração da Capela Rosslyn.

John Toland permaneceu como Grande Mestre dos Druidas até 1722, quando foi substituído por William Stukely, que continuou mantendo a posição durante 43 anos. Stukely é lembrado como o homem que passou a vida investigando as estruturas megalíticas de Stonehenge e Avebury, demonstrando seus alinhamentos com o Sol e a Lua.

Stukely pode ser desculpado por considerar que Stonehenge fosse como um antigo templo maçônico. Os procedimentos da loja tinham lugar dentro de uma versão emblemática do Templo de Jerusalém, com o mestre representando o sol nascendo no leste, o guarda exterior no sul para marcar o meio-dia e o guarda interior no oeste para marcar o Sol poente. As duas colunas de Boaz e Jaquim, que se encontravam no pórtico do Templo de Jerusalém, estão presentes para indicar os extremos do sol no horizonte nos solstícios de inverno e verão. Boaz assinala o nascer do sol no dia do meio do verão e Jaquim o nascer do sol no dia do meio do inverno. Uma estrela brilhante é colocada na parede entre as colunas, erguendo-se no leste pouco antes da aurora. Ela só é iluminada muito brevemente num ponto crucial no Terceiro Grau, quando o candidato é ressuscitado da "morte" para se tornar um mestre maçom. Essa luz era simbolicamente recriada pela caixa de luz sobre a janela leste em Rosslyn (*ver* capítulo 8).

Clubes do Fogo do Inferno

Em 1722, no mesmo ano em que Stukely se tornou Grande Mestre dos Druidas, Filipe, duque de Wharton, tornou-se o Grande Mestre da Maçonaria (chamando-se agora Grande Loja da Inglaterra, que atuava como um escudo protetor para muitas lojas locais menores). Mas o duque tinha outros, talvez estranhos, interesses: porque fora também o fundador do Hell-Fire Club [Clube do Fogo do Inferno] de Londres. Era uma instituição famosa por promover excesso em todas as coisas, incluindo atos sexuais, em geral executados publicamente entre os associados encharcados de gim.

As práticas e filosofias dos vários Hell-Fire Clubs que surgiram nessa época eram o extremo oposto daquelas da Maçonaria. A Maçonaria ensinava moderação, os Hell-Fire Clubs promoviam excessos; a Maçonaria queria de seus membros o compromisso de obedecer à lei moral e de serem cidadãos respeitáveis; os Hell-Fire Clubs encorajavam a embriaguez, a libertinagem e um desprezo pelas convenções sociais.

Mas esse elo entre a Maçonaria e os Hell-Fire Clubs não era casual. O Hell-Fire Club de Dublin foi fundado por outro maçom, Richard Parsons, primeiro conde de Rosse e primeiro Grande Mestre da Irlanda. Parece que, apesar de ser a antítese evidente da Maçonaria, os Hell-Fire Clubs compartilhavam muitos de seus membros e líderes.

Até os dias de hoje, a Grande Loja Unida da Inglaterra, que se considera a primeira Grande Loja do mundo, declara que nada pode ser conhecido acerca da Maçonaria antes de 1717. Tal amnésia de grupo pode ser politicamente vantajosa. Infelizmente alguns dos oficiais conectados hoje com a UGLE* parecem realmente ter chegado a acreditar nessas declarações obviamente não sinceras.

"Antigos" e "Modernos"

Foram feitas algumas tentativas na Inglaterra para preservar os rituais originais da Maçonaria. Em 1751, a Grande Loja da Inglaterra havia degenerado significativamente. Lojas menores estavam abrindo mão da proteção da Grande Loja a um ritmo sem precedentes, as reuniões não tinham regularidade e eram mal conduzidas, promovendo frequentemente homens muito jovens como Grandes Mestres, escolhidos antes por sua posição social que pela experiência maçônica ou retidão moral. Além disso, a Grande Loja começou a excluir lojas que ela não aprovava.

Parte da motivação por trás desses desdobramentos era adular o governo hanoveriano distanciando o ofício de acusações de simpatia pelos jacobitas. Os jacobitas tinham se levantado mais uma vez, em 1745-1746, em apoio a Charles Edward Stuart (o "Jovem Pretendente"), neto de Tiago II. Um número significativo de maçons, porém, deploravam as mudanças e sentiam que elas estavam minando os verdadeiros ideais do Ofício. O resul-

---

* United Grand Lodge of England. (N. do T.)

tado foi que, em 1751, eles racharam e formaram sua própria Grande Loja, a dos "Antients" (*sic*)* em oposição aos "Modernos".

Basicamente, os Antients [os Antigos] acreditavam que a Grande Loja estava aos poucos pervertendo os rituais, ensinamentos e símbolos maçônicos. Para os Antigos, algo do que fora perdido era de fundamental importância. Entre suas queixas, estava o fato de que a Grande Loja deixara de prestar a devida veneração ao dia de São João, não reconhecia o grau do Real Arco e tinha, em geral, deixado de representar a Maçonaria em sua forma estabelecida e original.

É importante observar que os Antigos usufruíam de um bom patrocínio da Irlanda e da Escócia e portanto seus membros podem ter estado mais próximos da fonte da Maçonaria que seus equivalentes "Modernos". Eram liderados por um irlandês de fala hebraica chamado Lawrence Dermott.

A cisão durou 60 anos, até que os Modernos ameaçaram processar os Antigos com base no Ato das Sociedades Ilegais, de 1799, que os Modernos haviam feito aprovar. Mas a reunificação forçada garantiu pelo menos que os elementos mais importantes do conhecimento antigo que faziam parte da essência da Maçonaria fossem, depois das mudanças dos Modernos, recuperados para o Ofício.

A Maçonaria alcançou sua maior popularidade na Grã-Bretanha, exatamente ao mesmo tempo em que o Império Britânico estava sendo criado. O desenvolvimento do império deveu-se, em não pequena medida, àqueles primeiros maçons que tinham servido ao rei Charles II na embrionária Royal Society. Um objetivo básico dos encontros da Royal Society em seu início era encontrar meios de melhorar a Marinha Real. Sem dúvida, a Marinha Real revelou-se a chave da expansão imperial britânica e foi o instrumento por meio do qual a Grã-Bretanha derrotou os rivais europeus, especialmente a França, no século XVIII e início do XIX.

A Jerusalém de Blake

Enquanto o século XVIII encaminha-se para um fecho, voltemos por um momento à Ordem dos Druidas, essa nova organização com implicações nitidamente maçônicas. Em 1796, os druidas escolheram um novo Grande Mestre: William Blake, uma das personalidades criativas mais notáveis des-

---

* Isto é, dos "Ancients" (antigos). (N. do T.)

se ou, na verdade, de qualquer outro período da história inglesa. O fato de Blake ter sido membro da ordem druida é bem conhecido e pouco se duvida de que fosse também maçom, já que muitas de suas telas mais famosas revelam um poderoso imaginário maçônico. Ele é igualmente reconhecido como poeta e talvez seja melhor lembrado pelo poema *Jerusalém*:

E será que aqueles pés em época antiga
Caminharam nas verdes montanhas inglesas?
E foi visto o sagrado Cordeiro de Deus
Num aprazível pasto inglês?
E será que a face divina
Fulgurou sobre nossos morrotes nublados?
E foi Jerusalém construída aqui
Entre esses escuros, satânicos moinhos?

Tragam meu arco de ouro incandescente!
Tragam minhas flechas de desejo!
Tragam-me a lança! Ó névoa, abra!
Tragam meu carro de fogo!
O conflito da mente não me fará parar,
Nem dormirá a espada na minha mão,
Até que tenhamos construído Jerusalém
Na terra bela e verde da Inglaterra.

Isso mostra que, mesmo décadas depois de a Maçonaria estar formalizada em Londres, havia ainda um desejo muito definido de seguir o plano da Família da Estrela que fora colocado desde pelo menos o século XI – o mesmo plano que o conde William Sinclair tentara seguir na Escócia, no século XV.

Na época em que a Maçonaria estava se desenvolvendo e crescendo na Grã-Bretanha, muitos britânicos estavam viajando para terras distantes e fundando colônias, a maioria das quais acabariam se tornando, por seus próprios méritos, nações-estado. Esses colonizadores levaram a Maçonaria com eles e essa proliferação mundial do Ofício foi um dos passos mais importantes em direção ao mundo que conhecemos hoje.

Capítulo 11

O Novo Mundo e a Nova Jerusalém

É impossível saber precisamente quando a Maçonaria chegou pela primeira vez ao continente norte-americano, já que quaisquer registros anteriores a 1717 não sobreviveram. Sem dúvida o Ofício apareceu cedo, possivelmente antes da fundação, pelos Pais Peregrinos, da colônia de Plymouth em Massachusets, em 1620. Pode mesmo ter havido maçons entre os fundadores da primeira colônia inglesa, Tiagotown, na Virgínia, em 1607. Os primeiros maçons a chegar ao Novo Mundo teriam sido provavelmente colonos da Escócia que teriam formado lojas maçônicas, mas se assim foi, não existe registro delas. Surpreendentemente, a primeira menção conhecida da Maçonaria nas colônias americanas é encontrada num documento escrito em 1730 – bem depois da formação das Grandes Lojas na Inglaterra e na Irlanda – por um bostoniano de 24 anos chamado Benjamin Franklin. Ele atesta o fato de já existirem várias lojas maçônicas nas colônias antes desse tempo.

As primeiras lojas americanas eram constituídas de homens que simplesmente se reuniam para cumprir os estranhos rituais que tinham aprendido dos que haviam partido antes deles. Nessa época o modo como as lojas surgiam não estava estruturado. Então chegaram notícias de Londres dizendo que os maçons americanos tinham passado a ser considerados "irregulares". Foram informados de que só seriam verdadeiros maçons se fossem autorizados por um autonomeado órgão gestor, como a Grande Loja em Londres.

A primeira loja chamada de "regular" na América do Norte foi a Loja de São João em Boston, autorizada por Londres em 1733, mas logo surgiram outras, autorizadas pela Grande Loja da Irlanda. Muitas dessas lojas nas colônias americanas foram fomentadas por oficiais do exército britânico, o que levou a uma proliferação de lojas permanentes entre soldados aquartelados e comerciantes locais. Desse período em diante, foram concedidas autorizações para Grandes Lojas provinciais nas colônias e o Ofício começou a crescer rapidamente, particularmente nas cidades maiores ao longo da costa do Atlântico.

Revolta nas Colônias

As causas que alimentaram as tensões entre as colônias americanas e seus senhores britânicos são bem conhecidas. De uma perspectiva britânica era bastante simples: as colônias na América custavam dinheiro para serem fortificadas e defendidas, e parecia não haver razão para os colonos não contribuírem para esses custos. Consequentemente, uma série de tributos muito impopulares foram impostos às colônias, coisa que os habitantes locais viram como radicalmente injusto.

Para os colonos parecia que Londres não queria que eles tivessem controle sobre seus próprios negócios. Afinal, eles é que tinham desbravado os sertões, rechaçado os índios e os franceses, construído os povoados que se tornaram vilas e as vilas que se transformaram em cidades. E no entanto não estavam autorizados a violar os monopólios britânicos vendendo seus próprios produtos e eram forçados a comprar quase tudo de que precisavam de importadores britânicos, a preços extremamente inflacionados. As coisas atingiram um ponto crítico em 16 de dezembro de 1773, com a "Festa do Chá de Boston", quando os colonos despejaram três navios cheios de chá britânico no porto de Boston em protesto contra as taxas britânicas sobre as importações de chá. As taxas tinham sido impostas pelo Parlamento Britânico, mas sem a aprovação das assembleias coloniais. O grito "não taxação sem representação" tornou-se corrente. Em 1775, a disputa entre a Grã-Bretanha e suas colônias se transformara em luta armada e a Guerra da Independência Americana começara.

Não há dúvida de que os protagonistas da Festa do Chá de Boston eram maçons da vizinha Loja de Santo André, que se reuniam em torno de uma taberna chamada o Dragão Verde. Foi esse o verdadeiro início da resistência, sob liderança maçônica, contra o domínio britânico na América do Norte. Apesar dos protestos de alguns historiadores, pode ser amplamente demonstrado que quase cada estágio-chave do conflito que se seguiu entre as colônias rebeldes e a Grã-Bretanha foi em grande parte organizado e levado a termo por maçons.

Pode haver várias razões para isso. Por exemplo, enquanto os regimentos britânicos que se opunham aos colonos obedeciam a formas consolidadas de disciplina e estrutura hierárquica, os colonos a princípio não possuíam essa coesão. Eram um grupo desigual, unido apenas pela oposição conjunta a aspectos do domínio britânico e desprovido de qualquer organização básica. Como tal, dificilmente seria provável que se saíssem bem contra um exército de ocupação bem treinado e extremamente disciplinado.

Aos variados núcleos de povoamento na costa norte-americana também faltava uma coesão essencial, de modo que embora uma comunidade particularmente grande, como Boston, pudesse nutrir ressentimentos contra um tratamento injusto por parte da Grã-Bretanha, não havia uma estrutura real por meio da qual Boston pudesse cooperar com as vilas e cidades vizinhas para criar uma resistência organizada.

De fato, quase a única possibilidade de organização entre os colonos de toda a área – e especificamente entre os colonos homens – seria encontrada na Maçonaria, que crescia rapidamente e era cada vez mais popular. Dentro das fileiras das lojas, que invariavelmente se encontravam em tabernas onde seus membros se serviam com frequência de bebidas fortes, era fácil para oradores radicais atiçar o descontentamento genuinamente sentido em lugares como Boston. A Festa do Chá de Boston, liderada pelas compactas fileiras dos maçons da Loja de Santo André, mostrava seus frutos.

O Grito de Liberdade

Pouca dúvida pode haver de que, em última análise, foram as Famílias da Estrela, já presentes nas colônias (como os Washingtons), que assumiram o controle da dócil Maçonaria "georgiana" ou "hanoveriana", que prevalecia nos Estados Unidos nascente, transformando-a em algo bem diverso. Após séculos de luta na Europa para neutralizar os piores excessos da religião e de governos repressivos, as Famílias da Estrela certamente viram na América uma oportunidade genuína para construir a Nova Jerusalém que há tanto tempo lhes escapava. Seu grito de reunir era "liberdade", o que é muito revelador.

Liberdade significa literalmente "o poder da pessoa agir, acreditar ou se expressar de acordo com suas próprias escolhas" e o fato de "estar livre da repressão ou escravidão". Mas "liberdade" tem um fundo histórico que revela a razão para o uso deliberado da palavra nas colônias americanas.

A palavra liberdade vem da palavra latina *libertas*. Esse conceito foi personificado como "Libertas", uma antiga deusa romana particularmente reverenciada por escravos que tinham alcançado a liberdade. As características atribuídas a ela foram parcialmente tiradas de uma divindade etrusca ainda mais antiga, chamada Ferônia, a deusa do amanhecer. Isso poderia nos dar uma pista sobre o que a Liberdade realmente representava para os sacerdotes da Família da Estrela que se encontravam no centro da Maçonaria americana em desenvolvimento. Na cabala, a Shekinah, esse símbolo extremamente reverenciado e antigo, ocupava uma posição crucial na base da "Árvore da Vida" (*ver* capítulo 8). Além disso, por ser a manifestação astronômica visível encontrada na parte mais essencial da antiga crença israelita, a Shekinah era considerada ao mesmo tempo a "noiva de Deus" e o "anjo da justiça e liberdade". Para aqueles que realmente tinham o conhecimento, portanto, Liberdade era simplesmente outro nome para a Shekinah – cuja primeira e mais importante promessa era uma verdadeira e duradoura comunidade entre Homem e Deus. Mas como Liberdade, a Shekinah acabou significando muito mais, pois foi sabiamente transformada num conceito que poderia ser adotado mesmo pelos membros menos sofisticados ou religiosos da sociedade.

Pode ser mostrado que muitos daqueles que ganharam notoriedade e lideraram os colonos americanos na luta prolongada e difícil contra a Grã-Bretanha *não* eram abertamente religiosos – pelo menos não no sentido histórico e cristão da palavra. Suas declarações demonstram claramente que, embora possam ter conservado uma crença profunda e permanente na Divindade, eram obstinadamente contrários a qualquer conceito de uma Igreja ordenada ou estabelecida com qualquer papel a desempenhar na administração da sociedade civil, como o papel que tinha a Igreja anglicana na Inglaterra. As palavras da Primeira Emenda da Constituição dos Estados Unidos, assinada em junho de 1789, deixa clara a posição dos líderes:

Ninguém será privado de seus direitos civis em razão de crença ou culto religioso, nem será instituída qualquer religião nacional, nem os plenos e iguais direitos de consciência serão sob qualquer forma, ou sob qualquer pretexto, infringidos.

George Washington, um antigo maçom que serviu como comandante-em-chefe das forças americanas contra os britânicos e depois como primeiro presidente da nova nação, disse que: "Todo homem deve ter proteção para cultuar a Divindade conforme os ditames de sua própria consciência".

Enquanto isso, outro maçom, Benjamin Franklin, que desempenhou papel importante nas Revoluções Americana e Francesa, tinha escrito a um amigo:

> Quando uma Religião é boa, imagino que se sustentará; quando não se sustentar e Deus se desinteressar dela a ponto de seus Mestres serem obrigados a pedir ajuda ao Poder Civil, percebo isso como um sinal de que é má.

E o que falou mais francamente sobre o tema foi Thomas Jefferson, outra luz condutora na luta americana pela liberdade e terceiro presidente dos Estados Unidos. Jefferson, que não era maçom, mas estava fortemente influenciado pelos valores da Maçonaria, teve desavenças com a Igreja Católica Romana, que sempre exigiu enquadramento, e disse um dia:

> Pode-se atingir a uniformidade? Milhões de homens, mulheres e crianças inocentes, desde a introdução do cristianismo, foram queimados, torturados, penalizados, aprisionados; ainda assim, não avançamos um palmo para a uniformidade. Qual foi o efeito da coerção? Criar tolos na metade do mundo e hipócritas na outra metade. Para sustentar a falta de caráter e o erro por toda a Terra.

Essas não são palavras de ateus. De um modo ou de outro, todos esses três homens se mostraram "crentes", embora sem dúvida *aquilo* em que acreditavam estivesse em choque com o cristianismo ortodoxo. Embora Thomas Jefferson tomasse a decisão pessoal de não ingressar numa loja, é absolutamente certo que tanto George Washington quanto Benjamin Franklin abraçaram entusiasticamente o Ofício, como fizeram vários dos que assinaram a Declaração de Independência da Grã-Bretanha em 1776 e a historicamente ainda mais significativa Constituição dos Estados Unidos em 1787.

Dos 56 homens que assinaram a Declaração de Independência a 4 de julho de 1776, acredita-se que muitos tenham sido maçons e os seguintes são membros documentados do Ofício:

William Ellery	Primeira Loja de Boston
William Hooper	Loja de Hanover, Masonborough, NC
Benjamin Franklin	Grande Mestre da Pensilvânia
John Hancock	Loja de Santo André, Boston
Joseph Hewes	Loja Unanimidade Visitada Nº 7
Thomas McKean	Loja Perseverança Visitada, Harrisburg, PA
Robert Treat Paine Grande	Loja de Massachusetts
Richard Stockton	Loja de São João, Princeton
George Walton	Loja de Salomão Nº 1
William Whipple	Loja de São João, Portsmouth, NH

Dos quarenta signatários da constituição americana, quinze eram ou se tornaram maçons. Outros treze homens podem ter sido maçons, mas não há provas documentais disponíveis.

Grande Mestre Franklin

Entre eles, Benjamin Franklin ocupa o lugar supremo. Franklin (1706-1790), o Grande Mestre da Pensilvânia, era um homem complexo, de um saber verdadeiramente enciclopédico. Foi importante tipógrafo, cientista, inventor, diplomata e filósofo político – assim como um Grande Mestre maçônico e um comprovado hedonista.

Como figura de proa do Iluminismo, Franklin obteve o reconhecimento de cientistas e intelectuais de toda a Europa. Com suas frequentes visitas a Londres e Paris fez com que a nova nação ganhasse credibilidade na mente de estadistas europeus. Gênio diplomático, Franklin teve quase a admiração generalizada dos franceses quando foi embaixador americano em Paris e figura ímpar no desenvolvimento de construtivas relações franco-americanas. Não pode haver dúvida de que seu êxito em assegurar ajuda militar e financeira da França foi a base da vitória americana sobre os britânicos.

Destacado linguista, fluente em cinco idiomas, Franklin também foi famoso pelo trabalho científico, incluindo suas descobertas e teorias relativas à eletricidade, assim como seu desenvolvimento do catéter médico, das nadadeiras (pés de pato) e dos óculos bifocais. Além de ser um estadista e um cientista, foi um filantropo e também, segundo dizem todos, um conquistador. Franklin pode ter tido altos ideais, mas foi também muito humano. Teve várias ligações extraconjugais, incluindo a que resultou em seu filho ilegítimo William Franklin, que mais tarde se tornou governador de New Jersey. É também frequentemente afirmado que frequentava o Hell-Fire Club de Londres, onde se entregava às farras e à bebida.

A Maçonaria e a Edificação da Nação

A guerra americana durou de 1775 a 1783, mas mesmo quando os britânicos foram derrotados, o trabalho dos revolucionários estava longe de concluído. Os homens que haviam levado os colonos à vitória militar tinham agora de soldar os treze estados distintos numa nação. Os comandantes mais importantes da luta tinham sido maçons e há uma riqueza de evidência para confirmar que o desejo deles era um estado organizado segundo princípios maçônicos. De fato, a Maçonaria e suas imagens ainda se encontram tão perto das rédeas do poder nos Estados Unidos que a importância do Ofício não pode ser negada.

Algumas das ações mais importantes desses homens, que são conhecidos como Pais Fundadores, revelam não apenas uma lealdade maçônica, mas uma compreensão dos imperativos remanescentes da Família da Estrela. Um bom exemplo vem na data que os primeiros delegados escolheram para assinar a constituição americana. A Declaração de Independência, em 1776, fora essencialmente um meio de unir os colonos frente a um objetivo de guerra único, sem ambiguidades: dar fim ao domínio britânico e estabelecer um novo estado. Mas a natureza precisa do novo estado era outra coisa e decidir isso teria de esperar até depois do assunto mais urgente que era vencer a guerra.

Os novos Estados Unidos da América não poderiam se tornar verdadeiramente uma república viável se não tivessem uma constituição e a assinatura desse documento crucial só teve lugar em 1787. Delegados eleitos em todos os estados tinham se reunido na Filadélfia, capital americana antes da fundação de Washington, DC, em maio de 1787. Naquela época já se tornara claro que a frouxa confederação de estados que existira do início ao fim da luta contra a Grã-Bretanha não era mais suficiente. Se os Estados Unidos quisessem se tornar realidade, precisavam de um governo mais centralizado e foi isso que os delegados da Filadélfia criaram.

As discussões continuaram por muitas semanas e o documento estava pronto para ser assinado no início de setembro, mas há bons indícios de que sua ratificação foi retardada até a segunda-feira de 17 de setembro. Era um dia que há séculos fora guardado pela Igreja como sagrado para a Virgem Maria, sendo ainda conhecido como "festa de Nossa Senhora das Dores". Relembra a dor de Maria pelo sofrimento de seu filho Jesus, mas como o dia era também considerado o primeiro da colheita de outono, tem importância pagã assim como cristã. A maioria dos maçons não está ciente de que se trata também de uma festa cultuada na cerimônia de Terceiro Grau da Maçonaria.

Um ícone regularmente usado em associação com a cerimônia do Terceiro Grau é em geral mencionado como "A Bela Virgem do Terceiro Grau" (*ver* figura 16).

Há muitas versões desse ícone. Todas são mais ou menos parecidas e a explicação dada aos maçons é que ele representa uma bela virgem chorando a perda de Hiram Abiff, o construtor meio mítico do Templo de Salomão (*ver* capítulo 1). A coluna quebrada na frente dela representa o epitáfio de Hiram e a figura por trás é o Pai do Tempo. Mas a associação com Hiram Abiff, construtor do Templo de Salomão, é, para dizer o mínimo, tênue. Não há uma mulher associada à história de Hiram, nem na Bíblia, nem na mitologia popular, e para aqueles que compreendem, o ícone revela seu verdadeiro significado em outros termos.

A versão da Bela Virgem mostrada na figura 16 é de particular interesse porque transmite informação astronômica que naqueles dias não era em geral difundida. Tal informação representa uma data, porque o signo do zodíaco imediatamente na frente da jovem é o de Virgem, que em termos astrológicos é ocupado pelo Sol entre fins de agosto e fins de setembro.

Num contexto religioso esse sempre foi um período crucial do ano. Os dias que se aproximam do equinócio de outono em 21 de setembro, quando o Sol passa do signo zodiacal de Virgem para Libra, têm sido reverenciados pela humanidade há milhares de anos e estavam relacionados com a morte e o renascimento do Deus do Trigo. Aqueles que criaram o ícone da Bela Virgem do Terceiro Grau dificilmente poderiam desconhecer seu significado.

A figura da virgem é um aglomerado das antigas deusas Ísis e Deméter. Ísis, de origem egípcia, lamentava o marido assassinado, Osíris, cujo caixão encontrara preso no tronco de uma árvore tamarga que fora transformada numa pilastra para sustentar o palácio de Biblos. Essa pilastra em sua forma quebrada pode ser vista no ícone. A deusa grega Deméter também chorava no começo do outono, porque nessa época Perséfone, sua filha, era forçada a deixar o mundo da luz do dia e a viajar para o escuro submundo

Figura 16. Uma representação do final do século XIX de *A Bela Virgem do Terceiro Grau*.[1]

do Hades, onde estava obrigada a passar cada inverno (*ver* capítulo 3). Era também em setembro que a associação de Deméter com o deus Dionísio era lembrada. Dionísio, o deus da vegetação, era ritualmente morto e comido em setembro – o deus é mais um representante do mito do Deus do Trigo que morre e renasce, ao qual Jesus também está ligado.

Em tempos antigos, a cada ano tinha lugar uma grande comemoração na Grécia. Era conhecida como o Grande Mistério de Deméter. Os adoradores vinham de todo o mundo conhecido para participar no mistério, que incluía para cada adepto uma cerimônia ritual de morte e renascimento muito semelhante à que tem lugar na elevação de um maçom ao Terceiro Grau.

O Mistério de Deméter começava em 17 de setembro, quando eram feitos sacrifícios a Deméter em Atenas, antes que os devotos reunidos se encaminhassem para seu santuário na vizinha Elêusis para participar do rito em si. Dezessete de setembro é a data na qual é comemorada a festa de Nossa Senhora das Dores – e na qual a Constituição dos Estados Unidos foi assinada em 1787.

Também vale a pena lembrar que essa parte de setembro foi de importância crucial para a construção da Capela Rosslyn, porque foi em 21 de setembro de 1456 – também dia de São Mateus – que foi lançada a pedra fundamental do edifício.

Na realidade toda essa semana crucial de setembro é hoje venerada na lei americana como de uma importância especial. Em 2001, o presidente George W. Bush sancionou um projeto que o Congresso apresentara pela primeira vez já em 1952 e assinou uma lei declarando que o período entre 17 e 23 de setembro seria conhecido como "Semana da Constituição". É precisamente o período de tempo coberto pelos antigos ritos iniciáticos de Deméter e marca o período durante o qual o Sol passa do signo zodiacal de Virgem para o de Libra. Virgem é o signo zodiacal do sacrifício e da servidão, enquanto o signo seguinte de Libra está associado a justiça, igualdade e liberdade.

No dia escolhido para a assinatura da constituição americana, os planetas Mercúrio e Vênus estavam se erguendo diante do Sol. Além disso, o Sol, juntamente com Mercúrio e Vênus, estavam todos ocupando o signo zodiacal de Virgem. Em 1787, 17 de setembro caiu numa segunda-feira. No domingo seguinte, 23 de setembro, algo de solene importância teria lugar: os planetas Mercúrio e Vênus se juntaram antes do amanhecer para formar a sagrada Shekinah – exatamente no mesmo dia em que o último rito sagrado fora cumprido nas antigas celebrações de Deméter.

Se o leitor vê aqui pouco mais que uma coincidência bizarra, devíamos nos voltar para outro acontecimento crucial no nascimento dos Estados Unidos. Foi o lançamento da pedra fundamental do Capitólio em Washington, DC. Não existe edifício em todos os Estados Unidos que represente melhor o ideal de autogoverno e democracia que o Capitólio. É nesse prédio que os representantes eleitos dos Estados Unidos se encontram para propor, discutir e votar leis federais. Não é surpreendente, portanto, que sua criação tenha sido considerada de monumental importância por George Washington e seus pares maçons na liderança dos Estados Unidos. Para demonstrar isso, toda a cerimônia de lançamento da pedra fundamental, do começo ao fim, foi de natureza abertamente maçônica. O evento teve lugar a 18 de setembro de 1793, uma quarta-feira. Nesse dia, o sol estava se aproximando do fim de sua jornada através de Virgem. Mercúrio e Vênus se ergueram diante do Sol como estrelas matutinas e, quando a pedra fundamental foi lançada, às 11 da manhã, Vênus, agora invisível na plena luz do sol, se encontrava em posição vertical no céu. Eis o relato que um jornal fez do acontecimento:

> Na quarta-feira, teve lugar um dos mais grandiosos desfiles maçônicos com o objetivo de lançar a pedra fundamental do Capitólio dos Estados Unidos. Por volta das 10 da manhã, a Loja 9 de Maryland foi visitada pela Loja 22 da Virgínia, com todos os seus oficiais e Insígnias. Imediatamente em seguida apareceu, nas margens do sul do Grande Rio Potomac, uma das melhores companhias de Artilharia de Voluntários que ultimamente se viu. Ela marchava para receber o Presidente dos Estados Unidos, que logo pôde ser visto com sua comitiva e a quem a Artilharia prestou honras militares. Sua Excelência e comitiva cruzaram o Potomac e foram recebidos em Maryland pelos oficiais e irmãos das lojas nº 22 da Virgínia e nº 9 de Maryland, que o Presidente encabeçava, tendo sido precedidos por uma banda de música. O cortejo puxado pela Artilharia de Voluntários de Alexandria, com grande solenidade de marcha, prosseguiu para o quarteirão presidencial, na cidade de Washington, onde se encontraram e foram saudados pela [loja] nº 14, da cidade de Washington, com todas os seus elegantes distintivos e trajes.[2]

O desfile, então, marchou por coluna de dois na maior e mais solene dignidade, com música tocando, tambores batendo, cores ondulando e espectadores festejando do quarteirão presidencial ao Capitólio, na cidade de Washington, onde o Grande Marechal ordenou que fizessem alto e mandou que cada coluna do desfile executasse dois passos, um para a direita, um para a esquerda, e ficasse uma de frente para a outra, o que formou um quadrado oco e alongado, por meio do qual o Grande Portador da Espada guiou a vanguarda do cortejo, seguido pelo Grande Mestre P. T. à esquerda, o Presidente dos Estados Unidos no centro e o Venerável Mestre da nº 22 da Virgínia à direita; todas as outras fileiras que compunham o desfile avançaram no sentido contrário de suas ordens de marcha, indo do quarteirão presidencial para a esquina sudeste do Capitólio, enquanto a artilharia desfilava para uma área reservada para fazer suas evoluções e disparar o canhão. O Presidente dos Estados Unidos, o Grande Mestre P. T. e o Venerável Mestre da nº 22 tomaram seus lugares à direita de uma enorme pedra e todo o ofício formou um círculo para oeste. A pedra fundamental do Capitólio dos Estados Unidos foi então lançada com as devidas Cerimônias Maçônicas.

A intervalos frequentes, eram disparadas salvas pela artilharia. A cerimônia encerrou-se numa prece, "honras entoadas" maçônicas, e uma décima quinta salva da artilharia.

Mais uma vez encontramos uma grande cerimônia maçônica tendo lugar nessa importantíssima semana – os sete dias de 17 a 23 de setembro e de novo marcada para um momento em que tanto Mercúrio quanto Vênus eram estrelas matutinas, erguendo-se à frente do Sol.

Quando Alan Butler estava coletando a informação astronômica aqui exposta,[3] do outro lado do Atlântico apareceu outro livro, pesquisado e escrito por David Ovason. De modo inteiramente independente, Alan e Ovason, ambos bastante versados em astronomia e astrologia, tinham observado a nítida fascinação maçônica pela astronomia e, em particular, pelo signo zodiacal de Virgem. Ovason encheu 600 páginas com suas observações relativas à cidade de Washington, enumerando cuidadosamente os edifícios e ruas mais importantes, demonstrando como o signo de Virgem tinha sido importante em seu planejamento e construção.[4]

A própria posição de Washington revela essa importância porque o distrito de Colúmbia está situado na linha divisória entre Maryland e Virgínia. Maryland deriva seu nome da rainha Henrietta Maria, esposa do rei Charles I, enquanto Virgínia foi batizada em homenagem à rainha Elizabeth I, a Rainha Virgem. Contudo, essa justaposição de "Maria" e da "Virgem" simboliza a personagem cristã mais intimamente associada ao signo zodiacal de Virgem e, portanto, em última análise, Deméter, Ísis e a Shekinah – "noivas de Deus".

Curiosamente, a leste de Washington, do outro lado do rio Potomac – perto da Casa Branca e do Pentágono – existe uma área chamada Rosslyn.

George Washington, o Maçom

A escolha final quanto à localização da nova capital federal coubera ao presidente George Washington. Washington dá todos os sinais de estar bem familiarizado não apenas com a Maçonaria, mas também com as propostas e objetivos das Famílias da Estrela. O significado simbólico do encontro de

Maryland e Virgínia no ponto do Potomac que ele escolheu certamente não teria lhe escapado.

Por fim a capital federal veio a ter o próprio nome de Washington e a bandeira nacional que ondulou de seus muitos mastros foi também invenção dele. George Washington era descendente de uma família aristocrática que tinha surgido pela primeira vez no condado de Durham, Inglaterra, mais ou menos na época da criação dos templários. Suas propriedades ficavam inicialmente na região de Hartburn, nas margens do rio Tees, mas eles as trocaram mais tarde por terras na margem norte do rio Wear, em *Wessyngton* (Washington), de onde a família tirou seu sobrenome. Ainda mais tarde, instalaram-se mais para o sul, na Sulgrave Manor, nas Midlands inglesas. A família tinha antepassados normandos e era quase certamente uma Família da Estrela. Em seguida à dispersão dos templários em 1342, os Washingtons trocaram seu primeiro escudo de armas (um leão vermelho de Jerusalém com as patas dianteiras erguidas) pelas armas mostradas abaixo. O fundo do brasão era originalmente prateado, enquanto as barras transversais e as estrelas eram vermelhas. As estrelas podem ser uma alusão à condição de Washington como membro de uma Família da Estrela.

O escudo chegou à América em 1666 com dois irmãos, um dos quais, o coronel John Washington, era bisavô de George Washington. Sempre se disse que George Washington era ambivalente com relação à sua linhagem aristocrática britânica, mas não obstante teve o cuidado de conservar o escudo de armas da família, que usava com regularidade. Quando o jovem Estados Unidos teve necessidade de possuir sua própria bandeira, parece haver pouca dúvida de que o escudo de armas de Washington foi o modelo. Ou, pelo menos, a mesma ideia se encontrava por trás do simbolismo de ambos os emblemas.

Figura 17. O escudo de armas de Washington (estrelas e barras vermelhas sobre um campo prateado).

A primeira "Stars and Stripes"* tinha treze listras alternadamente vermelhas e brancas, representando os primeiros treze

---

* "Estrelas e Listras", isto é, a bandeira americana. (N. do T.)

estados, e tinha igualmente treze estrelas, que no caso da bandeira eram brancas sobre um fundo azul. O uso da estrela de cinco pontas em particular não pode ser visto como casual, pois era um símbolo com profundas implicações maçônicas e, como vimos, era também significativo com relação às crenças da Família da Estrela e ao conhecimento que ela possuía dos movimentos do planeta Vênus.

A Cidade Maçônica

Uma vez escolhido um local para a nova capital federal, o trabalho avançou com relativa rapidez. O projeto de Washington foi inicialmente encomendado a um engenheiro e projetista francês que servira no exército revolucionário americano. Seu nome era Pierre Charles L'Enfant e ele era também um importante maçom. É sugerido, inclusive por David Ovason, que as crenças maçônicas de L'Enfant estavam refletidas no plano de ruas que ele imaginou para Washington. Um bom exemplo disso pode ser visto no diagrama a seguir, que mostra os planos de L'Enfant para Washington

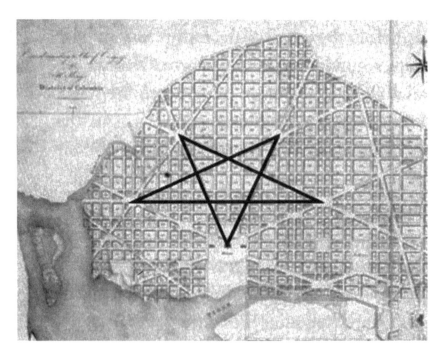

Figura 18. Um antigo mapa de ruas de Washington com o pentagrama sobreposto. A ponta de baixo da estrela termina na Casa Branca.

cobertos com o pentagrama ou estrela de cinco pontas, que, através das ruas da cidade, liga alguns de seus edifícios mais importantes.

L'Enfant era um homem difícil, de pavio curto, e abandonou a encomenda antes que ela fosse concluída. Os planos, no entanto, acabaram sendo ressuscitados por Benjamin Banneker, um escravo liberto, autodidata, que tinha sido um dos antigos assistentes de L'Enfant. Banneker era um homem notável e embora L'Enfant tivesse levado todos os planos consigo quando partiu, Banneker foi capaz de reconstituí-los de cor. Não há indícios de que Banneker fosse maçom (o que na época teria sido extremamente improvável, devido às suas origens raciais), mas é consenso que estava plenamente familiarizado com a astronomia e parece que seguiu os planos originais de L'Enfant ao pé da letra.

A investigação exaustiva que David Ovason fez das ruas e edifícios de Washington através de quase 200 anos de história demonstra até que ponto os planejadores e arquitetos da cidade foram cosmologicamente conscientes. Ovason, em particular, apresenta um convincente número de casos em que a constelação zodiacal de Virgem foi incorporada a planos de ruas, edifícios, frisos, fontes, estátuas e vidraças. O fato de o último de seus exemplos datar do século XX pareceria indicar que o conhecimento possuído por aqueles que construíram a capital da América não foi perdido e que, de alguma maneira, tem sido preservado até quase os dias de hoje.

Para resumir, a Maçonaria por pouco não foi destruída depois do acesso hanoveriano ao trono britânico, mas começou a se recuperar e a encontrar sua expressão mais política no novo Estados Unidos. Nem ficou confinada à América, porque em 1789, menos de dois anos depois da assinatura da constituição americana – com suas arrebatadoras palavras de abertura, "Nós, o Povo" –, a revolução irrompeu na França. A Revolução Francesa foi, em não pequena medida, alimentada por maçons da América, especialmente Benjamin Franklin. Além disso, existe ampla evidência de que, do início ao fim, a revolução foi planejada e orquestrada com a cobertura das muitas e poderosas lojas maçônicas que estavam brotando dentro das fronteiras francesas. Uma nova ordem mundial parecia estar ao alcance da mão e, embora os velhos instrumentos da Igreja e do Estado resistissem tenazmente, as Famílias da Estrela estavam mais uma vez exercendo sua influência.

Capítulo 12

Maçonaria e Revolução

Ninguém sabe com certeza quando ou como a Maçonaria chegou à França porque, no irromper da Revolução Francesa, os maçons reuniram todos os seus documentos sobre as origens do Ofício e os guardaram em segurança. Esses livros foram posteriormente "liberados" por um maçom escocês no final das guerras napoleônicas e, chamados de Coleção Morrison, acham-se agora na biblioteca da Grande Loja da Escócia, onde ainda esperam catalogação (Chris Knight examinou vários desses papéis; muitos estão redigidos com uma bela caligrafia e têm cartas astronômicas relacionadas às tribos de Israel).

A Maçonaria parece ter se enraizado na França entre 1726 e 1730, mas é possível que a Maçonaria escocesa tenha existido por algum tempo lá, dada a relação tradicional e íntima entre os dois países. A guarda pessoal dos reis franceses tinha, há séculos, sido parcialmente composta por soldados escoceses que formavam uma escolta de elite, ainda mais leal que as próprias tropas dos reis franceses.

De acordo com o Grande Oriente da França (o órgão que representa de longe a maior porcentagem dos modernos maçons franceses), o Ofício chegou à França por intermédio de homens do mar, particularmente os vindos da Inglaterra, que instalaram lojas maçônicas em portos como Bordeaux e Dunkerque (Dunkirk). Uma vez lá, a Maçonaria logo criou raízes e floresceu.

Um Regime Absolutista

O descontentamento entre a *intelligentsia* e as pessoas comuns da França crescia sem parar à medida que o século XVIII avançava. Durante séculos, os reis franceses tinham sido profundamente autoritários, uma tendência iniciada pelo rei Filipe IV, aquele grande inimigo dos templários (*ver* capítulo 5), em torno da virada do século XIV. A situação não era muito diferente da que existia na Inglaterra antes da Guerra Civil Inglesa do século XVII, que levara à execução do rei Charles I. Como os Stuarts na Escócia e na Inglaterra, os reis franceses se apegavam firmemente à doutrina do "direito divino". Em outras palavras, a legitimidade do rei derivava diretamente de Deus, o que significa que nenhum Parlamento ou outra instituição feita pelo homem poderia dizer ao rei que fazer. Enquanto isso, a Igreja exercia uma posição similar. Apesar dos estragos da Reforma, a França continuava sendo um país profundamente católico e, em questões espirituais, a Igreja desempenhava papel semelhante ao dos reis franceses, que por sua vez procuravam exercer o máximo possível de controle sobre a Igreja (uma tendência conhecida como galicanismo).

O rei se considerava em comunhão direta com Deus e assim sua palavra era lei absoluta. Governava e fazia leis por meio de um governo composto quase inteiramente de aristocratas. Os cidadãos comuns – incluindo, para crescente insatisfação da aristocracia, as classes médias profissionais – tinham pouca ou nenhuma voz nesse regime.

Até a revolução de 1789, a França continuou sendo um estado praticamente feudal, como fora desde os dias de Carlos Magno, mil anos antes. Um Parlamento medíocre, os Estados Gerais, de fato existia, mas era raramente convocado e não passava de um órgão consultivo, sem poderes para legislar. Era integrado por representantes dos três "estados" ou agrupamentos sociais: o primeiro estado, o clero, representava cerca de 1% da população; o segundo estado, a nobreza, representava 2%. Finalmente vinha o terceiro estado, o povo, representando 97% da população.

A nobreza, controlando o país, assegurava que seus membros continuassem, via de regra, isentos de impostos, enquanto o clero também praticamente não pagava impostos. Os membros profissionais do terceiro estado usavam sua instrução e aptidões para se livrarem de uma carga excessiva de impostos, sendo então sobre o povo mais pobre que caía o peso maior da carga tributária. Para muitos, os impostos mal deixavam dinheiro suficiente para comprar pão. Essa situação piorou no final do século XVIII, quando más colheitas e má gestão financeira levaram o governo real e a nação ao ponto de crise.

Muitos intelectuais franceses do século XVIII observavam com interesse o acordo constitucional na Grã-Bretanha após a Guerra Civil e a "Revolução Gloriosa" de 1688. Na Grã-Bretanha, desde 1688, tornara-se impensável para um monarca aumentar impostos ou mesmo simplesmente governar sem a aprovação de Parlamentos regulares. Nem mesmo a aristocracia era um grupo fechado, como na França: na Grã-Bretanha, qualquer pessoa podia ser elevado à nobreza, independentemente de suas origens. Essa mobilidade social era desconhecida na França, onde a nobreza monopolizava todos os escalões superiores do Estado: do exército ao serviço público civil.

Mas pior de tudo, o *ancien régime* não estava funcionando. Apesar de tentativas de reforma financeira, todo o sistema de taxação feudal e real era simplesmente denso e complexo demais para um remendo pequeno fazer alguma diferença. A França cambaleava de uma crise financeira a outra, tornadas piores pelas guerras dispendiosas e mal-sucedidas. Como sempre, o fardo caía nas costas dos mais pobres, cujo sofrimento fazia um feio contraste com a vida esbanjadora da nobreza. Em 1754, Jean-Jacques Rousseau, um dos grandes *philosophes* (filósofos) cujas ideias políticas influenciaram a Revolução Francesa, concluía seu *Discurso sobre as Origens e Fundamentos da Desigualdade entre os Homens* dizendo:

> É manifestamente contrário à lei da natureza, não importa como seja definida [...] que um punhado de pessoas devam se empanturrar de coisas supérfluas enquanto a multidão faminta vive com falta do necessário.

Maçonaria e Ideias Revolucionárias

Contudo, não foram os pobres trabalhadores ou camponeses que adotaram as ideias políticas e filosóficas que inflamaram a Revolução Francesa. Isso não causa surpresa porque, na época, a imensa maioria dos camponeses franceses nem sequer sabia ler ou escrever. Para o povo comum, a instrução era rudimentar ou inexistente.

Foi entre profissionais letrados e instruídos que proliferou o fervor pelas ideias do Iluminismo e pela Maçonaria. Esse grande e crescente grupo do terceiro estado é mencionado como *bourgeoisie*, literalmente "burgueses" – podemos designar assim profissionais urbanos como médicos, advogados, comerciantes, banqueiros e acadêmicos, homens que, com mais probabilidade, seriam afetados pelas ideias de *philosophes* como Voltaire e Rousseau. Socialmente, eram a contrapartida daquela mesma classe que derrubara a monarquia e vencera a Guerra Civil na Inglaterra e que, em 1776, fomentara a Revolução Americana. Era também muito mais provável que eles, e não os camponeses, se unissem às fileiras em rápido crescimento dos maçons, que estavam começando a existir por toda a França, mas especialmente nos centros urbanos.

Em 1789, muitos membros da burguesia se ressentiam seriamente de sua efetiva exclusão do governo da nação. Como os instigadores da Revolução Americana, eram um solo fértil para serem plantadas, por meio da Maçonaria, as ideias das Famílias da Estrela. Poderia ser forçado sugerir que a Revolução Francesa foi "inspirada" pelas fileiras crescentes de maçons, mas não é exagero sugerir que a Maçonaria foi um fator importante para tornar a revolução possível.

Eram limitados os locais de encontro para as pessoas discutirem reforma política num estado autoritário onde se podia ser detido, aprisionado ou mesmo executado por sedição. A Maçonaria, porém, com sua história de juramentos um tanto delicados e absoluto sigilo, proporcionava um canal razoavelmente seguro por onde conversas sobre reforma radical poderiam passar. E quando a inquietação deu lugar a uma autêntica revolta em 1789, temos muitas razões para acreditar que ela foi organizada em nível local e nacional pelo número cada vez maior das lojas do Grande Oriente.

Se a Maçonaria britânica estava avidamente procurando evitar suspeitas de deslealdade ao regime hanoveriano e havia purgado a si própria de quaisquer tendências radicais ou revolucionárias, o mesmo certamente não acontecia dentro do Grande Oriente. Eis o que o Grande Oriente atual tem a dizer sobre o tema da interferência religiosa na condução do Estado. Para qualquer pessoa que esteja começando a compreender o poder e influência do pensamento da Família da Estrela é uma interessante leitura:

A Igreja Católica Romana queria exercer um poder totalitário em seu mais estrito senso, isto é, em todos os níveis da sociedade civil, política e econômica, basicamente onde a religião tinha todo o poder.
Aspirações contínuas, embora um tanto vagas, de libertação política ou espiritual, ou ambas ao mesmo tempo, manifestaram-se contra esse poder. Na Idade Média, foi dentro da Igreja Católica que esses mo-

vimentos nasceram, mas eles foram rapidamente classificados como heréticos e logo dominados. A ideia evoluiu dos primeiros reformadores até os filósofos do século XVIII, mas ainda estava associada a duas noções diferentes de libertação:

– Liberdade de ideias ganhando pouco a pouco terreno sobre a obrigatoriedade de crenças.
– Uma sociedade exigindo liberdade política.
Contra isso a Igreja Católica, liderada por um papado, apegando-se de um [a um] poder temporal que não encontra sequer apoio em seus textos fundamentais, preferiu se esconder atrás de uma completa rejeição de todos os grupos de libertação. Na França, os mil anos de lealdade entre o rei e a Igreja tornaram as disputas religiosas inevitáveis uma vez começadas as disputas políticas.[1]

A Maçonaria francesa não dissimula suas crenças políticas e há tanta veemência no modo como as expressa que ela tem se desentendido regularmente com outras instituições maçônicas pelo mundo afora, já que pelo menos no modelo britânico, como vimos, os maçons evitam escrupulosamente discussões relativas à religião ou à política.

O Cataclismo de 1789

Na França, as coisas chegaram a uma fase crítica em 1789. Em face de uma nova crise financeira, unida a uma estiagem severa e até mesmo à fome, o rei Luís XVI convocou os Estados Gerais no início do verão. Foi declarado que o voto seria por estado, não por delegado individual, o que significava que quaisquer reformas propostas pelo terceiro estado seriam quase certamente vetadas pelo bloco da aristocracia e do clero. Os acontecimentos se desenrolaram com rapidez. Tornou-se óbvio para os muitos maçons de destaque do terceiro estado que, se a Nova Jerusalém devesse um dia surgir em solo francês, uma ação drástica se fazia necessária. Os membros do terceiro estado, portanto, racharam, se autodeclarando "Assembleia Nacional Constituinte" (único parlamento legítimo da França), e se recusaram a se dispersar. Vários nobres e clérigos moderados juntaram-se a eles.

Em 14 de julho de 1789, a *bourgeoisie* obteve o apoio da grande massa da população de Paris. Nas primeiras horas da manhã, uma multidão enfurecida irrompeu na prisão dos Invalides, onde encontrou 32.000 mosquetes, mas nenhuma munição. Espalhou-se o rumor de que a pólvora estava estocada na ainda mais infame prisão da Bastilha. No final daquele dia a Bastilha foi tomada de assalto – um acontecimento que passou à história como sendo o verdadeiro início da Revolução Francesa. O rei Luís XVI, voltando de uma caçada naquela mesma noite, escreveu uma única palavra na página reservada para o dia em seu diário: "Rien" (Nada). Quando um ministro trouxe as notícias de Paris, o rei perguntou: "É uma revolta?" Ao que o ministro respondeu: "Não majestade, é uma revolução".

O controle da situação rapidamente escapou das mãos do bem-intencionado, mas indeciso Luís. Seguiu-se então uma demorada e finalmente sangrenta batalha entre os moderados, conhecidos como *girondinos*, e os intelectuais radicais conhecidos como *jacobinos*. Esse grupo, que incluía muitos maçons, começara como *Club Breton*, que tinha entre seus membros pensadores de destaque como Jean-Paul Marat e Robespierre. A princípio também fora moderado, mas logo se tornara mais radical em suas exigências. Ampliou o número de membros e logo se tornou uma das mais poderosas instituições da França. No auge de sua influência, tinha entre cinco e oito mil células espalhadas por toda a França, com um número de filiados estimado em mais de meio milhão de pessoas.

Talvez o maior dos líderes jacobinos tenha sido Georges-Jacques Danton, um advogado de Champagne que tinha escritório em Paris. Como a maioria de seus contemporâneos no Clube Jacobino, era também um maçom importante, com uma fidelidade particular à Loja das Nove Irmãs, em Paris, batizada assim em homenagem à constelação de estrelas mais comumente chamada de Plêiades. Essa muito peculiar loja maçônica, hoje pouco conhecida, dera um significativo encorajamento à Revolução Americana e muito fizera para produzir uma réplica francesa.

A Loja das Nove Irmãs fora fruto da imaginação de Jérome Lalande, que acabaria se tornando um dos mais famosos astrônomos e matemáticos da França. A loja foi criada em março de 1776 com a intenção declarada de fornecer um local de estudo para cientistas, intelectuais e artistas maçônicos. Alguns dos maiores pensadores franceses da época eram membros da loja, incluindo Voltaire, que se tornou maçom tarde na vida, filiando-se à Loja das Nove Irmãs na terça-feira, 7 de abril de 1778. O clímax da cerimônia veio quando um irmão americano de visita, Benjamin Franklin, da Filadélfia, passou a Voltaire o avental maçônico, que o grande Claude Helvetius, filósofo suíço e maçom (1715-1771), usara antes dele. Voltaire levou o avental aos lábios envelhecidos e o beijou.

Em flagrante desatenção a seus compromissos maçônicos ante a Grande Loja da França, a Loja das Nove Irmãs fez muita coisa para promover a rebelião americana e a guerra de independência que a seguiu. Os membros das Nove Irmãs apoiaram abertamente os revolucionários americanos e os mais ricos dentre eles doaram grandes somas de dinheiro para dar suporte à guerra contra o domínio britânico. Em maio de 1779, Franklin foi eleito Grande Mestre da Loja das Nove Irmãs e conseguiu influenciar o governo francês a declarar guerra à Grã-Bretanha e, por conseguinte, a dar apoio militar ostensivo ao jovem Estados Unidos.

A Loja das Nove Irmãs parece ter andado obcecada em tentar compreender as origens da Maçonaria, que ela acreditava ser extremamente antiga. Foram feitas muitas palestras por respeitados membros da Academia de Ciências e outras instituições respeitáveis, explicando como a Maçonaria incorporou importantes mitos e tradições das literaturas egípcias, gregas e romanas. Essas palestras tiveram lugar durante as duas grandes assembleias culturais realizadas em 1779 e algumas delas levaram a obras publicadas.

Em grande parte, uma vez iniciada, a Revolução Francesa assumiu a forma de uma convulsão impossível de ser contida. Em 1792, com o rei agora deposto e aprisionado, os jacobinos estavam à frente de um regime republicano que parecia, no entanto, longe do ideal democrático dos Estados Unidos. Durante vários meses, o eufemisticamente denominado "Comitê de Segurança Pública" enviou centenas de aristocratas, clérigos e opositores políticos para a guilhotina, no que ficou conhecido como "Reinado do Terror". O rei Luís XVI foi executado a 21 de janeiro de 1793 e sua rainha o seguiu mais para o final do mesmo ano.

O poder oscilava de um lado para o outro entre diferentes grupos e, em certas ocasiões, os mais ardorosos e extremados dentre os próprios revolucionários originais tornaram-se alvo do terror crescente que sacudia o país. Assim, quando a facção de Danton rompeu com Robespierre, este conseguiu ver Danton guilhotinado antes de ele próprio cair vítima de outra facção. Mas independentemente de onde se encontrasse o verdadeiro poder em Paris, um fato era certo: o poder absoluto da monarquia e da Igreja fora destruído e (não obstante o surgimento de Napoleão, saudado como alguém que vinha dar fim ao caos e ao governo arbitrário dos revolucionários) nem uma nem outra jamais voltou a ter condições de exercer o mesmo poder que antes de 1789.

O grito de liberdade que tinha se erguido no jovem Estados Unidos era proferido ainda mais alto na França. Em ambos os países, "liberdade" era muito mais que uma simples máxima – como vimos (*ver* p. 245), também assumia uma concretude física.

Por ordem do governo revolucionário da França, o cristianismo foi oficialmente abandonado como religião de estado em novembro de 1793. Para deixar a coisa clara, uma bela e jovem atriz chamada Mlle Malliard foi levada a 10 de dezembro para a catedral de Notre Dame (de Nossa Senhora) em Paris. Lá foi vestida com uma túnica clássica e instalada no altar-mor da catedral. O que se seguiu foi uma cerimônia improvisada na qual a "deusa" da revolução acendeu uma vela, chamada de luz da razão. A figura dessa jovem mulher tornou-se conhecida como "Deusa da Razão", contrapartida direta da deusa Liberdade nos Estados Unidos. Durante algum tempo, a catedral ficou conhecida como Templo da Razão.

É interessante lembrar que a mais famosa imagem de Liberdade (a Deusa da Razão) na América veio realmente da França, sendo inteiramente de inspiração maçônica. Trata-se, é claro, da Estátua da Liberdade que enobrece o porto de Nova York. A estátua, que foi paga com subscrições públicas na França e entregue como presente aos Estados Unidos no seu centenário, foi concluída e ofertada em outubro de 1886. Uma placa em sua base deixa claro que, embora paga pelo povo francês como um todo, a Estátua da Liberdade era na realidade um presente dos maçons do Grande Oriente da França. Essa enorme estátua segura uma tocha que representa a mesma vela acesa por Mlle Malliard na Catedral de Notre Dame em 1793.

Seria impossível provar que a Revolução Francesa foi orquestrada por uma única entidade, mas a Maçonaria parece ter estado no centro desse turbilhão de acontecimentos. Contudo, à medida que diferentes facções caíam e se erguiam em Paris, não apenas muitos dos principais maçons, que tinham trabalhado por uma derrubada do poder real e do poder da Igreja, acabaram com suas próprias cabeças na guilhotina, mas a própria Maçonaria foi também expurgada e banida, durante algum tempo, pelo governo revolucionário. Não obstante, a Igreja Católica censurou e ainda censura a Maçonaria pelos acontecimentos que tiveram lugar na França desde 1789 e foi como resultado desses acontecimentos que a Igreja começou a lutar tenazmente contra a própria existência da Maçonaria.

Igreja *versus* Ofício

Sucessivos papas foram de opinião que a Revolução Francesa foi meramente a manifestação de um desejo por parte da Maçonaria de destruir a base de poder da Igreja. O ataque deliberado e concentrado de Roma contra o Ofício culminou num estranho documento publicado pelo papa Pio IX em 1860. Foi a *Alta Vendita* e, se autêntico, comprova nossas observações relativas às Famílias da Estrela remanescentes e ao modo como usavam cada instituição possível para alcançar seus objetivos finais.

Antes de olharmos para o documento em si, vamos examinar um pouco o contexto histórico. Embora Pio IX o tenha tornado público, o documento já teria supostamente chegado às mãos de seu predecessor, o papa Gregório XVI. Gregório não passou à história como o mais inteligente ou mais liberal ocupante do alto cargo ao qual fora elevado em fevereiro de 1831. Na verdade, ele não teve um início de pontificado particularmente auspicioso, pois assim que assumiu o trono papal ocorreu na Itália uma grande sublevação. Os próprios estados papais – pois naquele tempo o papa era também monarca temporal, governando uma extensa faixa do centro e do noroeste da Itália – foram temporariamente capturados por uma confederação de rebeldes que proclamou um "Governo Provisório" para toda a região. Só apelando à Áustria católica, Gregório conseguiu finalmente expulsar os revolucionários do norte da Itália.

O novo papa, cujo nome de batismo era Bartolomeo Cappellari, tinha escolhido o nome Gregório em homenagem a Gregório XV, um papa do século XVII que se destacara na fundação de um movimento da Igreja chamado *Propaganda Fidei* ("Congregação Para a Propagação da Fé"), que procurava introduzir o Catolicismo Romano nos territórios recentemente descobertos.

Gregório XVI era um adversário conservador e obstinado de qualquer tipo de liberalismo. Seu reinado veio num momento de grave convulsão, não apenas dentro da Itália, mas em grande parte da Europa. O legado da revolução Francesa e a era napoleônica que se seguiu ainda estavam frescos na mente de muita gente e os movimentos revolucionários pró-mudanças democráticas estavam quase sempre surgindo numa parte ou outra da Europa. Em julho de 1830, ano anterior à eleição de Gregório, a França fora de novo sacudida pela deposição do rei Charles X, dando fim à monarquia Bourbon, restaurada após a derrota de Napoleão, em proveito do regime mais liberal do rei Luís Filipe. Era nessa atmosfera de convulsão política e distúrbio civil que Gregório encarava de forma desfavorável qualquer organização ou instituição que parecesse fermentar a inquietação ou o republicanismo.

Os Carbonários

Uma dessas organizações, que estava na verdade perdendo sua força de atração na época em que Gregório chegou ao papado, era conhecida como *carbonários*. As origens dessa instituição de estilo nitidamente maçônico são desconhecidas. Os carbonários apareceram inicialmente na França ou na Itália, por volta do final do século XVIII, mas só começaram a exibir algum poder real em torno de 1814, na Itália. Parecem ter sido uma imitação deliberada da Maçonaria. A palavra "carbonários" significa "carvoeiros" e enquanto a Maçonaria convencional baseia seus ritos, história e cerimônias no ofício de pedreiro, os carbonários tinham práticas semelhantes, mas voltadas agora para a profissão de produzir o carvão.

Os carbonários foram alimentados por intelectuais da classe média, a maior parte dos quais partidários naturais da revolução que ocorrera na França algumas décadas mais cedo. É possível que os carbonários tenham surgido como resultado da influência maçônica entre tropas de Napoleão, que haviam ocupado grandes áreas da Europa Ocidental, incluindo a Itália. Sobre o que não há qualquer dúvida é que os membros dos carbonários viam uma íntima associação entre seus objetivos e práticas e os da Maçonaria, a tal ponto que qualquer Mestre Maçom podia frequentar reuniões dos carbonários, onde seria considerado membro pleno e perfeito.

Nos distúrbios políticos extremamente complicados que envolveram a Itália durante a última parte do século XVIII e a primeira metade do século XIX, presumiu-se que a inquietação estivesse sendo continuamente fomentada pelos carbonários, mas até que ponto era esse o caso realmente não se sabe, porque os membros dos carbonários estavam tão sujeitos a juramentos de sigilo quanto seus equivalentes maçons.

A associação aos carbonários assumia uma forma muito parecida com a associação à Maçonaria. No lugar das lojas, os carbonários tinham *vendite* (singular *vendita*), nome de um local onde se vendia carvão. Suas lojas eram conhecidas como *baracche* (singular *baracca*), palavra italiana para cabana, e a loja-mãe de todos os carbonários era conhecida como *Alta Vendita* ("Loja Suprema"), versão carbonária da "Grande Loja" maçônica. Representantes de todas as *vendite* participavam da Alta Vendita.

Os carbonários se subdividiam em duas classes, aprendizes e mestres, o que de novo se parecia muito com os graus da Maçonaria. O reconhecimento vinha por meio de formas específicas de apertos de mão e por meio de sinais particulares, conhecidos somente pelos carbonários. Na realidade, o único aspecto importante pelo qual os carbonários se diferenciavam da Maçonaria residia no fato de apresentarem elementos formalmente cristãos em seus rituais.[2] A maioria dos carbonários era, pelo menos nominalmente, católica romana.

A organização mostrava uma reverência específica por um santo chamado Teobaldo. A princípio não parecia haver qualquer coisa especialmente significativa em torno de São Teobaldo, mas quando investigamos com um pouco mais de profundidade, algo muito surpreendente veio à tona. Ficamos sabendo que Teobaldo nascera no início do século XI em Provins, Champagne. Isso já seria em si mesmo uma ligação interessante, mas Teobaldo não era filho de uma família qualquer. De acordo com a tradição, seu pai era Arnoul, conde de Champagne e ancestral direto dos condes Hugues e Teobaldo II (Thibaud) de Champagne. Como vimos (ver capítulo 6), os condes de Champagne encabeçavam uma das mais destacadas Famílias da Estrela do norte da Europa.

Nova investigação mostrava que o ano mais provável de nascimento do santo era 1017. Educado para uma carreira militar, ele abandonou seu estilo de vida marcial antes de completar 20 anos e, com autorização do pai, passou a viver como eremita. Morou em vários lugares e viajou muito, mas acabou se fixando em Salanigo, Itália. Lá, teve uma existência ainda mais isolada, embora em 1066, perto de sua morte, tenha se tornado monge da Ordem Camaldulense, que usava hábitos brancos similares aos dos cistercienses, que surgiram mais tarde.

Não se sabe exatamente por que São Teobaldo foi adotado como santo padroeiro dos carvoeiros, mas talvez isso se deva simplesmente ao fato de ter vivido uma existência tão isolada, como os carvoeiros também eram obrigados a viver por causa da própria profissão.

Apesar das supostas inclinações católicas e da reverência por São Teobaldo, os carbonários sempre estiveram em choque com a Igreja. Dizia-se que, em suas reuniões, relatavam uma versão da paixão de Cristo que, para a Igreja, era blasfematória.

O mais interessante acerca dos acontecimentos relativos aos carbonários que tiveram lugar durante o papado de Gregório XVI é que a organização, pelo menos aparentemente, desaparecera na época em que ele começara a ocupar o trono papal. Corriam rumores de que os carbonários haviam tomado parte na revolução de 1830 na França, mas isso foi quase a última coisa que a história soube deles até três décadas mais tarde, quando a *Alta Vendita*, um documento que parecia conter instruções para uma derrubada do poder da Igreja conduzida pelos carbonários, foi tornado público pelo sucessor de Gregório, o papa Pio IX. Alega-se que Gregório fora o primeiro a se apoderar do documento, mas não se sabe por que ele próprio não o havia publicado. Um fato, no entanto, é certo: em 1860, os carbonários tinham desaparecido do registro histórico.

O Documento da *Alta Vendita*

De onde veio o documento continua sendo um mistério. Ao que parece o papa Gregório deixara instruções para que sua fonte fosse cuidadosamente preservada. Ele afirmava conhecer pessoalmente alguns dos envolvidos em sua criação e talvez o sigilo fosse uma tentativa de proteger determinados indivíduos. Tem de ser dito também que o documento, ainda conhecido como *Alta Vendita*, pode perfeitamente ser uma falsificação concebida pelo próprio Gregório ou um de seus funcionários papais – e essa possibilidade não pode ser ignorada. Houve e há muitos homens habilidosos na hierarquia papal. Contudo, tendo em mente os acontecimentos que vimos se desenrolarem na Europa Ocidental, já desde o século XI, e convencidos como estamos de que grupos específicos de pessoas mantiveram um ataque consistente, ainda que clandestino, contra a Igreja Católica, para nós a *Alta Vendita* tem o timbre da verdade. Aqui está o trecho da *Alta Vendita* que se mostrou mais explosivo:

> Nossa Meta Suprema é a de Voltaire e da Revolução Francesa: a destruição final do catolicismo e da própria ideia cristã [...]
> O papa, seja ele quem for, jamais irá às sociedades secretas; cabe às sociedades secretas dar o primeiro passo em direção à Igreja, tendo em mente uma conquista dupla.[3]
> A tarefa que vamos empreender não é trabalho para um dia, para um mês ou para um ano; pode durar vários anos, talvez um século; mas em nossas fileiras o soldado morre e a luta continua.
> Não pretendemos ganhar os papas para nossa causa, para fazê-los neófitos de nossos princípios, propagadores de nossas ideias. Seria um so-

nho ridículo; e se os acontecimentos seguirem determinado curso, se cardeais ou prelados, por exemplo, por iniciativa própria ou por acaso, compartilharem uma parte de nossos segredos, isso não é absolutamente um incentivo para desejar sua elevação ao Trono de Pedro. Tal elevação nos arruinaria. Se só a ambição os tivesse levado à apostasia, as exigências do poder os forçariam a nos sacrificar. O que devemos pedir, o que devemos procurar e esperar, como os judeus esperam o Messias, é um papa em harmonia com as nossas necessidades [...]

Com isso marcharemos para o ataque contra a Igreja com mais segurança do que com os panfletos de nossos irmãos na França e mesmo o ouro da Inglaterra. Querem saber a razão? É que assim, para despedaçar a rocha alta sobre a qual Deus construiu Sua Igreja, não precisamos mais do vinagre de Aníbal, nem precisamos de pólvora ou sequer de nossas armas. Temos o dedo mínimo do sucessor de Pedro [o papa] envolvido na manobra e esse dedo mínimo é tão bom, para essa cruzada, quanto todos os Urbanos Segundos e todos os Santos Bernardos da cristandade.

Não temos dúvida de que alcançaremos esse objetivo supremo de nossos esforços. Mas quando? Mas como? O desconhecido ainda não é revelado. Não obstante, como nada deve nos desviar do plano traçado, como tudo, pelo contrário, deve servir para isso, como se amanhã mesmo o sucesso fosse coroar o trabalho que mal está esboçado, desejamos, nesta instrução, que permanecerá secreta para os iniciados comuns, dar aos oficiais a cargo da suprema Vendita alguns conselhos que eles devem instilar em todos os irmãos, na forma de instrução ou de um memorando [...]

Agora então, para assegurar que tenhamos um papa com as dimensões exigidas, trata-se primeiro de preparar [...] para esse papa uma geração digna do reino com o qual estamos sonhando. Deixemos de lado pessoas idosas e os que já têm idade madura; partamos para o jovem e, se for possível, até mesmo para as crianças [...] Conseguireis para vós próprios, com um custo pequeno, reputação de bons católicos e autênticos patriotas.

Essa reputação favorecerá o acesso a nossas doutrinas no meio do clero jovem e vai enraizá-las nos mosteiros. Em alguns anos, pela força das coisas, esse clero jovem vai desempenhar todas as funções; eles constituirão o concílio soberano, serão convocados para escolher o pontífice que irá reinar. E esse pontífice, como a maior parte de seus contemporâneos, estará necessariamente mais ou menos imbuído dos princípios italianos e humanitários que vamos começar a pôr em circulação. É um pequeno grão de mostarda preta que estamos confiando ao solo; mas o sol da justiça vai fazer com que ele desenvolva seu mais alto potencial e veremos, um dia, que colheita farta essa pequena semente produzirá.

No caminho que estamos expondo a nossos irmãos, encontraremos grandes obstáculos a superar, dificuldades de toda sorte a vencer. Nossos irmãos triunfarão sobre eles pela experiência e pela lucidez; mas a meta é tão esplêndida que é importante pôr todas as velas ao vento para atingi-la. Se quereis revolucionar a Itália, procurai o papa cujo retrato acabamos de traçar. Se desejais estabelecer o reino dos escolhidos sobre o trono da prostituta da Babilônia, deixai o clero marchar sob vosso estandarte, sempre acreditando que estão marchando sob a bandeira das chaves do apostolado. Se pretendeis fazer desaparecer o último vestígio dos tiranos e dos opressores, jogai vossas redes como Simon Bar-Jona [São Pedro]; jogai-as nas sacristias, nos seminários e nos mosteiros em vez do fundo do mar: e se não tiverdes pressa, prometemos uma captura mais milagrosa que a dele. O pescador de peixes tornou-se pescador de homens; vós colocareis amigos ao redor da cadeira apostólica. Tereis pregado uma revolução com manto e mitra, marchando com a cruz e a bandeira, uma revolução que só precisará ser um pouquinho estimulada para colocar em chamas os quatro cantos do mundo.[4]

Vários fatores relativos à *Alta Vendita* captaram nossa atenção. Primeiramente teríamos o método pelo qual os carbonários – presumindo que o documento seja autêntico – sugeriram que a Igreja Católica poderia ser finalmente derrotada. Não haveria guerra nem confrontação direta porque, com a estratégia correta, ataques armados se mostrariam inteiramente desnecessários. O modo de derrotar o Catolicismo Romano, acreditavam os líderes da *Alta Vendita*, era pela destruição do poder da Igreja a partir de dentro. Jovens devotos dos carbonários seriam enviados para os seminários, onde seriam preparados para serem ordenados como padres. Conservariam suas simpatias pelos carbonários e, aos poucos, iriam ascendendo pelas fileiras do clero, tornando-se bispos, cardeais e, talvez um dia, até mesmo papas.

O documento se refere especificamente a Roma como "Prostituta da Babilônia". É uma alusão à Bíblia, especificamente ao Apocalipse. No capítulo 17, o autor é confrontado por uma mulher sentada numa besta escarlate com sete cabeças. Ela é mencionada como a "prostituta" ou "rameira da Babilônia" e o autor do Apocalipse não deixa dúvida de que a intenção é que a mulher representasse Roma, conhecida por ter sido construída sobre sete colinas. A mulher está vestida em púrpura e escarlate – cores usadas pelos imperadores romanos (e mais tarde pelos cardeais e papas) e em sua testa está escrito: "Mistério, Babilônia a Grande, Mãe das Meretrizes e das Abominações da Terra". Somos informados de que essa mulher estava embriagada do sangue dos santos e mártires e o autor encerra o capítulo sugerindo que "a mulher que viste é a grande cidade que domina sobre os reis da terra".[5]

Essa cidade, sugere o autor, com toda a sua maldade e depravação, terá de ser despojada de seu poder antes que o verdadeiro reino de Deus possa se tornar manifesto sobre a terra e a Nova Jerusalém seja construída.

De relevância específica na *Alta Vendita* é o parágrafo cinco do trecho acima, onde os autores sugerem que a força das armas não é o caminho certo para destruir a Igreja Católica, que ao contrário o dedo mínimo do "sucessor de Pedro" (o papa) será suficiente para vencer a batalha. O parágrafo termina sugerindo: "Esse dedo mínimo é tão bom para essa cruzada quanto todos os Urbanos Segundos e todos os São Bernardos da cristandade".

É particularmente interessante que os autores da *Alta Vendita* tenham usado especificamente esses dois nomes. Ambos os homens, como vimos nos capítulos 4 e 6, eram de extração aristocrática em Champagne e cada um teve, até aqui, participação significativa em nossa história. O papa Urbano II, originariamente Odo de Lagery, foi o papa que convocou a primeira cruzada no final do século XI (*ver* capítulo 4), enquanto São Bernardo (São Bernardo de Clairvaux) provavelmente contribuiu mais para o redirecionamento do poder da Igreja Católica e a transformação da sociedade que qualquer outro indivíduo que tenha vivido até agora (*ver* capítulo 5). Contudo, na mente de católicos piedosos, esses homens não seriam considerados nem um pouco radicais ou anticatólicos. Ambos são profundamente venerados. Urbano II foi "beatificado", o que significa que está a meio caminho de se tornar santo, enquanto Bernardo de Clairvaux, além de ser um santo muito admirado, é considerado um dos grandes "doutores" (mestres) da Igreja.

Essa seção particular da *Alta Vendita* pode ser lida de duas formas nitidamente distintas. Por um lado o autor poderia estar invocando Urbano II e

São Bernardo porque eram dois dos mais venerados homens que serviram à Igreja. Contudo, parece-nos muito mais provável que quem quer que tenha escrito a *Alta Vendita* soubesse perfeitamente que, tanto Urbano quanto Bernardo eram membros de uma irmandade cujos objetivos eram reformar por completo o Catolicismo Romano, ou até mesmo destruí-lo inteiramente.

Demonstramos em capítulos anteriores como esses dois homens, cada qual do seu jeito, estavam contribuindo para uma diminuição do poder de Roma: Urbano fazendo com que a importância de Roma fosse suplantada por Jerusalém e pela Terra Santa; Bernardo promovendo a Ordem Cisterciense, que tanto direta quanto indiretamente provocava uma mudança calma, mas indiscutível na sociedade – deslocando o poder para as massas pelo desenvolvimento da indústria e do comércio.

Pio IX e os Maçons

Temos de nos perguntar por que, numa época em que os carbonários tinham deixado efetivamente de existir, o papa Pio IX e seu predecessor Gregório XVI ficaram tão obcecados por um documento como a *Alta Vendita*. A resposta não é difícil de achar. Gregório XVI foi um dos papas mais radicalmente conservadores de seu tempo e, portanto, não causaria espanto vê-lo aproveitar qualquer pretexto para atacar o livre pensamento e o liberalismo. Pio IX era, de início, um indivíduo com inclinações liberais, mas entre o começo e o fim de seu longo papado a coisa se modificou.

Foi durante o reinado de Pio IX que os extensos estados papais, terras governadas há séculos diretamente pelo papa, finalmente sucumbiram às forças da unificação italiana. Paradoxalmente, Pio era em parte culpado desse estado de coisas. Em 1846, começara o papado determinado a endireitar o que via como erros de seu predecessor. Lutou de forma tenaz pelos direitos humanos, por liberdade de expressão política e muitos outros líderes dos vários estados independentes da Itália seguiram o seu exemplo. Mas em vez de abrandar a inquietação, essa atitude simplesmente levou a um clamor ainda maior por liberdade política e pela unificação da Itália. Esta ocorreu enquanto Pio IX ainda era papa, em 1861, sob a liderança do rei Vítor Emanuel, da casa de Saboia – uma importante Família da Estrela na região do sul da França e norte da Itália. Sobre Pio IX caiu a humilhação de perder os estados papais e se tornar o governante temporal de apenas uma parte minúscula da própria Roma – o Vaticano.

Esses acontecimentos endureceram as atitudes do papa. Não há dúvida de que Pio IX se tornou amargo e desconfiado ao ver suas crenças e ações moderadas tendo efeito contrário ao pretendido. Nem causa surpresa que a data escolhida por Pio para divulgar a transcrição da *Alta Vendita* fosse 1860, um momento em que a unificação da Itália era iminente e a perda dos estados papais parecia inevitável. A essa altura, Pio já estava absolutamente desconfiado de todas as sociedades secretas e dos maçons em particular, que, ele tinha certeza, haviam contribuído para seus próprios problemas e para os problemas da Igreja. Com toda a probabilidade, não tinha prova direta das intenções dos maçons com relação à unificação italiana, mas possuía o documento que lhe fora deixado por Gregório XVI. Talvez esse documento não fosse uma admissão franca da determinação da Maçonaria em destruir a Igreja Católica mas, por estar relacionado com os carbonários quase maçônicos, era praticamente isso.

É quase certamente por essa razão que a *Alta Vendita* apareceu precisamente naquele momento, provocando uma comoção entre os católicos. Se for autêntica, e a nosso ver provavelmente é, representa um plano, talvez não da parte dos maçons, mas certamente de uma entidade intimamente associada, para se infiltrar e por fim destruir não apenas a Igreja Católica Romana mas, como a própria *Alta Vendita* sugere, "a própria ideia cristã".

Alguns grupos hoje insistem que a Maçonaria é uma força perigosa e destrutiva que se opõe ao cristianismo. Não vemos razão para dar suporte a essas ideias, mas parece que outras entidades, talvez pseudomaçônicas ou relacionadas com a Maçonaria, tiveram a intenção de minar o poder da Igreja – talvez até o próprio cristianismo. O aparecimento da *Alta Vendita* e a reação que ela provocou da Igreja Católica Romana, em seu nivel mais alto, aponta fortemente para uma guerra silenciosa contra a Igreja desde o século XI.

Existem hoje muitos grupos ao redor do mundo que se agarram à evidência da *Alta Vendita* como prova positiva de que a Maçonaria continua sendo parte de um plano, antigo e consciente, de alterar o mundo e criar o que é, em geral, mencionado como "Nova Ordem Mundial". Na Internet há uma proliferação de sites dedicados especificamente a despertar a consciência do público sobre "conspirações" maçônicas.

Os Illuminati

Poucos dos sites da Internet em questão poderiam ser descritos como racionais. Muitos, na realidade, pouco mais são que histeria paranoica, tendo com frequência um caráter violentamente antissemita, assim como anti-maçônico. Entre suas numerosas afirmações infundadas está a ideia de que, escorando a Maçonaria, há uma entidade misteriosa e sombria conhecida como os *Illuminati*. Os Illuminati são geralmente descritos pelos teóricos da conspiração maçônica em termos que os fazem parecer "magos negros" ou "satanistas", e praticamente não há um desvio ou reviravolta negativos na história do mundo, nos últimos duzentos anos, que não seja atribuído a eles por um ou outro desses teóricos da conspiração.

Mesmo se rejeitamos as afirmações mais extravagantes dos sites das teorias da conspiração acerca da natureza sinistra e do papel dos Illuminati, ainda assim vale a pena examinar qualquer possível ligação entre eles e os maçons. Para nós, a genuína existência dos Illuminati poderia também acrescentar peso a nossas próprias descobertas com relação às Famílias da Estrela.

É hoje geralmente aceito que os Illuminati foram instituídos em 1776 por Adam Weishaupt, professor de direito canônico na Universidade de Ingolstadt, na Bavária, Alemanha. De fato não há dúvida ou confusão a esse respeito porque Weishaupt designou especificamente sua nova organização de "Ordem dos Illuminati". Contudo, antes de olharmos mais de perto para Weishaupt, suas aspirações, objetivos e ações, precisamos reconhecer que a própria palavra Illuminati não foi invenção dele, pois já existia há muitos séculos.

Os Amauricianos

Illuminati significa simplesmente "iluminados", tendo um significado muito parecido com o termo "gnóstico", alguém que possui *gnose*, sabedoria ou conhecimento iluminados. Embora possam ter existido grupos de origem realmente antiga que usaram o nome, seu primeiro aparecimento reconhecido é de cerca de 1200 d.C., com os seguidores de um teólogo francês chamado Amauri de Bena (Amaury de Bène). Nascido em Bène, perto de Chartres, na França, Amauri lecionava na Universidade de Paris e, provavelmente devido a suas crenças tão incomuns, logo atraiu um grupo significativo de seguidores. Depois de sua morte, eles se tornaram conhecidos como "amauricianos", mas frequentemente se referiam a si próprios como "Illuminati". É interessante observar que, embora Amauri tenha sido forçado pela Igreja a se retratar de suas opiniões, sob ameaça de morte, seus seguidores continuaram a pregar suas doutrinas. Tinham como base de operações – e talvez isto não cause grande surpresa – Champagne.

Amauri acreditava que filosofia e religião eram essencialmente a mesma coisa. Na época, isso não era uma ideia nova e boa parte do pensamento de Amauri vinha de um teólogo e filósofo irlandês mais antigo, João Escoto Eriúgena (cerca de 815-77). O que Eriúgena passou a Amauri por meio de seus escritos foi um olhar neoplatônico sobre o cristianismo ortodoxo.

Os neoplatônicos tinham se originado no século III, em Alexandria, Egito, onde seguiam os ensinamentos do antigo filósofo grego Platão. Suas crenças, no entanto, estavam impregnadas de elementos de judaísmo e misticismo cristão. O neoplatonismo sugere que existe uma fonte única da qual toda a existência deriva e que a alma individual de qualquer pessoa pode ser misticamente unida a essa fonte primária.

No centro do ensinamento de Amauri se acha a crença de que Deus é tudo e que a pessoa que persiste no amor a Deus é incapaz de cometer qualquer pecado. Era uma visão perigosa no que dizia respeito às autoridades da Igreja, que queriam manter total controle sobre o que era e o que não era pecado. Tais ideias levariam ao pensamento independente e tinham de ser podadas no nascedouro. Em 1204, a Universidade de Paris condenou os ensinamentos de Amauri como heréticos e Roma apoiou o veredito. Amauri foi forçado a se retratar e teve sorte de escapar com vida.

Depois da morte de Amauri, em cerca de 1205-1207, os seguidores levaram mais longe suas crenças heréticas. Declararam que Deus tinha se revelado e o faria de novo; era uma manifestação tripla. Tinha havido, afirmavam os amauricianos, a era do Pai e a era do Filho. O que estava por vir seria a era do Espírito Santo, que começava com Deus se manifestando como o próprio Amauri. Alguns dos amauricianos tomavam as palavras do mestre em sentido demasiado literal e, dentro da interpretação que davam a elas, podiam fazer absolutamente *qualquer coisa* que desejassem, livres da possibilidade de castigo divino. Em 1209, alguns deles foram queimados na fogueira, juntamente com o cadáver exumado de Amauri. Amauri foi formalmente condenado pelo Concílio de Latrão em 1215.

Não obstante, Amauri estava entre os primeiros pensadores ocidentais, desde os tempos antigos, a se debruçar de forma exaustiva sobre a filosofia grega do neoplatonismo. Ao fazê-lo, abriu um precedente muito importante no que dizia respeito ao desenvolvimento futuro do pensamento político e religioso europeu.

É um tanto difícil diferenciar entre o olhar neoplatônico de Amauri e a atitude de místicos cristãos mais ou menos contemporâneos como São Bernardo de Clairvaux. São Bernardo descreveu um dia Deus como sendo "altura, largura, comprimento e profundidade". Sua visão nitidamente mística do cristianismo sugeria que a ciência profana não podia ser estudada exceto como contribuição para a vida espiritual. A principal diferença entre Bernardo e Amauri é que Bernardo pelo menos parecia observar com atenção a linha divisória, na medida em que sua fé pessoal jamais esteve frontalmente em choque com o ensinamento da Igreja. Bernardo sempre tomava inspiração de fontes bíblicas, mesmo se algumas eram tão confusas, obscuras e nitidamente anticristãs quanto o Cântico dos Cânticos. São Bernardo tinha também uma posição política singular e muito forte. Não teve medo real de sucessivos papas, porque fora responsável pela chegada de alguns deles ao poder.

A Igreja repudiou e tentou mesmo destruir todos aqueles que adotaram um franco neoplatonismo. A ideia como um todo parecia demasiado radical para uma organização sem lugar para a opção ou liberdade pessoais. As autoridades civis concordavam, porque todos os governantes da Europa medieval eram de natureza despótica e qualquer forma de livre expressão, para não dizer democracia, era desconhecida.

O cristianismo não foi o único a ser um tanto influenciado pelo pensamento neoplatônico. Este teve também um impacto considerável sobre as crenças de um número significativo de muçulmanos, particularmente no sufismo, a face mística do islã. O fato não era desconhecido por Adam Weishaupt, porque seus próprios Illuminati apoiavam-se em bases sufistas – a tal ponto que ele foi acusado, ainda em vida, de ser um muçulmano disfarçado.

As comunidades amauricianas continuaram existindo, a princípio abertamente e depois em segredo, cruzando muitas fronteiras mas presentes especialmente em Champagne, entrando bem pelo século XIV. Suas crenças tiveram um impacto profundo sobre outras comunidades, como os *beghards* de Colônia. Amauri também impressionou um homem cujo nome ainda é bastante conhecido em círculos religiosos. Nascido Johannes Eckhart von Hochheim, esse monge dominicano, mais conhecido como Mestre Eckhart, também adotou pontos de vista neoplatônicos.

Adam Weishaupt

Depois de perdermos de vista, no século XIV, os amauricianos e cultos relacionados, o termo Illuminati desaparece do uso comum e só torna a emergir no século XVIII. O quanto Adam Weishaupt tinha em comum com os Irmãos do Espírito Livre* e outros grupos inspirados por eles é tema aberto a discussão, mas há pouca dúvida de que estava ciente do legado deles, assim como da existência de elementos similares dentro do islã.

Adam Weishaupt nasceu em 6 de fevereiro de 1748 de uma família judia que se convertera ao cristianismo, sendo educado em escolas jesuítas durante toda a infância. Como se mostrava muito promissor, particularmente como linguista, as autoridades da Igreja local o destinaram ao sacerdócio e, em particular, ao trabalho missionário. Adam não concordou e usou sua educação de modo bem diferente. Graças a bons contatos de família, além de seu próprio talento, conseguiu um lugar de professor de direito canônico na Universidade de Ingolstadt, Alemanha. Isso enfureceu os líderes locais da Igreja, porque era a primeira vez que um posto como aquele fora oferecido a uma pessoa leiga.

Weishaupt tinha um forte interesse pela história, mas também estudava filosofia. Possuía mente fértil e mostrava um fascínio particular pelo antigo Egito, sobre o qual, naquela época, havia pouquíssima informação específica.

Em 1771, quando tinha apenas 23 anos, Weishaupt decidiu criar o que pretendeu francamente que fosse uma sociedade secreta. Seus objetivos seriam transformar a raça humana e abolir todos os poderes espirituais e temporais. Ao organizar o que logo passou a chamar de "Illuminati", Weishaupt trouxe contribuições de muitas fontes diferentes e demorou cinco anos para elaborar de forma completa a estratégia que pretendia aplicar.

Haveria três classes distintas de membros entre os Illuminati. A mais baixa seria composta de "noviços", "minervais" e "Illuminati menores". Em seguida vinham duas denominações de "cavaleiros escoceses". A classe mais alta estava reservada para duas categorias de sacerdotes conhecidos como "sacerdote e regente" e "mago e rei". Tudo isso, em especial os "cavaleiros escoceses", demonstra que Weishaupt estava recorrendo fortemente a elementos da Maçonaria.

---

* Isto é, os amauricianos. (N. do T.)

É uma espécie de quebra-cabeças descobrir como os Illuminati conseguiram ganhar terreno, porque suas normas de sigilo eram quase fanáticas. Nenhum membro sabia quem eram realmente seus superiores. Nem os novos recrutas recebiam qualquer informação específica sobre quando os Illuminati tinham começado ou quem estava por trás deles. Os aspirantes eram meramente levados a compreender que as origens dos Illuminati remontavam a tempos muito antigos e que seus membros incluíam gente bem situada na sociedade e na Igreja. Obtinha-se uma promessa de sigilo absoluto de cada interessado em se tornar "iluminado" e a obediência absoluta era exigida de todos.

Havia cinco intenções conhecidas dos Illuminati, que assim se colocavam:

1. A abolição das monarquias e de todos os governos instituídos.
2. A abolição de toda propriedade privada e heranças.
3. Fim do patriotismo e nacionalismo.
4. A abolição da vida familiar e do casamento, juntamente com o compromisso de assegurar que as crianças fossem educadas de um modo comunal.
5. Fim de toda a religião organizada.

Weishaupt estava certamente muito à frente de Karl Marx e a história provaria que as ideias dele tiveram mais ou menos a mesma oportunidade, a longo prazo, de ter êxito.

Ele parece ter acreditado que quase qualquer ação que correspondesse às intenções dos Illuminati era justificada e, como não reconhecia a legitimidade de qualquer forma de governo estabelecido, não se sentia tolhido por nenhuma lei. Parece ter sido um advogado precoce da máxima mais tarde adotada pelos comunistas de que "o fim justifica os meios". Apesar disso, Weishaupt não parece ter sido um homem de natureza cruel ou egoísta. Disse um dia que "o pecado é apenas aquilo que é prejudicial" e essa atitude fez com que parecesse ter muito em comum com os seguidores de Amauri, que passaram a acreditar que o pecado, por si mesmo, não existia, sendo meramente uma descrição de ações erradas.

Weishaupt era um fervoroso discípulo do pensador francês Jean-Jacques Rousseau e, como ele, ansiava por um mundo livre das coações da Igreja e do Estado, onde toda a humanidade viveria numa comunidade universal com a natureza. De novo temos aqui grandes semelhanças entre a filosofia do próprio Weishaupt e a dos amauricianos. Nos seus anos de formação, Weishaupt passara a detestar o catolicismo e em particular os jesuítas – embora admirasse sua organização e não tenha deixado de usar alguns de seus princípios estruturais para os Illuminati.

Todo mês, os mais inferiores dentre os Illuminati, conhecidos como "minervais", se encontravam para uma dose de doutrinação. Eram bem instruídos na filosofia do iluminismo, embora se mantivessem na ignorância das verdadeiras identidades de seus professores, já que todos na organização usavam um pseudônimo. No caso de Adam Weishaupt, ele era "Spartacus", nome do líder da revolta dos escravos contra Roma em 73 a.C. Tanto os minervais quanto seus mentores estavam sempre à procura de novos membros e a organização logo começou a assumir um caráter internacional. Os minervais se mantinham completamente ignorantes da intenção final dos Illuminati até terem alcançado um status mais alto na organização. Ao atingirem esse nível mais elevado, aprenderiam as palavras de "Spartacus":

Príncipes e Nações desaparecerão da face da Terra! Sim, chegará um tempo em que o homem não reconhecerá qualquer outra lei a não ser o grande livro da natureza; essa revelação será o trabalho de Sociedades Secretas e esse é um de nossos grandiosos mistérios.

De modo surpreendente, os Illuminati floresceram por um certo tempo e tiveram representantes na maioria dos países da Europa Ocidental. Desde seus primeiros dias, numa atitude consciente, procuraram se infiltrar nas lojas maçônicas, onde acreditavam que pudesse ser encontrado o mais rico manancial de novos recrutas. Um aristocrata alemão que chamavam de barão Knigge conspirava com Weishaupt. A ele cabia supervisionar as tentativas de aproximação das lojas maçônicas. Enquanto isso, os Illuminati tentavam convencer as autoridades que só tinham como meta boas ações baseadas na vida de Jesus Cristo.

Infelizmente para os Illuminati, um "ato de Deus", por assim dizer, alterou o curso dos acontecimentos. Em 1784, na Baviera, um membro dos Illuminati foi atingido por um relâmpago e, quando a polícia examinou o corpo, encontrou cartas de Weishaupt costuradas no forro do casaco. Um pânico imediato se apoderou de alguns dos demais Illuminati e o resultado foi que quatro deles, liderados por um membro do alto escalão chamado

Utschneider, se entregaram às autoridades, divulgando o verdadeiro propósito e intenção da organização.

Weishaupt teve de fugir para salvar a vida, encontrando finalmente abrigo na cidade de Gotha, na Saxônia. Lá seus problemas aumentaram. Ele já vinha enfrentando dificuldades para manter na linha parceiros que só olhavam para si próprios, frequentemente se desesperando ante a liberalidade de seus costumes e mau comportamento. A situação foi agravada por um escândalo envolvendo sua própria cunhada, que ele engravidara e para quem havia tentado conseguir um aborto ilegal.

Adam Weishaupt morreu em Gotha em 1830 e embora, desde essa época até o presente, tenham subsistido rumores de que os Illuminati continuaram a desempenhar um papel muito importante na criação daquilo que os mais fanáticos grupos de direita de hoje chamam especificamente de "Nova Ordem Mundial", a prova tangível de que isso seja verdade é pouca ou nula.

Ao mesmo tempo, contudo, sugerir, como fazem alguns autores, que os Illuminati foram um peso morto em termos do desenvolvimento da Europa durante os séculos XVIII e XIX é não compreender o formidável legado que Weishaupt e seus seguidores deixaram para trás.

Embora a concepção que Weishaupt tinha dos Illuminati jamais tenha chegado a se materializar do modo como ele pretendia, não pode ser posto em dúvida o papel que sua organização desempenhou no que estava acontecendo na Europa naquela época – por exemplo a promoção do tipo de ideias que alimentaram a Revolução Francesa. Nem pode ser negado que os Illuminati continuam sendo uma organização que, para muita gente, tem um significativo interesse. Basta digitar a palavra "Illuminati" em qualquer buscador da Internet e mais de dois milhões e meio de resultados ficarão ao nosso dispor. Muitos se relacionam com grupos cristãos da direita americana que afirmam que os Illuminati de modo algum morreram com Weishaupt e que a organização ainda existe – mais notoriamente como uma extensão secreta, sinistra, da Maçonaria.

A verdade simples parece ser que a Ordem dos Illuminati, como concebida por Weishaupt, não sobreviveu por muito tempo à morte do seu fundador. Ela parece ter sido uma resposta intelectual a acontecimentos que ocorriam no momento em que foi criada, mas os próprios mecanismos pelos quais devia operar vão torná-la, desde o início, praticamente inviável. Naturalmente alguns têm interesse em afirmar que os Illuminati estão vivos, e bem, e que seu desejo de destruir a sociedade como conhecemos permanece intacto – mas se esse é mesmo o caso, nossas exaustivas pesquisas não conseguiram fornecer qualquer prova concreta disso.

A existência da Ordem dos Illuminati como entidade histórica não interfere, em nossa opinião, na evidência que fornecemos acerca da realidade e influência das Famílias da Estrela. Os Illuminati tiveram vida curta, foram mal concebidos e, embora tenham sido claros com relação às suas intenções, foram vagos em termos de como lidar com elas. A ordem de Weishaupt cheira a uma forma de anarquia, na qual as Famílias da Estrela não teriam ficado minimamente interessadas. Ambas as entidades podem ter, em última análise, buscado a liberdade pessoal do indivíduo, mas os meios pelos quais isso seria alcançado eram radicalmente diferentes num caso e no outro. Jamais poderemos saber se membros da Família da Estrela estiveram entre os que participaram dos Illuminati, mas para nós parece um tanto improvável.

Éliphas Lévi

Nem existe prova, seja qual for, de que Adam Weishaupt ou seus Illuminati tenham algum dia se dedicado à "magia negra". Acusações semelhantes de satanismo são regularmente atiradas contra a Maçonaria e os Illuminati são invariavelmente citados como prova de sua existência dentro do Ofício. Isso ocorre em grande parte graças a um único indivíduo. Seu nome era Éliphas Lévi.

Nascido em 1810, em Paris, Lévi – cujo nome real era Alphonse Louis Constant – veio de origens humildes, mas desde muito cedo se mostrou inteligente e astuto. Graças à sua sagacidade, Constant conseguiu conquistar uma vaga num seminário de Paris, onde pretendia receber uma instrução formal e, finalmente, se tornar padre católico romano. Talvez infelizmente para todos os envolvidos, o seminário era o de São Sulpício.

De todos os seminários franceses do século XIX, e havia muitos, o de São Sulpício tinha a mais estranha reputação. Durante o período em que Constant estudou lá, havia se tornado um viveiro de pensamento alternativo e um lugar onde o estudo esotérico e oculto parece ter caminhado de mãos dadas com a crença católica ortodoxa. Alguns dos indivíduos mais famosos na tradição esotérica francesa estiveram diretamente associados a São Sulpício e nomes como o da grande cantora de ópera Emma Calvé e o do compositor Claude Debussy garantiam que a abordagem e o ensinamento não ortodoxos de São Sulpício seriam discutidos nos salões mais elegantes de Paris, onde o oculto estava se mostrando de particular interesse.

Imerso como estava nas correntes subterrâneas do seminário de São Sulpício, o assíduo Constant logo acabou se envolvendo profundamente com o pensamento e as práticas do oculto. Na verdade, ele não deu um padre muito bom. Em 1846, logo depois de ser ordenado, conheceu Neomie Cadot e casou-se com ela, que na época tinha 17 anos. O casamento foi logo anulado e Constant, já agora dispensado da Igreja, começou a ganhar tranquilamente a vida como jornalista.

Mas sua formação esotérica logo o conduziu para áreas menos ortodoxas de divulgação. Adotando agora o nome de Éliphas Lévi, Constant publicou, em 1861, *The Dogma and Ritual of Hight Magic.** Este foi logo seguido por *History of Magic*, *Transcendental Magic* e *The Key of Great Mysteries*. A contribuição feita por Lévi para ligar à magia negra o nome da Maçonaria aconteceu de forma indireta, porque ele nunca fez qualquer conexão específica entre Maçonaria e satanismo. O que ele fez foi, ao que parece, explicar o significado do pentagrama ou estrela de cinco pontas, que há muito tempo era um símbolo importante para os maçons.

Lévi afirmou que, quando o pentagrama aparecia em sua forma invertida, isto é, com a ponta para baixo, representava um potente símbolo satânico. Afirmou que estava associado com um bode, animal frequentemente equiparado ao demônio, e imagens retratando essa associação logo se tornaram comuns.

Pouco importava que o pentagrama tivesse sido regularmente usado como símbolo cristão. Uma sociedade sedenta do tipo de "revelações" que Lévi alegava estar fazendo adotou a imagem à sua maneira. Não demorou muito para entidades antimaçônicas, especialmente as associadas à Igreja Católica, chamarem atenção para o fato de o pentagrama ocupar lugar de destaque na Maçonaria, chegando assim à duvidosa conclusão de que todos os maçons tinham de ser satanistas.

A situação não foi remediada por um homem chamado Albert Pike que, um tanto ironicamente, entrou na história como um importante maçom americano.

---

* *Dogma e Ritual da Alta Magia*, publicado pela Editora Pensamento, São Paulo, 1974.

Albert Pike

Nascido em Massachusetts, em 1809, Pike foi contemporâneo de Éliphas Lévi. Como ele, Pike tinha pouca instrução, mas se mostrou tão inteligente quanto era imaginativo. Acabou aprendendo sânscrito, hebraico, grego, latim e francês, tornou-se um ávido viajante e, finalmente, se fixou no Arkansas, onde sua carreira mais famosa, a de escritor maçônico, começou.

Ele ingressou numa loja maçônica e, em 1859, foi eleito Soberano Grande Comendador do Rito Escocês da Jurisdição Sulista da Maçonaria[6], permanecendo no posto até sua morte, 32 anos mais tarde. Durante esse período causou um considerável e irreparável dano à Maçonaria.

Pike chamou a si a responsabilidade de desenvolver inúmeros rituais da ordem, apesar do fato de não ter a menor ideia do que era realmente a Maçonaria. Tratava-se para ele de uma espécie de jogo intelectual que podia deturpar e usar como lhe agradasse. Mas toda a ideia da Maçonaria é que nenhuma pessoa isoladamente tem o poder de alterar o ritual e, se todos tivessem adotado a abordagem de Pike, o Ofício se tornaria tão diversificado e tão confuso quanto as muitas denominações do cristianismo.

Pike também alimentou inadvertidamente as imaginações de antimaçons. Em 1871, publicou um livro chamado *Moral e Dogma do Rito Escocês Antigo e Aceito da Maçonaria*. Aqueles que atacam a Maçonaria como uma sociedade secreta maléfica declaram que Pike admitiu que a Maçonaria é uma "religião" e que sua ideologia é a de "Lúcifer". Baseiam em grande parte essa afirmação nos seguintes extratos da obra de Pike:

> "Cada Loja Maçônica é um Templo de religião; e seus ensinamentos são instruções de religião".
>
> "O verdadeiro nome de Satã, dizem os cabalistas, é o de Iahweh invertido; pois Satanás não é um deus das trevas [...] Lúcifer, o portador da Luz! Estranho e misterioso nome para se dar ao Espírito da Escuridão! Lúcifer, o Filho da Manhã! Não é ele que traz a Luz e com seu intolerável esplendor ofusca as Almas fracas, carnais ou egoístas? Duvide-se que não!"

Pike acreditava que havia dois poderes em ação no universo. Não queria se referir a eles como Deus e o Diabo, preferindo "Lúcifer" e "Adonai". Esses dois nomes se referem ao planeta Vênus. Lúcifer (o portador ou doador da luz) é um antigo nome dado a Vênus quando ele aparece como estrela da manhã e Adonai é Vênus em sua manifestação como estrela vespertina. Pike via Lúcifer e Adonai como forças opostas, mas igualmente poderosas – nenhuma era boa e nenhuma era má.

Contudo, o nome Lúcifer já se tornara (incorretamente) ligado ao Diabo e assim, é claro, os cristãos saltaram de imediato para as conclusões. Presumiram que, devido ao nexo com Lúcifer, Pike e por conseguinte todos os maçons eram satanistas praticantes que deviam, portanto, estar em oposição direta a tudo de bom que havia dentro do cristianismo. A responsabilidade por essa crença, que ainda hoje se conserva com tanta firmeza em certos rincões que nenhuma soma de argumentação pode alterar, deve ser firmemente creditada a Albert Pike.

As "revelações" de Pike acerca de Lúcifer e Adonai – que seja como for não são corroboradas por qualquer prática maçônica de que tenhamos conhecimento – meramente se somaram à munição de uma Igreja Católica que já era diametralmente oposta à Maçonaria e a tudo pelo qual ela se batia. Pike também não favoreceu a Maçonaria fazendo uma série de pronunciamentos claramente anticatólicos, que foram imediatamente vistos por fontes católicas como representativos da Maçonaria em geral.

As opiniões pessoais de Pike e as de Éliphas Lévi continuam sendo regularmente citadas como "prova" de que, além de serem anticristãos, os maçons têm planos secretos para destruir toda a "verdadeira" fé, substituindo-a por uma "Nova Ordem Mundial" satanicamente motivada. Maçons que argumentam em sentido contrário se veem regularmente numa situação de perder ou perder – seus protestos são ignorados ou denunciados pelos teóricos da conspiração como astuciosa camuflagem para "a verdade" ("bem, eles iam mesmo negar, não é?"). O mito do "maçom demoníaco" tornou-se tão profundamente enredado na psique comum da sociedade que o Ofício continua sendo visto com suspeita – e não apenas entre aqueles grupos quase paranoicos da extrema-direita, particularmente nos Estados Unidos, que fazem discursos bombásticos sobre os maçons e a "Nova Ordem Mundial". Hoje, políticos em muitos países ocidentais se esforçam consideravelmente não apenas para se desassociarem da Maçonaria, mas têm inclusive legislado contra a possibilidade de maçons ocuparem altos cargos sem primeiro declarar abertamente a filiação maçônica.

Mesmo como grupo de autoajuda, a Maçonaria tem sido efetivamente tornada inócua, pois o mais leve rumor de que alguém na vida pública foi de alguma maneira favorecido pela filiação maçônica provavelmente fará com que o indivíduo seja marginalizado e preterido para promoção. Esse é particularmente o caso no Reino Unido com relação a políticos, servidores públicos, acadêmicos, oficiais de polícia ou membros do judiciário. Paralelamente a isso, ministros da Igreja da Inglaterra ou de denominações cristãs não conformistas, entre os quais a filiação maçônica era antigamente a norma, agora se arriscam ao ingressar no Ofício.

Da perspectiva de nossos longos anos de pesquisa, a atual punição da Maçonaria é, de qualquer maneira, como fechar a porta do estábulo depois que o cavalo fugiu. Em nosso capítulo final procuraremos demonstrar que as Famílias da Estrela já alcançaram seus principais objetivos e que a Maçonaria foi simplesmente uma arma temporária de seu arsenal. Além disso, não devíamos esperar que a influência atual dos seguidores de Salomão residisse dentro de uma organização como a Maçonaria que, por mais elevadas que sejam suas intenções, é hoje meramente uma sombra do que foi, mesmo nos tempos vitorianos.

Capítulo 13

O Fim do Começo

Afirmamos nos capítulos precedentes que instituições como os tironenses, cistercienses, Cavaleiros Templários e feiras de Champagne, juntamente com os maçons, mais modernos, não deveriam ser encaradas isoladamente. Tão seguramente quanto as semelhanças nos Evangelhos de Mateus, Marcos e Lucas do Novo Testamento levaram à conclusão de que cada um, à sua maneira, está baseado numa fonte "perdida" – uma coleção de ditos e feitos de Jesus conhecida pelos estudiosos como "Q" (de *Quelle*, palavra alemã para "fonte") –, podemos ver claramente que, por trás dos cistercienses, dos templários e dos outros, está uma instância poderosa que tem relação com todos eles, mas que também se mantém à parte.

O rei Salomão tinha organizado sua elite sacerdotal com a missão a longo prazo de criar um mundo adequado para Iahweh governar. Para Salomão e seus contemporâneos, a interação entre os dois mundos, da humanidade e dos deuses, se dava num nível muito mais complexo do que a maioria das religiões hoje consideraria.

A única grande religião moderna a manter um nível de complexidade comparável ao cenário imaginado por Salomão é também a que possui as raízes mais antigas: o hinduísmo. Suas origens se perdem no tempo, mas ela ainda reconhece a existência de um único e grande espírito cósmico (Brahma), que é cultuado por meio de numerosas manifestações como Vishnu, Shiva e Shakti. Em qualquer forma que seja seguido, o hinduísmo continua sendo uma religião monoteísta com muitos deuses, um credo basicamente tolerante que reconhece que todos os caminhos para o grande poder cósmico são válidos.

O mais sagrado texto religioso do hinduísmo é o *Rig Veda*, que é também a mais antiga coletânea de ideias humanas, com a possível exceção do Épico de Gilgamesh, da Suméria. Ele inclui as seguintes palavras: "A verdade é uma só; os brâmanes a chamam por muitos nomes".[1]

Acreditamos que a percepção do rei Salomão teria sido similar. Iahweh era seu deus nacional – seu foco –, mas além de Iahweh havia a grande força cósmica cuja única manifestação terrestre era a Divina Shekinah. Os deuses de outras nações deviam ser respeitados, mas todos eram inferiores à energia suprema que jazia por trás do Céu e da Terra.

Ao contrário dos seguidores de todas as religiões posteriores, as Famílias da Estrela – Seguidores de Salomão – jamais perderam essa compreensão.

O Programa da Família da Estrela

A evidência indica que o programa da Família da Estrela nunca foi introduzir qualquer espécie de "religião de estado judaica" para o mundo seguir. Sua visão de Deus era muito mais complexa que a do cristianismo, islamismo ou judaísmo rabínico; era uma expressão muito diferente de pensamento autônomo judeu. Eles consideravam que todas essas opções teológicas eram válidas, mas inteiramente secundárias ante o princípio fundamental. O que importava era criar um mundo onde as pessoas amassem a Deus sob o nome que preferissem e se comportassem de uma maneira que estivesse em harmonia com o espírito da Shekinah. Isso significava uma sociedade bem-ordenada e próspera, livre da pobreza, da depravação ou de qualquer espécie de rancor.

E realizar isso significava, antes de mais nada, pôr de pé uma estrutura política.

As Famílias da Estrela não tinham opção a não ser usar o cristianismo como seu mecanismo desde que, depois do colapso da Roma imperial secular, não havia nenhuma outra rede de poder que cobrisse praticamente a totalidade da Europa Ocidental. E isso talvez não tenha sido uma manobra tão cínica quanto parece, pois pouca dúvida pode haver de que muitos membros da Família da Estrela se tornaram de fato cristãos no sentido mais pleno. Homens como São Bernardo de Clairvaux não podem ter vivido uma mentira. Ele, como muitos outros cristãos importantes das fileiras das Famílias da Estrela, sem dúvida viu na tradição cristã um excelente meio de acolher a complexa relação entre a humanidade e o Criador. O fato é que ele compreendeu muito mais do que divulgou. Compreendeu a importância de João Batista para o "verdadeiro" cristianismo pré-paulino e, mais importante ainda, compreendeu a Shekinah e os aspectos femininos da divindade suprema – e baseado nesses conceitos, guiou a Igreja Romana para um futuro mais sofisticado, sem que ninguém percebesse o que estava fazendo.

Hoje, a Igreja Católica Romana tornou-se uma religião madura com diferentes camadas de percepção que justificadamente a transformam numa força universal em questões espirituais. E isso, em não pequena parte, se deve aos esforços de Bernardo e das Famílias da Estrela.

Suspeitamos que, à medida que o tempo passava, as Famílias da Estrela terão remodelado muitas vezes sua abordagem e gente de outras religiões, inclusive agnósticos, podem ter feito parte de seus efetivos. É provável que a maioria deles tenha continuado a ser seguidora de João Batista, mas independentemente das crenças do indivíduo, a Igreja sempre fornecera sua base de operações.

O conceito unilateral de cristianismo formulado pelo imperador romano Constantino I em Niceia (*ver* capítulo 3) dera à Europa Ocidental uma rota única para Deus. Com o correr do tempo, as Famílias da Estrela perceberam que o próprio poder de seu inimigo era a maior arma que tinham: poderiam penetrar na estrutura de labirinto, do tamanho da Europa, da Igreja Romana e nela introduzir lentamente suas ideias e planos, sempre sob a bandeira de um Cristo paulino.

Contudo, o posterior surgimento do protestantismo (*ver* capítulo 9), seguido por uma proliferação de denominações cristãs não católicas, sinalizou que não existia mais um único meio pelo qual os seguidores de Salomão pudessem alcançar sua meta.

Eles perceberam que o caminho que seguia à frente se encontrava em novas formas seculares. Não devemos nos surpreender com isso. A base para redes seculares cobrindo toda a Europa tinha sido previamente assentada com a criação do comércio internacional pelos cistercienses que produziam lã e pelo estabelecimento dos negócios bancários pelos templários. E, muito importante, o controle vicioso sobre todo pensamento por parte da Igreja fora relaxado graças aos esforços de pensadores moderados como Bernardo de Clairvaux. Não pode haver dúvida de que a maneira como os seguidores interpretavam sua missão evoluiu com o passar dos séculos e milênios, à medida que novos pensadores revisitavam a definição da salomônica "Nova

Ordem Mundial" (gostaríamos de deixar claro que usamos esse termo no sentido de um mundo baseado nos valores das Famílias da Estrela, não no sentido em que é frequentemente empregado por grupos extremistas, como descrito no capítulo 12). Seus valores continuavam sendo verdadeiros, mas as ideias de como alcançá-los tinha de responder a acontecimentos que nem sempre podiam ser controlados.

A nova cobertura secular para a missão da Família da Estrela era a Maçonaria. Os rituais dos quais ela se originou eram antigos e baseados na crença no poder da Shekinah, que se mantivera firme desde os tempos do rei Salomão e possivelmente desde milhares de anos antes dele. Os templários tinham propagado ritos associados com a Maçonaria operativa durante a época das Cruzadas e outras partes do ritual maçônico posterior foram fomentadas na Escócia, pelo conde William Sinclair, como meio de transmitir os segredos do clero salomônico e do Templo de Jerusalém, agora reconstruído sob a forma de Rosslyn (*ver* capítulos 8 e 9).

A Reforma havia exigido uma grande mudança de estratégia e agora aqueles rituais, originalmente destinados a poucos, tornavam-se a base de uma nova irmandade de base ampla. Era uma ideia revolucionária que iria impelir a humanidade para a frente em termos sociais, intelectuais, e, muito mais importante, em termos democráticos.

Por mais de três séculos depois do reinado do rei Tiago I, cuja subida ao trono dera um empurrão à Maçonaria na Inglaterra e, subsequentemente, em suas colônias americanas, a Maçonaria foi o canal primário para a vontade das Famílias da Estrela. Enquanto os "Antigos" e "Modernos" estavam conduzindo sua animosidade de modo pouco fraterno na Inglaterra, durante a última metade do século XVIII, o Ofício era a força propulsora por trás de movimentos, na América e na França, que provocariam uma revolução no pensamento social. Na América, as pessoas construíram uma nova república a partir do zero, enquanto na França o povo comum arrebatou o poder do rei e da entrincheirada aristocracia. Em ambas as repúblicas, o cristianismo continuou sendo um componente importante da vida social, mas uma nítida linha divisória foi traçada entre a Igreja e o Estado. A sociedade secular havia chegado, trazendo com ela um senso recém-descoberto de igualdade entre cidadãos.

O maçom Rudyard Kipling expressou essa igualdade em sua poesia, enfatizando como as contingências da vida do lado de fora são esquecidas dentro da loja maçônica:

Mas de vez em quando ainda, o mensageiro traz
Mandato de Salomão: "Esqueça essas coisas!
Irmão de Mendigos e Companheiro de Reis,
Parceiro de Príncipes – esqueça essas coisas!
Companheiros artesãos, esqueçam essas coisas!"[2]

A Nova Maçonaria Inglesa

A Maçonaria inglesa, ao contrário do Ofício na América e na França, ia se mostrar em geral um terreno estéril para o cultivo das ideias e ideais da Família da Estrela. Embora continuasse a promover a liberdade e a ciência, a Maçonaria inglesa no século XVIII teve de alterar radicalmente seus rituais e práticas para se acomodar às necessidades políticas dos reis hanoverianos protestantes. Isso significou que todos os vestígios da verdadeira Maçonaria, e muito especialmente os imperativos de sua Família da Estrela, estavam perdidos para a maioria dos maçons ingleses por volta de 1800.

Mas certamente não estavam perdidos para todos. Um exemplo desse novo tipo de maçom inglês aparece como um personagem descrito em detalhe por Anthony Trollope, popular romancista do século XIX, um "verdadeiro espião" na vida vitoriana da classe média. Ele era particularmente astuto quando tratava da Igreja da Inglaterra e sua relação com o Estado.

Anthony Trollope nasceu em 1815, filho de um advogado distinto, mas empobrecido, e foi educado nas escolas de Harrow e Winchester. Em 1834, seu pai, Thomas, mudou-se com toda a família para Bruges, na Bélgica, diante da possibilidade de ser preso por dívidas. Anthony logo retornou à Inglaterra e conseguiu um emprego no correio britânico, onde permaneceria pelo resto de seus anos de trabalho (e onde inventou a caixa postal).

Transferido para a Irlanda em 1841, Trollope tornou-se maçom quase assim que chegou. Foi introduzido a 8 de novembro de 1841, na Loja Banagher nº 306, e iniciado na mesma loja em 31 de dezembro do mesmo ano.

Não se sabe exatamente até onde eram profundas as raízes maçônicas de Trollope porque ele não tornou pública essa parte de sua vida, mas não pôde impedir que ela emergisse em seus romances e no modo como tratou alguns dos personagens que criou. Como acontece com todo romancista, alguns de seus personagens contêm elementos autobiográficos e certamente parece ser esse o caso de um personagem que Trollope chamou de dr. John Thorne. Thorne entra no romance *Barchester Towers* [As Torres de

Barchester], publicado em 1857. Trollope parece sugerir que Thorne era maçom e é muito significativo o que tem a dizer sobre ele:

> Ele, porém,[o dr. Thorne] e outros à sua volta, que ainda mantinham os mesmos sólidos princípios de proteção – homens como ele próprio, que eram íntegros demais para recuar ao grito de uma turba – tinham seu próprio modo de se consolarem. Eram, e se sentiam ser, os únicos depositários autênticos de certos Mistérios Eleusinos, de certos profundos e extraordinários serviços de culto somente pelos quais os Deuses podiam ser adequadamente abordados.

Aqui Trollope se refere a um grupo de pessoas que possui o conhecimento de um caminho verdadeiramente antigo para Deus. Ele continua dizendo que esse grupo hereditário transmite seu conhecimento em segredo:

> Para eles e apenas eles foi agora dado conhecer essas coisas e perpetuálas, se isso ainda pudesse ser feito, pela cuidadosa e secreta instrução de seus filhos.

E Trollope diz que essas pessoas pareciam ser cristãos normais para o mundo exterior, mas praticavam reservadamente suas próprias crenças:

> Temos lido como formas particulares e peculiares de culto têm sido cumpridas através das épocas em famílias que, para o mundo exterior, aparentemente aderiram aos serviços de alguma igreja regular. E assim foi acontecendo pouco a pouco com o dr. Thorne. Ele aprendeu por fim a ouvir calmamente enquanto se falava de proteção como de uma coisa morta, embora soubesse por dentro que ela estava ainda ativa com uma vida mística. Nem deixava ele de sentir um certo prazer pelo fato de que tal conhecimento, embora lhe fosse concedido, devesse ser interditado à multidão.

Tendo em mente o fato de que Thorne era uma criação ficcional e aceitando ainda o próprio contexto familiar do autor e a fidelidade maçônica, parece mais do que provável que, em *Barchester Towers*, Trollope esteja falando de coisas que lhe diziam respeito diretamente.

O nome "Trollope" é de origem normanda e a família era originalmente um ramo mais novo de outra família normanda, a do Loup (Lobo), latinizada como Lupus. A família Lupus era descendente direta de Hugh Lupus (Hugo, o Lobo), um dos mais dedicados seguidores de William, o Conquistador, na época de sua invasão da Inglaterra em 1066. Os membros da família Lupus se tornaram condes de Chester em 1071 e, como parte do círculo interno do Conquistador, eram quase certamente membros da Família da Estrela. Muito revelador a esse respeito é a divisa da família Trollope, que traduzida do latim significa: "Escuto, mas não digo nada".

Contudo, é claro que o que Trollope está descrevendo no caso do dr. Thorne é algo muito mais profundo e mais antigo que a simples Maçonaria. Quase tudo nesse extrato de *Barchester Towers* lembra uma descrição das crenças da Família da Estrela e do modo como elas foram transmitidas por uma linha de família, enquanto se mantinham, como Trollope coloca, "interditadas à multidão".

Famílias da Estrela e a Era Industrial

Um grupo outrora secreto de pensadores científicos, conhecido de seus membros como "O Colégio Invisível", tinha se transformado, em 1660, na Royal Society (*ver* p. 229). Essa organização foi a primeira no mundo a sacudir o jugo da coação religiosa e a aceitar de maneira sincera a investigação objetiva das possibilidades da ciência. E esses homens eram em sua maior parte, se não na totalidade, maçons, agindo de acordo com os ideais da Família da Estrela. Quanto mais descobriam sobre o universo e suas maravilhas, maior sua reverência pela grande força cósmica, a divindade suprema, representada na cultura da Família da Estrela pela Shekinah, o que os fazia se manter acima de qualquer estreito dogma religioso humano. As Famílias da Estrela tinham liberado a investigação e a imaginação no mundo ocidental e, no final do século XVIII, a mudança estava por toda a parte.

Na época em que os americanos e franceses estavam estabelecendo novas repúblicas, nova tecnologia e novas estruturas de trabalho estavam rapidamente dando origem ao que é chamado de Revolução Industrial. Esse divisor de águas da civilização começou na Grã-Bretanha e rapidamente se espalhou de um extremo ao outro do mundo ocidental. Uma economia baseada, desde que a história começou, num trabalho manual em pequena escala foi substituída por outra dominada pela maquinaria, que produzia têxteis, alimento e todo tipo de bens em grandes manufaturas e fábricas. O crescimento resultante se tornou exponencial por terem sido projetadas máquinas que podiam produzir máquinas melhores.

Na Grã-Bretanha especialmente, o transporte se desenvolveu lado a lado com a indústria, primeiro com uma rede de grandes canais para transportar carvão e matérias-primas, depois com estradas melhoradas e, por fim, com ferrovias. O mundo não se modificara tão dramaticamente desde os tempos neolíticos, quando o desenvolvimento da agricultura transformara a sociedade ao proporcionar suprimentos regulares de comida e, ainda mais importante, por permitir que as sociedades sustentassem uma classe de pessoas com tempo para a criatividade, a investigação e a invenção.

Dessa vez, contudo, as mudanças foram espantosamente rápidas. Em pouco mais de 150 anos, entre 1750 e 1900, a Europa Ocidental fora transformada por um surto aparentemente irresistível de progresso tecnológico. As pessoas mais poderosas não eram mais as que possuíam ou administravam a terra, mas as que controlavam os meios de produção.

Na virada do século XX, um famoso maçom chamado Henry Ford declarou:

Há uma única regra para o industrial e é a seguinte: fabrique bens da melhor qualidade possível, ao custo mais baixo possível, pagando os mais altos salários possíveis.

Ford instalou a primeira linha de montagem por correia transportadora em 1º de dezembro de 1913 na sua fábrica de Highland Park, no Michigan, e reduziu de imediato de mais de 12 horas para apenas 93 minutos o tempo necessário para produzir o Modelo T de seu automóvel. A possibilidade de produzir em massa enormes quantidades de produtos baratos levou, em meados do século XX, à era do "consumismo" no Ocidente, enquanto o tipo de pobreza dos romances de Dickens, que caracterizara grandes segmentos da sociedade em época anteriores, ficava cada vez mais raro. Isso também estava de acordo com os ideais da Família da Estrela.

As Famílias da Estrela e o Oriente

Esses comentários concentraram-se na influência da Família da Estrela na Europa Ocidental e na América. Mas e quanto ao Oriente? Parece que, no período que se seguiu à divisão e ao colapso do Império Romano, as Famílias da Estrela tinham originalmente ignorado Bizâncio (o remanescente oriental do Império Romano) e as outras terras da Igreja oriental. Talvez o desafio de se infiltrar numa hierarquia da Igreja Ortodoxa que continuava firmemente sob controle imperial fosse grande demais ou talvez o plano fosse primeiro assumir o controle do Ocidente, politicamente fragmentado, e depois absorver o Oriente.

No final, Bizâncio ia se tornar parte da esfera de controle islâmico, culminando na queda de Constantinopla em 1453. O manto de herdeiros de Bizâncio e da Roma Oriental foi assumido pelos governantes ortodoxos do nascente império russo.

Estando fora da esfera católica, a Rússia jamais desfrutou dos benefícios trazidos para o Ocidente pelos cistercienses, templários e outros seguidores das Famílias da Estrela. De fato, até o século XIX, suas estruturas sociais e econômicas eram basicamente feudais e medievais. A Igreja Católica jamais poderia ter proporcionado às Famílias da Estrela um caminho para a Rússia enquanto a Igreja Ortodoxa russa fosse estritamente controlada pelos czares. Mas a Maçonaria deu às Famílias da Estrela um excelente instrumento potencial para influir no curso da história russa.

A mais antiga informação confiável sobre a Maçonaria russa data de 1731, quando a Grande Loja da Inglaterra designou o capitão John Phillips como Grande Mestre provincial da Rússia, autorizando-o a fundar lojas na Rússia – sob o controle de Londres.

Pouco se sabe sobre esse inglês que, ao que parece, levou a Maçonaria para a Rússia. Mas o Grande Mestre da Rússia que vem depois é coisa diferente, pois há pouca dúvida de que era membro da Família da Estrela com a missão de se infiltrar no dia a dia da aristocracia russa.

O venerável Tiago Keith, que foi designado em 1741, era membro de uma família normanda a quem tinham sido concedidas, por volta de 1150, as terras de "Keth" pelo rei dos escoceses, David I. Um antepassado de Tiago Keith, *sir* Robert de Keth, havia liderado a cavalaria escocesa na batalha de Bannockburn, em 1314, na qual se afirmou com frequência que os Cavaleiros Templários voltaram a maré do combate a favor dos escoceses (*ver* p. 164). Os chefes da família Keith receberam do rei Roberto Bruce o título hereditário de Grandes Marechais da Escócia e, como líderes da cavalaria escocesa, os Keiths se envolveram na maioria das grandes batalhas escocesas no correr dos séculos.

O pai de Tiago Keith, o nono conde Keith, tinha comandado a cavalaria jacobita na batalha de Sheriffmuir, em 1715, e os Keiths tinham também apoiado a sublevação jacobita de 1745. Assim como os condes de Roslin (Rosslyn), a família Keith teve suas terras, castelos e títulos confiscados como resultado da "deslealdade" para com a nova monarquia hanoveriana.

Keith fora trabalhar para o czar Pedro II da Rússia com uma carta de recomendação do rei da Espanha. O czar deu-lhe o comando de um regimento de guardas imperiais. O escocês acabou alcançando o posto de general de infantaria e a reputação de ser um dos mais hábeis oficiais do exército russo, assim como um capaz e liberal administrador civil.

A divisa da família Keith é *Veritas vincit* ou "A verdade vence". Não deixaremos de nos lembrar que a única inscrição gravada nas paredes da Capela Rosslyn termina com as palavras latinas *veritas omnia vincit* – "a verdade vence tudo" (*ver* p. 198). Considerando que essa é uma citação das escrituras relacionada com a reconstrução do Templo de Jerusalém, pouca dúvida pode haver de que Tiago Keith estava credenciado como membro da Família da Estrela.

Embora as primeiras lojas maçônicas da Rússia tivessem sido formadas por estrangeiros, há registros de que, sob Tiago Keith, a Maçonaria começou a mover-se para a sociedade russa, com uma forte entrada de jovens oficiais militares das principais famílias do país. Keith estava sem a menor dúvida iniciando um processo de obter influência sobre a geração seguinte da elite social. As Famílias da Estrela estavam empregando a Maçonaria como um meio perfeito de provocar mudança.

A Rússia, contudo, nunca foi um lugar fácil para se exercer influência. A Rússia Imperial continuava sendo uma terra de camponeses, que chegavam a mais de 80% da população. Havia duas categorias principais de camponeses: os que viviam nas terras imperiais e os que viviam na terra de proprietários privados. Os últimos eram servos. Além de terem obrigações para com o Estado, tinham obrigações para com seu senhor, que governava suas vidas. Os servos eram proibidos de deixar a propriedade onde tinham nascido e se exigia que fizessem pagamentos regulares ao proprietário em trabalho e em produto – em geral 50% de seu tempo e de sua produção. Em meados do século XIX, cerca da metade de todos os russos era de servos.

As terras e os recursos eram compartilhados dentro de comunas e os campos divididos entre as famílias segundo um padrão de faixas de terras, distribuídas conforme a qualidade do solo. Naturalmente, a terra não era propriedade das comunas, mas da classe proprietária conhecida como *dvoryanstvo*.

A servidão foi finalmente abolida em 1861, mas em termos vantajosos para os proprietários de terras. A pressão por nova reforma aumentou, mas os proprietários menores tomaram providências para que ela não acontecesse. Algumas mudanças sociais e econômicas tinham começado na década de 1860, quando o país tentou adotar o capitalismo guiado pelo mercado. Embora essas reformas tivessem, até certo ponto, liberalizado as estruturas econômicas, sociais e culturais, as tentativas de reformar o sistema político foram bloqueadas.

Em 1900, a vida da maioria dos russos há 1.000 anos não havia conhecido mudanças significativas. Era uma situação extremamente volátil e, em 1905, o império foi varrido por uma onda de sublevação esquerdista e violência generalizada. O governo recuperou o controle com dificuldade e o czar Nicolau II criou relutantemente uma forma de constituição, com um parlamento (Duma) e um primeiro-ministro. O czar dissolveu três vezes a Duma até conseguir uma maioria reacionária e direitista. O primeiro-ministro do czar, conde Pyotr Arkadyevich Stolypin (1862-1911), recorreu a um procedimento ambíguo, convencido de que a mudança deveria vir do alto e não por intermédio da rebelião política. Sob Stolypin, a inquietação esquerdista foi firmemente, até mesmo brutalmente, suprimida. Mas ao mesmo tempo, Stolypin introduziu as reformas agrárias de 1906-1911, que transformaram a Rússia de uma terra de campos repartidos em tiras em fazendas unidas, incrementando enormemente a produtividade. É provável que possamos ver a influência da Maçonaria e da Família da Estrela manifestando-se por meio dos esforços vigorosos de Stolypin e de outros aristocratas russos pragmáticos do período, que se empenhavam em desatolar o império do tipo de feudalismo que havia um dia dominado grande parte da Europa Ocidental.

Mas os esforços de Stolypin se mostraram infrutíferos. Ele foi assassinado em 1911 e, antes que suas reformas pudessem ser retomadas, a Rússia foi engolfada pelo caos da Primeira Guerra Mundial.

A Revolução Russa

A guerra era a última coisa de que o estado czarista, política e socialmente instável e economicamente fraco, precisava. Como se poderia prever, as consequências foram desastrosas. Em 1917, com o país à beira do colapso e tropas em franca rebelião contra seus superiores, a Revolução Russa começou de verdade.

Em março desse ano, Nicolau II abdicou e um governo provisório, esquerdista moderado, tomou seu lugar. Mas em outubro, já fora derrubado pelo radical partido bolchevique marxista e os soviets (conselhos) de trabalhadores liderados por Vladimir Lênin. Houve também um movimento com bases amplas nas áreas rurais, com os camponeses se apoderando da terra. Esses acontecimentos finalmente levaram ao estabelecimento da União das Repúblicas Socialistas Soviéticas em 1922.

Stolypin e homens como ele tinham acreditado firmemente que a Rússia poderia ser resgatada de sua condição feudal por meios pacíficos e constitucionais. Mas assim que se apoderou da Rússia, a revolução, como no caso da França mais de um século antes, adquiriu um ímpeto próprio. A Maçonaria ainda estava presente e muitos dos generais e revolucionários parceiros de Lênin eram maçons. Mas eles eram muito diferentes dos maçons aristocráticos criados por Keith e não se sabe quanto de influência real da Família da Estrela estava presente depois da revolução, pois a Rússia Soviética se converteu em algo muito distante do estado concebido pelos ideais da Família da Estrela.

O experimento com o comunismo abarcou oito décadas e, embora tirando muitos da pobreza abjeta, custou muitos milhões de vidas russas, particularmente sob Stálin. E se a vida de Stálin tivesse se estendido até a era nuclear, isso poderia ter levado à total destruição do nosso planeta. É difícil acreditar que a entrada da Rússia num tal desvio político, econômico e social pudesse ter sido planejada por alguém. Não obstante, podemos ver, no início do século XXI, que mesmo com muitas hesitações a Rússia está começando a assumir seu lugar entre as nações democráticas do mundo e, num caso tão extremo quanto o representado pela Rússia, talvez ela não pudesse estar se saindo melhor depois da destruição total do seu passado feudal representada pelo comunismo.

A Era das Superpotências

No final da Segunda Guerra Mundial boa parte da Europa e grandes extensões da Ásia achavam-se em ruínas. Tendo compartilhado a vitória sobre a Alemanha nazista e o Japão imperialista, os Estados Unidos e a União Soviética se olhavam agora com desconfiança com respeito aos despedaçados estados da Europa. A era das superpotências havia começado. Essas duas potências globais, cada qual com sua esfera de influência, com sua ideologia própria e muito específica, se definiam pela posse de arsenais atômicos que, se utilizados plenamente, poderiam destruir não apenas uma à outra, mas o próprio mundo, e destruí-lo dez vezes. Foi a Guerra Fria, quando às vezes só o medo da destruição global impediu que as superpotências entrassem em conflito.

Força militar à parte, a prioridade mais importante após a guerra era a reconstrução das economias estraçalhadas da Europa. Se os países pudessem ser unidos por laços econômicos e comerciais mais estreitos, a resultante interdependência tornaria qualquer noção de guerra inaceitável. Isso também tornaria mais fácil mantê-los sob a influência política do Ocidente ou Soviética. No leste, essa ideia viu o surgimento do Comecon, a fortemente unida comunidade de comércio dos estados comunistas, destinada a manter os satélites de Moscou firmemente alinhados. Fora da esfera soviética, os Estados Unidos fomentaram o Plano Marshall.

O Plano Marshall e o Mercado Comum

O Plano Marshall foi criado pelo secretário de Estado dos EUA e ex-general do exército George C. Marshall, em 1947. Além das mesmas visões pessoais com relação à reconstrução de um mundo estraçalhado pela guerra, o presidente Harry S. Truman e Marshall tinham outra coisa em comum: eram ambos maçons ardorosos e de longa data.

Truman provavelmente se coloca como o maçom de mais alto posto que já ocupou a presidência americana. Fora iniciado no Ofício em fevereiro de 1909 e continuou a deter uma série de títulos ilustres, tornando-se por fim um "Soberano Grande Inspetor-Geral" do 33º grau, o mais alto grau da Maçonaria (embora existam ramos maçônicos, fora do padrão geral, que adotam graus mais altos que o 33º, esse é geralmente aceito como o mais alto título que um maçom pode alcançar). Em 1959, ele foi alvo de uma homenagem por seus 50 anos como maçom.

Marshall era ligeiramente mais reservado sobre a filiação maçônica e fora iniciado como maçom em Washington, D.C. É lembrado pelos irmãos não apenas pela dedicação aos Estados Unidos, mas porque pôde figurar como um dos pouquíssimos maçons agraciados com o Prêmio Nobel da paz, que lhe foi entregue em 1953. Isso é particularmente digno de nota para um homem que passou a maior parte da vida como soldado.

O Plano Marshall ofereceu bilhões de dólares para reconstruir a Europa Ocidental mas, segundo o projeto, para se beneficiar do plano os estados europeus teriam de cooperar, frequentemente com seus antigos inimigos. George Marshall lutou avidamente para conseguir que o plano fosse aceito.

Eis aqui um trecho de um discurso que fez na Harvard University, em junho de 1947:

> É lógico que os Estados Unidos devem fazer tudo que esteja ao seu alcance para contribuir com o retorno da saúde econômica normal no mundo, sem o que não pode haver estabilidade política e nem a paz pode estar assegurada. Nossa política não está dirigida contra qualquer país ou doutrina, mas contra a fome, a pobreza, o desespero e o caos. Seu objetivo deve ser a restauração de uma economia viável no mundo, de modo a permitir o surgimento de condições políticas e sociais onde possam existir instituições livres.

Eram George Marshall, o presidente Truman ou mesmo o presidente Franklin D. Roosevelt, a quem Truman servira como vice-presidente, representantes da Família da Estrela ou suas ações foram apenas coloridas pela filiação maçônica? É impossível dizer, embora a visão humana e as ações de Roosevelt, antes mesmo da Segunda Guerra Mundial, pudessem indicar que ele estava trabalhando por um imperativo até mesmo maior que aquele proporcionado pelo Ofício. Os Roosevelt eram uma antiga família holandesa de Nova York que produziu dois presidentes visionários, Theodore (1901-1909) e FDR*, ambos conhecidos por seus excepcionais programas de reformas.

O Mercado Comum Europeu

No início do século XXI, uma Europa economicamente e, cada vez mais, politicamente unida dá testemunho do sucesso do Plano Marshall e do espírito que lhe era subjacente. Em 1950, com o plano já bem encaminhado no Ocidente, três antigos protagonistas do período de guerra, França, Itália e Alemanha Ocidental, juntaram forças com os estados menores do "Benelux" (Bélgica, Países Baixos**, Luxemburgo) para formar a Comunidade Europeia do Carvão e do Aço. Desse pequeno começo, mas significativo, nasceram as sementes do Mercado Comum Europeu e, em última análise, da União Europeia.

---

* Franklin Delano Roosevelt. (N. do T.)

** *Netherlands* em inglês, daí o NE de Benelux. (N. do T.)

Em 1957, o Tratado de Roma fundou a Comunidade Econômica Europeia. Os estados membros optaram por um mercado aberto, onde o comércio pudesse ser realizado sem restrições através de suas fronteiras. Em 1973, três novos estados (Grã-Bretanha, Dinamarca e Irlanda) estenderam seu "Mercado Comum" a nove membros e hoje, agora oficialmente chamada de União Europeia, a organização se encontra à beira de incluir quase todos os estados europeus a oeste da Rússia. Mesmo a Suíça, que há séculos tem resistido assiduamente a alianças internacionais de qualquer espécie, está tentada a se associar.

Como veremos, esse processo, começando com acordos de comércio através das fronteiras e culminando num bloco regional com todas as estruturas de um único estado federativo, não aconteceu por caso. Foi parte clara dos planos da Família da Estrela para o futuro do mundo (*ver* p. 283).

As Famílias da Estrela e a Maçonaria Hoje

Com o estabelecimento de uma Europa integrada, a questão é: alcançaram os seguidores de Salomão – as Famílias da Estrela – seu objetivo final? Pensamos que não. Mas desconfiamos que os planos da Família da Estrela estejam prestes a entrar numa fase final.

Certamente a Maçonaria, que começou como um cenário conveniente para a expressão dos ideais da Família da Estrela, é uma força esgotada na maioria das regiões do mundo. No início do século XXI, o quadro de associados do Ofício está em queda livre global. Medos de ambos os lados do Atlântico de que os maçons sejam exclusivistas e pratiquem o nepotismo, sempre procurando dar aos parceiros maçons uma "vantagem" nos negócios, nas profissões ou no governo, têm levado a uma insistência, no âmbito de certas profissões, de que a associação à Maçonaria seja tornada pública. Isso é particularmente verdadeiro no caso da polícia e do judiciário. O suposto sigilo da Maçonaria tem indubitavelmente alimentado tais alegações e levado a uma série de mitos modernos de maçons ajudando-se uns aos outros, inclusive ignorando a lei.

Como já indicamos, além de não ser mais profissionalmente útil ser maçom, é até muito provável que isso atue em detrimento de certas expectativas de carreira. Certamente, tal associação é permitida na polícia britânica, mas é um obstáculo permanente à promoção.

Mencionamos (*ver* capítulo 12) que alguns teóricos da conspiração afirmam acreditar que nosso planeta está sendo dirigido para uma "Nova

Ordem Mundial" – que definem como um estado global unipartidário, no qual o nacionalismo se tornará uma coisa do passado e onde todas as pessoas estarão submetidas ao mesmo governo mundial. Seus líderes, eles nos dizem, não serão mais eleitos democraticamente, mas se elegerão a si próprios dentre uma pequena e sigilosa oligarquia.

Quem exatamente se encontra por trás dessa mãe de todas as conspirações parece depender das filiações religiosas e políticas dos que a propõem. Para alguns é um complô fomentado por instâncias principalmente econômicas, por exemplo, ricas famílias de banqueiros, empresas petrolíferas ou empresas farmacêuticas. Inevitavelmente, no mundo da teoria da conspiração, o antissemitismo também levanta sua cabeça feia quando somos informados de planos judaicos secretos para controlar o mundo. Algumas pessoas chegam a sugerir, um tanto bizarramente, que a família real britânica encabeça a conspiração. Como era de se esperar, os maçons são alvos particularmente populares para acusações de cumplicidade na Nova Ordem Mundial. Na outra ponta do espectro, há também aqueles que sugerem que a Nova Ordem Mundial não será de maneira alguma sinistra e que será criada para o bem da humanidade.

Achamos divertido que o mundo seja dividido em dois grupos: os que pensam que estão sendo alvo de conspiração e os que negam toda a ideia de conspirações. A maioria dos teóricos da conspiração está concentrada num acontecimento específico, como os que acreditam que os pousos na Lua são uma falsificação ou que a princesa Diana foi assassinada. Essas pessoas tendem a se agarrar primeiro à ideia e depois a procurar um indício que pareça dar suporte à noção. Nenhuma soma de contra-argumentação ou prova em contrário teria a possibilidade de alterar suas opiniões.

No outro extremo estão as pessoas que rejeitarão *qualquer* ideia de que por trás de certos acontecimentos possa haver algum tipo de conspiração. Isso é certamente insensato. Uma conspiração é um fenômeno humano inteiramente normal. Não precisa de nada mais que duas ou mais pessoas agindo discretamente, e em conjunto, para obter alguma espécie de vantagem. A frase "é apenas uma teoria da conspiração" é agora usada de forma irrefletida para rejeitar qualquer explicação não ortodoxa ou não tradicional.

Provavelmente é verdade que a maioria das pessoas acredita na teoria "do acaso e do aleatório" na história, em que coisas boas e más acontecem, no fundamental, por circunstâncias puramente fortuitas. A história é vista como uma série de acontecimentos casuais sobre os quais, a longo prazo, os seres humanos têm pouco controle.

Em grande parte temos de concordar com isso. Contudo, também acreditamos que há indício de uma mão – ainda que vacilante – tentando realmente há muito tempo conduzir o leme do desenvolvimento social, político e econômico no mundo ocidental. É a mão dos que, por conveniência, temos chamado de Famílias da Estrela, cujos ancestrais remotos foram incumbidos por Salomão de criar um mundo vivendo em harmonia. Os seguidores de Salomão podem não ter conseguido se tornar mestres do destino humano, mas não se deve negar que tenha sido esse seu objetivo. Além do mais, é provável que tenham tido mais influência sobre o curso dos acontecimentos históricos que qualquer outro grupo presente na história.

Os seguidores de Salomão guinaram do desastre ao sucesso e recuaram muitas vezes. Os picos do seu sucesso e influência ocorreram nos séculos XII e XIII e, de novo, do século XVIII ao XX. Podem não ter controlado a história, mas pelo menos contribuíram fortemente para tendências e desenvolvimentos históricos muito particulares, da economia da lã na Idade Média Europeia às Revoluções Americana e Francesa.

Mas as Famílias da Estrela ainda estão influenciando os acontecimentos de hoje?

Nossa opinião é que provavelmente sim – possivelmente nos níveis mais altos. Sob certos aspectos, a sociedade humana nunca foi mais difícil de ser dirigida do que agora, mas no mundo atual há, mais uma vez, uma única base de poder a ser infiltrada. No passado, a estrutura-chave de poder internacional estava baseada na Igreja Católica. O Vaticano não tem mais grande importância em termos políticos – mas a Casa Branca tem.

Parece-nos que a natureza frequentemente reativa e de curto prazo da política externa americana (como no Panamá, na Somália e no Iraque), impelida como é por indivíduos eleitos e ambiciosos, mascara a existência de pessoas poderosas que apreendem o "quadro geral" a prazo mais longo. Estas pessoas estarão conectadas, mas exteriormente, com os representantes eleitos do povo. É evidente que seria impossível trabalhar voltado para um "grande cenário" se indivíduos eleitos no curto prazo tivessem realmente a possibilidade de tomar decisões importantes. Muita gente, nos Estados Unidos e em outros lugares, expressa surpresa pela pequena capacidade dos homens eleitos para liderar essa superpotência.

Embora os líderes do nascente Estados Unidos fossem intelectuais e visionários do mais alto gabarito, ocupantes recentes da Casa Branca parecem a muitos ser pouco mais que testas de ferro para um "grande sorriso e um aperto de mão". Lembram o pessoal elegante da recepção que "saúda e recebe" os clientes de um restaurante enquanto cozinheiros invisíveis preparam a verdadeira magia. Os dias das antigas famílias como os Roosevelt, os Adam e os Taft parecem estar encerrados e é possível que a influência da Família da Estrela funcione agora mais como um "poder por trás do trono" que por meio de presidentes e primeiros-ministros. Talvez devêssemos procurar as Famílias da Estrela entre servidores públicos de alto escalão, banqueiros e financistas, porque o verdadeiro poder se encontra nesse tipo de mãos, mais que naquelas dos principais políticos.

As Famílias da Estrela e a Igreja Católica

Mas e os antigos senhores do Velho Mundo – o Vaticano? A Igreja Católica Romana ainda tem grande influência sobre os acontecimentos do mundo e ainda poderia ser um veículo importante para as Famílias da Estrela? Ao que parece não, nestes dias de crescente secularização e com uma queda dramática no número de cristãos praticantes – embora talvez devêssemos ser um tanto cuidadosos ao fazer uma declaração tão frontal.

Em abril de 1998, logo depois de *A Chave de Hiram* ter se tornado um *best-seller* na Itália, Chris Knight esteve na cidade italiana de Perúgia como principal orador da conferência anual da Grande Loja Italiana do Antigo e Primitivo Rito Maçônico de Mênfis e Misraim. Trata-se de um ramo internacional da Maçonaria, que foi um amálgama de duas tradições unidas pelo Grande Mestre Giuseppe Garibaldi – o homem que também ajudou a criar o moderno estado da Itália. O primeiro registro do Rito de Misraim remonta a 1738, mas o ritual reivindica grande antiguidade, envolvendo os templários e elementos de antigo conhecimento egípcio.

Quando o Rito (loja) publicou a lista dos oradores, o Grande Mestre, professor Giancarlo Seri, recebeu um telefonema de uma figura importante do Vaticano. A pessoa perguntou se era verdade que Christopher Knight ia falar na conferência e, quando isso foi confirmado, o homem perguntou se seria possível enviar um observador. O Grande Mestre concordou com o pedido e perguntou se o outro tinha lido *A Chave de Hiram* e, se tivesse, o que tinha achado do livro. A resposta foi: "É um livro muito interessante... mas há certas coisas que não deviam ser ditas em público".

No decorrer da visita de três dias, o professor Seri disse a Chris que muitos cardeais e vários papas haviam sido maçons. Disse que o então papa João Paulo II não era maçom, mas que seu antecessor tinha sido. Giancarlo é um maçom do 97º grau – o nível mais alto em Mênfis e Misraim. Explicou que, incrivelmente, o Vaticano reconhece seu posto maçônico, concedendo-lhe o status equivalente ao de um bispo.

Afirmamos que houve uma política de longa duração de infiltração das Famílias da Estrela na Igreja Romana. Também sugerimos que, depois da Reforma, a Maçonaria se tornou, para elas, o caminho principal para a mudança social. Agora que Giancarlo Seri nos disse acreditar que a Maçonaria existe no Vaticano, surge a questão de saber se ainda poderia existir uma base de poder da Maçonaria dentro da Igreja Romana. Um homem certamente merece uma investigação mais detida. Seu nome é Annibale Bugnini.

Bugnini tinha 24 anos quando foi ordenado na Congregação da Missão (conhecida como vincentinos), em 1936. A partir de 1947, começou a se envolver no campo de estudos litúrgicos especializados, tornando-se diretor da *Ephemerides Liturgicae*, uma das mais conhecidas publicações litúrgicas da Itália. No ano seguinte, padre Bugnini foi nomeado secretário da Comissão para a Reforma Litúrgica do papa Pio XII e logo o designaram professor de liturgia na instituição pontifícia conhecida como Universidade da Propaganda Fide I (Propagação da Fé). Em 1957, ele era professor de liturgia sagrada na Universidade de Latrão.

Em 1960, o papa João XXIII nomeou Bugnini para o posto de secretário da Comissão Preparatória sobre a Liturgia para o Concílio Vaticano Segundo (Vaticano II) – uma posição que permitiu que ele exercesse considerável influência sobre o destino da Igreja. Bugnini ficou muito envolvido com o projeto do *schema* (plural *schemata*) preparatório, a minuta que seria colocada diante dos Padres do Concílio para discussão.

O Schema Bugnini, como foi chamado, foi aceito por uma sessão plenária da Comissão Preparatória Litúrgica numa deliberação votada a 13 de janeiro de 1962. Mas o cardeal Gaetano Cicognani, presidente da comissão e secretário de estado do Vaticano, recusou-se a assiná-lo ao perceber até que ponto iam as reformas que ele propunha.

Bugnini sabia que, a menos que o cardeal pudesse ser persuadido a assinar, o *schema* seria bloqueado. Ele rapidamente conseguiu que fossem feitas gestões junto ao papa, que foi persuadido a instruir o cardeal Cicognani a não retornar até que o *schema* tivesse sido assinado. O velho cardeal, segundo os relatos, estava em lágrimas quando brandiu o documento no ar e disse: "Querem que eu assine isto, mas não sei se quero fazê-lo". Então estendeu o documento em sua mesa, pegou uma caneta e assinou. Quatro dias depois estava morto.

A vitória de Bugnini, no entanto, foi de curta duração. O papa João ordenou repentinamente a exoneração do padre Bugnini de sua cátedra na Universidade de Latrão, da secretaria da Comissão Litúrgica e de todas as outras posições de destaque que ele mantinha. Os motivos para tal ação jamais foram tornados públicos, mas devem ter sido realmente muito sérios para levar um pontífice tolerante a agir de modo tão público e drástico contra um padre que tivera um papel tão importante na preparação do Concílio Vaticano.

Mas esse não foi o final do episódio. Emergiu um grupo pequeno, mas influente, de figuras da Igreja dando apoio ao Schema de Bugnini. O padre Edward Schillebeeckx, um professor belga de teologia dogmática na Universidade Católica de Nijmegen, descreveu-o como "um trabalho admirável". Ele foi finalmente aprovado sem alteração substancial, recebendo a aprovação quase unânime dos Padres do Concílio em 7 de dezembro de 1962, tornando-se a "Constituição sobre a Sagrada Liturgia" do Vaticano II.

Mas a Constituição não continha mais que parâmetros gerais. Para alcançar vitória total, o padre Bugnini e seus partidários precisavam ter o poder de interpretá-la e implementá-la.

O papa João XXIII morreu em junho de 1963 e, então, no dia de São João – o solstício de verão – daquele ano um novo papa foi escolhido. Giovanni Montini, de uma família nobre bastante conhecida por suas associações maçônicas, tornou-se o papa Paulo VI.

Sete meses mais tarde, o padre Bugnini foi nomeado para a posição crucialmente importante de secretário do Concílio. Por que o novo papa Paulo VI decidiu promover Bugnini a esse alto cargo depois de o papa João XXIII ter impedido que ele o conquistasse ainda não se sabe.

A influência do padre Bugnini aumentou muito quando ele foi designado para outro posto elevado, o de secretário da Sagrada Congregação para o Culto Divino. Estava agora na mais influente posição possível para consolidar as mudanças que planejava. Outros chefes de comissões e congregações vieram e se foram, assim como o próprio Concílio – mas o padre Bugnini continuou sempre no cargo.

Em 1974, o arcebispo Bugnini explicou que suas reformas tinham quatro estágios. Primeiramente, a troca do uso do latim na liturgia para o idioma local dos fiéis; em segundo lugar, a reforma dos livros litúrgicos; em terceiro lugar, a tradução dos livros litúrgicos; e em quarto lugar, a adaptação da forma romana da liturgia aos usos e ao universo mental de cada igreja individual ou sua "encarnação" neles. Esse processo equivalia à total eliminação de quaisquer vestígios remanescentes do antigo rito romano latino.

Mas então, no próprio momento de seu triunfo, Bugnini – já agora arcebispo – foi de novo exonerado. A princípio o mundo exterior não pôde compreender o que havia acontecido. Então, em abril de 1976, Tito Casini, o principal escritor católico da Itália, acusou publicamente Bugnini de ser maçom.

A prova de que Bugnini era maçom foi apresentada diretamente ao papa Paulo VI que, com toda a probabilidade, era ele próprio outro maçom. Mas o papa foi advertido de que, se não fosse tomada de imediato uma providência, o assunto se tornaria público.[3] O papa Paulo não tinha opção; o arcebispo Bugnini foi removido do cargo e toda a sua congregação dissolvida.

Será possível que os maçons, em tempos tão recentes, tenham mudado a Igreja Católica Romana, deixando-a irreconhecível? Parece que sim. E além disso, as mudanças extremamente abrangentes no culto católico romano cheiram a uma determinação da Família da Estrela para "conciliar" denominações cristãs e em seguida conectá-las melhor a outros padrões de crença que não são da família judeu-cristã.

Um antigo funcionário do Vaticano, o cardeal Ratzinger, chefe da Congregação para a Doutrina da Fé (a sucessora da Inquisição), disse: "Estou convencido de que a crise que estamos experimentando na Igreja deve-se, em grande parte, à desintegração da liturgia". Ratzinger culpou a Maçonaria e jamais a perdoou. Em novembro de 1983, ele declarou:

O julgamento negativo da Igreja com relação às associações maçônicas permanece inalterado, já que seus princípios sempre foram considerados irreconciliáveis com a doutrina da Igreja e, portanto, a filiação a elas continua proibida. Católicos que ingressam em associações maçônicas estão numa situação de pecado grave e não podem receber a Santa Comunhão. Autoridades eclesiásticas locais não têm a faculdade de pronunciar um julgamento sobre a natureza das associações maçônicas que possa incluir uma atenuação do julgamento acima mencionado.

O cardeal Ratzinger, claro, é o agora papa Bento XVI.

A Morte de um Papa

Em 26 de agosto de 1978, o cardeal Albino Luciani, de 65 anos, tornou-se o papa João Paulo I, em sucessão a Paulo VI. Seria um papado de apenas 33 dias e as circunstâncias de sua morte deram origem a uma série de teorias da conspiração envolvendo maçons.

Antes de sua elevação ao trono de São Pedro, Luciani fora considerado um conservador. Defendera, por exemplo, publicamente a encíclica do papa Paulo VI sobre costumes sexuais, que reafirmava a oposição da Igreja Católica ao controle artificial da natalidade. Uma vez empossado, no entanto, o novo papa começou a expressar reservas e causou considerável preocupação dentro do Vaticano quando se encontrou com representantes das Nações Unidas para discutir o problema da superpopulação no Terceiro Mundo.

Alguns, na ala liberal da Igreja, manifestaram a esperança de que o novo pontífice revertesse a diretriz sobre a contracepção. Contudo, numa conversa particular com Chris Knight, um funcionário do Vaticano afirmou que o objetivo da persistente oposição da Igreja Católica Romana à contracepção era poder contar com uma população numerosa no mundo "cristão" na eventualidade de uma futura grande guerra contra o islã. Esse planejamento a longo prazo ficaria inviável se a Igreja algum dia permitisse a contracepção, pois se ela fosse implementada, seria praticamente impossível colocá-la de novo sob controle.

Mas João Paulo I morreu sem produzir uma tal reversão de doutrina. O apoio contínuo de seu sucessor à condenação do controle artificial da natalidade tem levado alguns a sugerir que João Paulo I foi na verdade assassinado para que não pudesse tomar outras iniciativas. E as circunstâncias de sua morte de fato parecem um tanto suspeitas.

A causa da morte como oficialmente relatada pelo Vaticano estava "possivelmente associada com um infarto do miocárdio". Isso nada acrescenta, visto que é um ataque do coração – a causa mais comum de morte no mundo. Sem compreender o que *causou* o presumido ataque cardíaco, é impossível saber se ele se deveu a uma causa natural ou não natural. Jamais saberemos porque nenhuma autópsia foi executada. O Vaticano insistiu que uma autópsia papal era proibida pela lei vaticana – sabe-se, no entanto, que foi realizada uma autópsia nos restos mortais do papa Pio VIII.

Vários amigos íntimos do papa falecido afirmam que mandaram que eles se afastassem quando o cadáver foi submetido a uma espécie de exame, talvez, sugerem alguns, a uma autópsia completa. Se assim aconteceu, o fato de nenhum resultado ter sido posteriormente divulgado pode sugerir que fora encontrada alguma evidência de que a morte de João Paulo não se devia a causas naturais, mas a um homicídio ou, talvez, a uma overdose acidental de medicamentos que o Vaticano não quisesse admitir.

A forma como o Vaticano manejou alguns outros acontecimentos cercando a morte provocou novas suspeitas. Ele afirmou que um secretário papal havia descoberto o papa morto, enquanto foi uma freira lhe trazendo café que fez a descoberta inicial. Além disso, foi afirmado que ele estivera lendo *Imitação de Cristo*, de Thomas A. Kempis, mas o exemplar que o papa possuía desse livro estava, na época, em Veneza. O Vaticano certamente mentiu sobre o momento da morte e foram contadas histórias conflitantes sobre a saúde do papa. Houve sugestões de que a má saúde se devia ao excesso de fumo – mas ele nunca fora fumante.

A Conexão Bancária do Vaticano

O investigador policial e escritor britânico David Yallop afirma que foi convidado a examinar as circunstâncias da morte de João Paulo I "a pedido de certos indivíduos residentes na Cidade do Vaticano, que desconfiavam de uma operação de encobrimento". Ele realizou uma investigação de três anos antes de publicar suas conclusões,[4] onde argumenta que o papa estava numa situação de "risco potencial" devido à alegada corrupção no Instituto per le Opere Religiose (comumente chamado de Banco do Vaticano), que possuía muitas ações em outro banco, o Banco Ambrosiano.

Yallop identificou um crime envolvendo dois antigos executivos do Banco Ambrosiano, a saber, o arcebispo Paul Marcinkus, presidente do Banco do Vaticano, e o presidente do Banco Ambrosiano, Roberto Calvi – que foi mais tarde encontrado enforcado sob a Ponte Blackfriars, em Londres. Yallop também fez o holofote se concentrar numa loja maçônica chamada Propaganda Due (P2), que supostamente operava dentro do Vaticano.

O Banco Ambrosiano fora fundado em 1896 como um banco católico para contrabalançar os bancos "leigos" da Itália, logo se tornando conhecido como o "banco dos padres". Nomeado seu presidente em 1975, Roberto Calvi expandiu os interesses do banco criando uma série de companhias *offshore* nas Bahamas e na América do Sul, e se envolvendo numa série de empreendimentos arrojados. Calvi também se envolveu com o Banco do Vaticano e era íntimo de Marcinkus. A complexa rede de bancos e companhias no exterior, organizada por Calvi, lhe permitiu tirar dinheiro da Itália para inflacionar os preços das ações e conseguir empréstimos enormes sem garantias.

A loja Maçônica P2 fora fundada em 1877, sob a jurisdição do Grande Oriente da Itália, como basicamente uma loja para atender aos maçons de visita ao Vaticano. Em meados da década de 1960 tinha apenas uns catorze membros permanentes, mas quando Licio Gelli, nessa mesma década, se tornou o Venerável Mestre da loja, ele expandiu rapidamente o quadro de filiados para mais de 1.000 maçons extraídos da elite econômica e governamental da Itália. Uma expansão tão súbita e rápida era incomum e o Grande Oriente da Itália, suspeitando de alguma atividade ilegal, retirou a carta patente da loja em 1976, impedindo Gelli de ter qualquer novo envolvimento com a Maçonaria.

A P2, no entanto, continuou existindo em caráter não oficial e foi objeto de uma batida policial em 1981, quando foram então encontradas provas incriminadoras contra Calvi, que foi detido, julgado e sentenciado a quatro anos de prisão. Ele foi, contudo, libertado até o julgamento de um recurso e conservou sua posição no banco.

A batida policial descobriu uma lista de associados da loja P2 com mais de 900 nomes. Os maçons envolvidos incluíam muitos políticos importantes e vários antigos oficiais militares. Vale a pena destacar que a lista incluía Silvio Berlusconi, que mais tarde se tornaria primeiro-ministro italiano, e Victor Emmanuel, príncipe de Nápoles e chefe da antiga dinastia governante da Itália, a casa de Saboia – que acreditamos firmemente ser uma Família da Estrela.

Outro documento encontrado pela polícia intitulava-se *Piano di Rinascita Democratica* ("Plano de Renascimento Democrático"), que era uma exposição do grande plano da loja de formar uma nova elite política e econômica para levar a Itália a uma forma mais autoritária de democracia. Isso levou à queda do governo italiano e à demissão de todo o escalão superior dos serviços secretos, porque correta ou erradamente eles tinham se associado ao plano.

Em 1982, enquanto Calvi ainda estava em liberdade, aguardando o julgamento do recurso, foi descoberto que o Banco Ambrosiano não conseguia explicar a entrada de mais de 1,25 bilhões de dólares. Calvi fugiu para Londres. Sua secretária particular cometeu suicídio atirando-se pela janela da sala que ocupava. Quando Calvi foi encontrado enforcado na Ponte Blackfriars, em 18 de junho, as circunstâncias não sugeriam suicídio, embora fosse esse o veredito do inquérito britânico. O Banco Ambrosiano logo desmoronou e o Vaticano finalmente concordou em pagar uma soma substancial a seus credores, mas sem aceitar a responsabilidade.

São de fato águas barrentas. Mas parece que a Maçonaria e o Vaticano foram parceiros durante muitos anos, apesar da nítida dicotomia de propósito. Uma e outro são sigilosos, cada qual a seu modo, e ambos procuraram, ou procuram, influenciar o futuro da humanidade. Numa conversa com um padre católico romano, argumentamos como era duvidoso que muitos cardeais realmente acreditassem no mito de Cristo – ou mesmo na existência de um Deus interativo. Ficamos atônitos ao receber a resposta de que provavelmente era uma avaliação correta e que a missão do Vaticano era hoje mais política que teológica.

Parece-nos óbvio que existem duas facções nitidamente distintas em ação dentro do Vaticano. Embora, por um lado, possam ser encaradas meramente como os habituais liberais e conservadores, nossa atual percepção histórica demonstra uma possível batalha no interior da elite dirigente do catolicismo que vem ocorrendo desde os tempos medievais. Não há dúvida de que os membros da Família da Estrela desfrutaram, às vezes, de posições elevadas no Vaticano e que vários papas foram claramente membros da Família da Estrela. Os fatos cercando mudanças recentes e radicais nas formas de culto católico, a morte do papa João Paulo I e todo o incidente Calvi podem perfeitamente indicar que a presença da Família da Estrela ainda é forte por trás daqueles muros antigos e sagrados.

Um Mundo em Desenvolvimento

Governos e organizações globais procuram dirigir o futuro para todos nós. E por causa ou apesar disso, a vida está ficando melhor para a maioria das pessoas no mundo ocidental e um pouco mais esperançosa para os que vivem em países do Terceiro Mundo.

Por mais difícil que seja alcançar um entendimento global, pessoas e governos vêm se esforçando para chegar a planos de ação comuns para se opor às injustiças do passado, não apenas as cometidas contra nossos semelhantes, mas também contra o próprio planeta em que vivemos. No Ocidente, pelo menos, a responsabilidade por questões que antigamente competiam inteiramente a facções dirigentes da elite assumiu agora um caráter individual, dando a todos nós algo para dizer acerca de nosso próprio destino e do destino de nosso próximo. Em tempos de crise, pessoas comuns no Ocidente correm hoje para ajudar a alimentar o faminto e curar o doente em lugares distantes, com os quais não têm ligação direta, pessoal. Naturalmente há muitas ocasiões em que ainda observamos pessoas e estados agindo por interesse próprio, ambição, hipocrisia e onde a duplicidade pode ser vista como motivação primeira, mas o simples fato de percebermos que esse é o caso significa que podemos fazer mais e que podemos continuar a nos esforçar para tornar o mundo um lugar mais agradável e mais justo. Como disse o Dalai Lama, o fato de que "as notícias" sejam quase sempre más notícias significa que as boas notícias, ou mesmo as notícias comuns, se tornaram coisas excessivamente banais para que valha a pena reportá-las.

Por qualquer definição, ainda estamos longe de criar a Nova Jerusalém guardada no coração e mente dos visionários nos últimos 3.000 anos. Mas o conceito continua vivo em nossa mente e, embora haja um longo, longo caminho à frente, devemos recordar o velho provérbio chinês: toda jornada começa com o primeiro passo.

O Grupo Bilderberg

Talvez as Famílias da Estrela ainda sejam fortes nos escalões superiores da Maçonaria, mas duvidamos disso. Como sugerimos, o Ofício tem trilhado seu caminho em função delas. É possível, contudo, que a influência da Família da Estrela tenha estado relacionada com o desenvolvimento do "Grupo Bilderberg", uma conferência não oficial anual, só para convidados, de cerca de 100 pessoas influentes nos campos dos negócios, da universidade, da mídia e da política. Essa assembleia de elite tem se encontrado anualmente desde 1954, na maior parte desse tempo em segredo, em *resorts* exclusivos espalhados pelo mundo, normalmente na Europa, embora às vezes nos Estados Unidos ou no Canadá.

A intenção original do Grupo Bilderberg era promover a compreensão entre a Europa Ocidental e a América do Norte. A cada ano, um "comitê organizador" prepara a lista selecionada de convidados com um máximo de

100 nomes. A localização do encontro anual não é mais secreta e a agenda e lista de participantes ficam abertamente à disposição do público. Mas, para incentivar uma total franqueza entre os participantes, os tópicos dos encontros são mantidos secretos e é obtido dos presentes o compromisso de não divulgar o que foi discutido.

Membros recentes ou habituais do Bilderberg incluem: o ex-presidente Bill Clinton, Tony Blair, Angela Merkel (chanceler da Alemanha), Paul Martin (ex-primeiro-ministro canadense), Stephen Harper (primeiro-ministro canadense), Romano Prodi (primeiro-ministro italiano e ex-presidente da Comissão Europeia), Henry Kissinger (ex-secretário de estado dos EUA), Richard Perle (ex-secretário da defesa dos EUA) e Donald Rumsfeld (secretário da defesa dos EUA).

Temos a firme convicção de que as Famílias da Estrela estão presentes porque o Grupo Bilderberg parece demonstrar um senso de direção que ultrapassa qualquer centro óbvio de iniciativa. O Grupo Bilderberg, em si, pode ter pouco poder para alterar qualquer coisa de substancial no mundo, mas seu combinado de sócios inclui indivíduos que têm iniciativas pioneiras na sociedade ocidental ou influência significativa na tomada de decisões em altos níveis. Especificamente, membros poderosos do Grupo Bilderberg, como Clinton ou Blair, podem realmente não ser eles próprios membros da Família da Estrela, mas podem perfeitamente ser influenciados pelos membros do Bilderberg que são.

A Questão de Israel

Um outro tópico importante precisa ser examinado antes de concluirmos nosso estudo. Por que os Estados Unidos apoiam o estado de Israel se não recebem nada em troca, a não ser a crescente frustração do mundo muçulmano que, em algumas áreas islâmicas radicais, se expressa agora como terrorismo? O desastre de 11/9 provavelmente não teria acontecido se os americanos não tivessem dado dinheiro, armas e apoio político a Israel durante muitas décadas, enquanto pareciam mostrar consideravelmente menos entusiasmo em atender às queixas dos palestinos.

Durante anos, observadores ao redor do mundo têm ficado perplexos quanto à razão que teria Washington para manter um apoio militar, financeiro e diplomático em grande escala a Israel. Bem mais de três bilhões de dólares em ajuda militar e econômica são mandados anualmente para Israel e essa ajuda raramente é questionada no congresso por liberais, que normalmente questionam a ajuda americana a governos comprometidos com violações generalizadas de direitos humanos, ou por conservadores, que em geral se opõem a qualquer tipo de ajuda externa. Embora todos os países ocidentais concordem que Israel tem o direito de existir em paz e cuidar de sua segurança, nenhum outro país fornece armas ou apoio diplomático no nível dos Estados Unidos. Em seu veemente apoio a Israel, a Casa Branca frequentemente se vê isolada nas Nações Unidas, e em outros fóruns internacionais, quando são levantadas objeções sobre fatos encarados como violações israelenses do direito internacional.

Embora o respaldo americano a sucessivos governos israelenses, como à maioria de suas decisões em política externa, seja frequentemente racionalizado com argumentos morais, há poucos indícios de que, na orientação da política americana para o Oriente Médio, imperativos morais tenham papel mais determinante que na orientação da política americana para qualquer outra parte do mundo. A maioria dos americanos de fato compartilha um compromisso moral com a sobrevivência de Israel como estado, mas isso não explicaria o nível do apoio financeiro, militar e diplomático fornecido por seu governo. A ajuda americana vai bem além de cobrir as necessidades de segurança de Israel dentro de suas fronteiras internacionalmente reconhecidas. A assistência americana inclui suporte a ações nos territórios ocupados que frequentemente transgridem estabelecidos padrões legais e éticos de procedimento internacional.

Uma explicação simples, frequentemente apresentada, é que esse apoio decidido dos Estados Unidos a Israel é instigado por judeus americanos ricos que pressionam sucessivos governos a manter e aumentar tal apoio à sua terra natal espiritual. Mas isso parece uma resposta muito improvável. Desconfiamos que haja, em Washington, tanto antissemitismo quanto apoio à "causa judaica" – e a maioria dos políticos será certamente ambígua acerca da questão. Certamente, o preço do apoio americano é alto demais para se dever ao *lobby* de um grupo minoritário, mesmo tão influente quanto a "comunidade empresarial judaica".

Se o pretenso "*lobby* judeu" fosse a causa do respaldo proporcionado pelos Estados Unidos a Israel, seria justo esperar que esse apoio tivesse existido desde a fundação do estado judaico, em 1948. Contudo, a ajuda militar e econômica americana só começou após a guerra de 1967. O fato é que a assistência militar americana a Israel só aconteceu para valer depois de

Israel ter provado que era de longe a força dominante na região em torno de Jerusalém – a antiga Terra Santa. Os israelenses tinham mostrado que podiam se defender dos estados que os cercavam, agissem estes isoladamente ou em conjunto, e que sem a menor dúvida iam ser os governantes a longo prazo de Jerusalém.

Parece-nos que Washington tem estado mais interessado em apoiar quem quer que controle a antiga Terra Santa do que em dar apoio ao moderno estado judeu em particular. O padrão da ajuda dos Estados Unidos a Israel nos conta sua própria história. Imediatamente depois da vitória decisiva de Israel na guerra de 1967, a ajuda americana aumentou em *450%*.

Então, em seguida à Guerra Civil de 1970-71, no Jordão, quando o potencial de Israel para reprimir movimentos revolucionários fora de suas fronteiras ficou claro, a ajuda americana teve um aumento de incríveis 700%. E de novo, depois de Israel ter repelido com êxito os exércitos árabes que lançaram um ataque de surpresa na guerra do Yom Kippur de 1973, a ajuda militar americana subiu outros 800%.

Quanto mais o governo israelense dava provas de que dominava a região, maior se tornava a ajuda americana. Em 1983, quando os Estados Unidos e Israel assinaram memorandos de entendimento sobre cooperação estratégica e planejamento militar, realizando depois suas primeiras manobras conjuntas aeronavais, Israel recebeu um adicional de 1,5 bilhões de dólares em ajuda econômica e 500.000 dólares para o desenvolvimento de um novo caça a jato.

Esse apoio ao cavalo que parece favorito na corrida pelo controle da Terra Santa continua inalterável até o presente momento. E isso apesar das palavras de conservadores de destaque no governo de George W. Bush (incluindo o antigo secretário de estado Colin Powell), advertindo que um apoio aparentemente incondicional ao governo de Israel tornaria mais difícil obter a plena cooperação de governos árabes na campanha contra a rede al-Qaeda.

Outro fator que tem de ser reconhecido é que a direita cristã nos Estados Unidos, representando dez milhões de votos para o Partido Republicano, tem dado apoio generalizado a Israel. Seu ponto de vista parece estar baseado numa teologia messiânica que vê o retorno dos judeus à Terra Santa como precursor da segunda vinda do Messias. A batalha entre Israel e os vizinhos árabes é, a seus olhos, simplesmente uma continuação da batalha entre os israelitas e os filisteus – algo que antecipa a vinda de uma nova era messiânica: o alvorecer de uma Nova Ordem Mundial.

E talvez isso esteja mais próximo da verdadeira motivação dos Estados Unidos do que se possa esperar.

Achamos estranho que o único apoio incondicional à invasão do Iraque pelo presidente George W. Bush, em 2003, tenha vindo do primeiro-ministro britânico Tony Blair. Foi como se os dois homens tivessem alguma evidência que estivesse sendo ocultada do público e de todos os outros líderes nacionais – inclusive dentro da OTAN. E de novo, quando Israel invadiu o Líbano, em 2006, esses dois influentes líderes ocidentais ficaram, de início, praticamente sozinhos ao não fazer qualquer tentativa para estabelecer um cessar-fogo, apesar dos pedidos mundiais por um.

Mas os dois são cristãos. O presidente é metodista e Tony Blair anglicano, mas com simpatias fartamente noticiadas pelo Catolicismo Romano (sua esposa, uma advogada de destaque, é católica e ele tem frequentado missas). Poderiam eles saber de algo *realmente* muito secreto que afetasse Israel? Poderia haver algum plano maior sendo executado que envolva ou tenha sido instigado pelas Famílias da Estrela?

O Jogo Final: um Mundo Unido

Nossas dezenas de anos combinados de pesquisa implicaram o exame de grandes quantidades de informação complexa. Usando técnicas forenses, fomos capazes de identificar nítidos padrões na história que, como mostramos, revelam a presença de um grupo que chamamos coletivamente de "Famílias da Estrela". Quando as circunstâncias do passado são encaradas holisticamente, e não de modo artificial e esquemático, seria absurdo negar que acontecimentos como os que ocorreram na Europa e na Terra Santa no século XII não estejam conectados.

Contudo, é muito mais difícil enxergar nosso próprio tempo com a mesma clareza, porque certos acontecimentos reveladores e cruciais podem ainda não ter acontecido. É portanto necessário que especulemos um pouco. Nossas pesquisas nos levaram a compreender e até mesmo a experimentar uma empatia pelos valores e objetivos desse grupo invisível de seguidores encontrados na época do rei Salomão. Assim, especulando sobre o presente e o futuro, somos capazes de nos perguntar: o que faríamos se estivéssemos no lugar deles?

O objetivo maior das Famílias da Estrela é unificar: criar um mundo único sobre o qual Deus possa governar. Desejam derrubar barreiras internacionais e unificar o relacionamento do homem com Deus sem interferir no direito de qualquer pessoa seguir suas próprias preferências religiosas. Querem uma sociedade global tolerante e próspera, onde a economia seja justa e a riqueza e justiça distribuídas com equidade.

Economia justa e prosperidade compartilhada, elas acreditam, são um meio muito melhor de impedir a guerra do que armas acumuladas e ameaças de destruição. Assim, se fôssemos os líderes das Famílias da Estrela hoje, procuraríamos criar blocos de estados, economicamente interdependentes, que possam se desenvolver tanto em extensão quanto em profundidade.

Por exemplo, procuraríamos converter um grupo de países vizinhos recentemente em guerra num bloco de comércio. Ele ganharia profundidade por meio de estruturas sociais cada vez mais compatíveis umas com as outras, como legislação comercial, direito criminal, política exterior e tributação. Ao mesmo tempo, procuraríamos aumentar a extensão do bloco atraindo os países ao redor até que toda uma região ou continente se chegasse a ver como entidade única – um povo unido.

Comentamos anteriormente sobre a criação da Comunidade Econômica Europeia no rastro do Plano Marshall (*ver* p. 302). Hoje, numa única geração, a Comunidade Econômica Europeia se tornou quase uma confederação de 27 países com um futuro compartilhado sob a bandeira da União Europeia. Oito das admissões são estados que anteriormente faziam parte do Pacto de Varsóvia – inimigos recentes do Ocidente e nações satélites da União Soviética – e doze desses países já têm uma moeda comum na forma do euro. Croácia, Macedônia e o estado muçulmano da Turquia também estão prontos para se juntar à União Europeia. Quanto tempo vai demorar para que mesmo a Rússia solicite admissão?

É interessante observar que o euro foi introduzido com um valor de quase exatamente um dólar americano. Dificilmente isso aconteceu por mero acaso: um passo como esse seria óbvio para qualquer pessoa ou qualquer grupo que tivesse em vista uma potencial moeda mundial. Como disse Paul Volcker, ex-presidente do Federal Reserve dos Estados Unidos*: "Uma economia global exige uma moeda global".

Quantos anos se passarão antes que os Estados Unidos da América e os Estados Unidos da Europa façam convergir suas moedas? Desconfiamos que não serão tantos assim.

---

* O Banco Central Americano. (N. do T.)

E quando o Canadá e o México, parceiros dos Estados Unidos na nova Área Norte-Americana de Livre Comércio, estiverem finalmente agrupados aos Estados Unidos, adotando o dólar americano, como eles certamente o farão, não será oferecida a seus cidadãos uma taxa de câmbio de um dólar para o peso e o dólar canadense? Exatamente como a Alemanha Ocidental ofereceu bravamente um marco alemão por cada marco alemão do leste, quase sem valor, quando as duas Alemanhas foram mais uma vez unidas?

Olhando uma nova geração à frente, o mundo unificado precisará de uma capital global. Se fôssemos seguidores de Salomão, haveria uma só opção: Jerusalém.

A cidade está numa encruzilhada, tanto em termos políticos e sociais quanto físicos. No centro da Terra, em qualquer mapa antigo, se situa a cidade de Jerusalém. Mesmo hoje ela permanece no centro, tendo a Europa ao norte, a África ao sul, a Ásia a leste e as Américas a oeste. Como cidade santa para o judaísmo, o cristianismo e o islã, oferece uma localização neutra e única para uma verdadeira Nova Ordem Mundial.

Achamos provável que, assim que o estado israelense tenha alcançado um relacionamento relativamente estável com seus vizinhos, alguém num alto posto proponha discretamente que Jerusalém se torne a nova sede das Nações Unidas, uma área politicamente neutra não pertencente a qualquer país isoladamente. É provável que essa pessoa seja o secretário-geral das Nações Unidas. Ele ou ela poderá dizer as palavras, mas a ideia não será sua. Ela virá profundamente de dentro das Famílias da Estrela.

A partir daí, com a convergência de nações e moedas, será um passo natural converter Jerusalém na capital global de uma Terra Unida.

A meta visionária do rei Salomão terá sido atingida, mas de um modo muito além do que ele imaginou. A mais enigmática e às vezes a mais triste das cidades, aquela que sempre foi o umbigo do mundo, terá alcançado seu objetivo final:

A união harmoniosa da humanidade.

Pós-Escrito

A Questão de Rosslyn

Contamos a história de como acreditamos que um pequeno grupo de famílias influenciou o curso da civilização ocidental desde que elas se espalharam pelo mundo depois da queda de Jerusalém em 70 d.C. Acreditamos que as provas que expusemos são fortes demais para serem rejeitadas como uma série muito peculiar de coincidências.

Nossa metodologia de pesquisa é incomum nos dias e época atuais, porque é antes holística que especializada. Fazemos nossa síntese cruzando fronteiras entre especialidades de um modo que os acadêmicos modernos dificilmente fariam. Somos antes "detetives históricos" que catalogadores de acontecimentos passados, como poderíamos encontrar no departamento de história de uma universidade moderna. Não há, contudo, em nossas provas, elemento significativo que não seja derivado de fontes altamente respeitáveis em termos acadêmicos ou que não possa ser facilmente submetido a teste pelos estudiosos.

A investigação que conduzimos foi longa, árdua, e estamos confiantes de que identificamos claramente as mesmas "impressões digitais" reaparecendo em acontecimentos-chave nos últimos 2.000 anos. Não hão de faltar pessoas que rejeitarão o que temos a dizer, simplesmente porque não é aquilo em que desejam acreditar. Insistirão que o passado é apenas uma série de acontecimentos isolados que não podem ser conectados. Mas certamente a vida é toda ela conexões, influências, reações e, às vezes, conspirações.

Para que o passado seja compreendido, cada acontecimento crucial tem de ser encarado no contexto mais amplo possível para revelar algum padrão subjacente. Como nos disse um eminente estudioso: "Não sei se estão certos ou não, mas vocês ligaram os pontos da história melhor do que qualquer outra pessoa".

E então, estamos certos?

Acreditamos que temos um relato convincente que fornece a explicação mais plausível para o modo como o mundo é hoje. Simplesmente não existe outra teoria que explique de maneira lógica toda a evidência disponível. Contudo, há uma prova potencial que poderia, e deveria, ser investigada.

Trata-se da diminuta construção escocesa conhecida hoje como Capela Rosslyn.

Com o passar dos anos, Chris Knight tem levado a Rosslyn uma série de peritos de renome mundial e todos compartilharam nossa convicção de que se trata de uma estrutura muito especial. Os que compreendem a Jerusalém antiga, seu povo e seu Templo de Iahweh têm reconhecido de imediato a inegável relação. Os que entendem de pedra confirmam que ela é feita da mesma camada de rocha que o Templo de Jerusalém.

A explicação-padrão – que Rosslyn é a capela da senhora de uma igreja colegiada projetada, mas nunca construída – está indiscutivelmente errada. A possibilidade de essa teoria ser correta é de precisamente zero porque, como assinalou o dr. Miller da Cambridge University (*ver* capítulo 8), a parede oeste não está presa aos alicerces do edifício principal e qualquer tentativa de continuar a construção teria resultado no desabamento de toda a estrutura.

Defensores da teoria colegiada apontarão as "fundações" para a igreja colegiada, que se diz existirem no topo da colina vizinha. Mas ao chamar atenção para essa evidência, estão fortalecendo nossa argumentação. Como explicamos, essas fundações não podem de maneira alguma ser o que parecem, o que confirma que o conde William Sinclair e seus associados estavam agindo deliberadamente para enganar as pessoas. Estavam obviamente construindo alguma coisa *não autorizada*, que tinha de ser mantida oculta do mundo em geral e da Igreja em particular.

Considerando que todos os peritos em judaísmo antigo levados a Rosslyn (como Philip Davies e Tiago Charlesworth) confirmam que, além de ter um ar judaico, a capela possui um traçado especificamente herodiano, certamente nossa associação de Rosslyn com o Templo de Jerusalém tem de estar correta. E como as únicas palavras gravadas no edifício são palavras que eram cruciais para a reconstrução do Tempo de Zorobabel em Jerusalém, achamos que o caso não dá margem às ponderações de um debate.

John Richie, que morou toda a sua vida na cidadezinha onde Rosslyn se encontra, era originalmente partidário da explicação-padrão da suposta capela. Até, é claro, que estudou muito de perto o assunto e se tornou um inesperado convertido à explicação exposta neste livro. Ele e Alan Butler adiantaram recentemente novas evidências acerca do motivo pelo qual a capela é "dedicada" a São Mateus, como explicamos no capítulo 8.[1]

Por ocasião do lançamento do livro de Chris, *A Chave de Hiram*, em Rosslyn, em abril de 1996, um dos quatro curadores do edifício declarou publicamente que eles apoiariam uma escavação arqueológica. O professor Tiago Charlesworth, arqueólogo e estudioso dos Manuscritos do Mar Morto, compartilhava nossa crença de que os manuscritos essênios estavam escondidos sob Rosslyn e encaminhou pouco depois a proposta de uma investigação.

Ela não aconteceu.

Mas com o peso das novas evidências agora disponíveis, acreditamos que não é mais razoável continuar a impedir uma busca arqueológica tão importante. Rosslyn deve ser adequadamente examinada.

Convidamos, portanto, todos que estão envolvidos com Rosslyn, particularmente a Historic Scotland*, a entrar num debate público procurando avaliar os dados com equidade e justiça. A desorientação e o procedimento-padrão deliberadamente dissimulado devem ser postos de lado para que os fatos reais possam ser considerados.

O mundo está agora pronto para encarar a realidade do nosso passado – e compreender melhor nosso futuro. Esses documentos judaicos, antigos e que já foram tão secretos, têm de ser resgatados.

---

* Repartição do governo escocês encarregada de proteger o patrimônio histórico do país. (N. do T.)

Notas

Capítulo 1

1. De acordo com o historiador do século I, Josefo (*As Antiguidades Judaicas*, 2,10), Moisés tornou-se general do exército egípcio ao participar de uma grande guerra contra os etíopes. Em seu livro *The Works of Josephus*, William Whiston sugere que, embora a Bíblia não registre francamente que Moisés era um general egípcio, Atos 7.22 provavelmente confirma essa história.
2. Deuteronômio 2.31-35.
3. Knight, C. e Lomas, R., *Uriel's Machine*, Century, 1999.
4. Os autores se desculpam com quaisquer leitores hindus que possam achar nossa bem-intencionada explicação um tanto simplista.
5. O diabo realmente só se tornou um conceito efetivamente distinto quando a Igreja Cristã transferiu a responsabilidade por todo mal para o anjo caído da luz chamado Lúcifer, mais tarde também conhecido como Satã (uma palavra que, originalmente, nos Manuscritos do Mar Morto, significava "adversário"). Lúcifer era o antigo nome de Vênus e a ação da Igreja de atribuir todas as coisas ruins a Lúcifer, portador da luz e do conhecimento, foi uma tentativa de comprometer antigas crenças cercando a veneração de Vênus, que não se ajustavam à sua interpretação da história de Jesus. Eles foram bem-sucedidos nesse plano, visto que a verdade ficou de fato virada de cabeça para baixo.
6. Knight, C. e Lomas, R., *The Book of Hiram*, Century, 2003.

Capítulo 2

1. Daraul, A., *Secret Societies*, Tandem, 1969.
2. Schonfield, H., *The Essene Odyssey*, Element, 1984.
3. Josefo escreveu em *Antiguidades Judaicas* (Livro 18, capítulo 5, parágrafo 2): "Agora alguns dos judeus acharam que a destruição do exército de Herodes

vinha de Deus, e muito justamente, como punição do que ele fez contra João, que era chamado o Batista; pois Herodes assassinou João, que era um bom homem e mandava os judeus praticarem a virtude, como retidão de um para outro e piedade para com Deus, e chegassem assim ao batismo; pois que lavar [com água] seria aceitável para ele, se fizessem uso disso, não [para] o livramento [ou remissão] de alguns pecados [apenas], mas para a purificação do corpo; supondo ainda que a alma estivesse completamente purificada de antemão pela retidão. Agora quando [muitos] outros se juntavam em multidões em torno dele, pois estavam muitíssimo estimulados [ou satisfeitos] em ouvir suas palavras, Herodes, que temia que a grande influência que João tinha sobre o povo pudesse colocar o povo dependente do poder e inclinação dele para provocar uma rebelião (pois pareciam prontos a fazer qualquer coisa que João pudesse aconselhar), achou melhor, mandando executá-lo, evitar qualquer dano que ele pudesse causar, sem arranjar problemas para si próprio poupando um homem que poderia fazê-lo se arrepender disso quando já fosse tarde demais. Consequentemente, ele foi mandado como prisioneiro, devido ao temperamento desconfiado de Herodes, para Machaerus, o castelo que antes mencionei, e lá foi executado".

4. 1QM 11,16.
5. Josefo, *A Guerra Judaica*, 2,8,10.
6. Lucas 7.22-23 e Mateus 11.4-5.
7. Eisenman, R., *Tiago, the Brother of Jesus*: Watkins Publishing, 2002.
8. 1Qs 1,13-15 (Manuscritos do Mar Morto).
9. 1Qs 12,5.
10. Gálatas 1,15-16.
11. 1Coríntios 9,2-25.
12. Brandon G.F., *The Fall of Jerusalem and the Christian Church*. S.P.C.K., 1951.
13. Furneaux, R., *The Other Side of the Story*. Cassell, 1953.
14. Esta citação e a precedente são tiradas de *A Guerra Judaica*.

Capítulo 4

1. Para uma discussão mais completa *ver* Knight, C. e Lomas, R., *The Book of Hiram*. Century, 2003.
2. Fulk (ou Foucher) de Chartres, *Gesta Francorum Jerusalem Expugnantium*.
3. Registrado por Orderic Vitals, um membro e cronista da Família da Estrela que mais tarde, em 1132, se tornou padre em Cluny.

Capítulo 5

1. Kenyon, K. M., *Digging up Jerusalem*, Benn. 1974.
2. Allegro, J. M., *The Treasure of the Copper Scroll*. Garden City, NY: Doubleday, 1960.
3. Allegro, J. M., *The Dead Sea Scrolls and the Christian Myth*. Prometheus Books, 1984.

4. Herbert A. S., *The Song of Solomon*, Peak's Commentary on the Bible. Nelson, 1963.
5. Castano, Engels, Haverkamp e Heberer, *The Jews of Europe in the Middle Ages*. Hatje Cantz, 2005.

Capítulo 6

1. Bernier, F., *The Great Architects of Tiron, The Steps of Zion*. ULT, Arizona, 2005. O documento pode ser consultado na íntegra em http://www.frontierpublishing.nl/fb_tiron.pdf
2. Butler, A., *The Goddess, the Grail and the Lodge*, O Books, 2004; e *The Virgin and the Pentacle*. O Books, 2005.
3. Charpentier, L., *The Mysteries of Chartres Cathedral*. A. B. Academic Publishers, 1997.
4. Ochsendorf, J., "Bridging the Void", reproduzido em *New Scientist*, 10 de junho de 2006.
5. Ver capítulo 10.
6. *New Cambridge Medieval History*, vol. 5, cerca de 1198 – cerca de 1300, Cambridge University Press, 1999.
7. Vale a pena observar que os termos para "libra" ainda são usados coloquialmente na França (*livre*) e Alemanha (*Pfund*) para meio quilo (500g).
8. Ver http://yale.edu/lawweb/avalon/jeffplan.htm
9. Para uma descrição completa ver Knight, C., e Butler, A., *Civilization One*. Watkins, 2004.
10. Butler, A., *Sheep*. O Books, 2006.

Capítulo 7

1. Butler, A. e Dafoe, S., *The Warriors and the Bankers*. Templar Publishing, Toronto: 1999.
2. É interessante observar que o nome original dos templários era "Pobres Cavaleiros de Cristo e do Templo de Salomão"; nunca foram chamados "Pobres Cavaleiros de *Jesus* Cristo e do Templo de Salomão".

Capítulo 8

1. 1Reis, 8.1-2.
2. O principal calendário judaico é lunar, por isso o começo de um mês não pode combinar exatamente com o calendário solar ocidental. Tishri cai em setembro ou outubro, dependendo da Lua nova, já que a primeira visão da Lua após sua escuridão anuncia o início de um mês judaico. Depois do exílio babilônio, a maioria dos judeus adotou o calendário lunar babilônio e o *Rosh HaShanah* (o ano-novo) deslocou-se do equinócio da primavera para o equinócio de outono. Mas os essênios conservaram o calendário solar. Uma carta encontrada

em Qumran reprova duramente o uso do calendário lunar que fazia os dias santos caírem no dia errado da semana e do mês. Além disso, a biblioteca de Qumran incluía dezoito cópias do Livro dos Jubileus, que descreve o calendário solar essênio em detalhe. Na verdade, foi antes de mais nada a mudança no calendário que fez os essênios se separarem do clero de Jerusalém.

3. Citado em Wallace-Murphy, T., *An Illustrated Guide to Rosslyn Chapel*. The Friends of Rosslyn, 1993.
4. Crawford, Barbara, E., *William Sinclair, Earl of Orkney and His Family: A Study in the Politics of Survival*. Edimburgo, 1985.
5. Ver Knight, C., *The Hiram Key*. Arrow Books, 2006.
6. O romancista Dan Brown parece ter sido influenciado pela descoberta de Chris, porque em *O Código Da Vinci* Brown descreve a Capela Rosslyn como tendo um enorme Selo de Salomão gravado no chão de pedra. Não está gravado lá, mas poderia perfeitamente estar.
7. Ver *The Hiram Key*.
8. Os livros de Ezra e Neemias na Bíblia Católica eram antigamente conhecidos como Primeiro e Segundo Livros de Esdras (Esdras é uma forma grega de Ezra). O livro de Esdras, não canônico, era portanto chamado de Terceiro Livro de Esdras, mas é agora geralmente chamado de Primeiro Livro de Esdras (1Esdras) ou simplesmente Livro de Esdras.
9. Confirmado por Tessa Ransford, diretora da Biblioteca da Poesia Escocesa.

Capítulo 9

1. Em *The Hiram Key*. Arrow Books, 2006.
2. Informação fornecida pelo dr. Jack Miller com base em informação de estudo geológico.

Capítulo 10

1. Stevenson, D., *The Origins of Freemasonry: Scotland's Century 1590-1710*. Cambridge University Press, 1988.
2. Nota datada de 14 de maio de 1650 do Public Records Office, Londres, State Papers A, Interregnum A.
3. J. Summerson, *Sir Christopher Wren, P.R.S.* Notas e Anais da Royal Society of London.
4. Gilbert, A., *The New Jerusalem*. Londres: Corgi, 2002.
5. Lamentações 1.1.

Capítulo 11

1. Brown, R. H., *Stellar Theology and Masonic Astronomy*, D. Appleton e Co. Nova York, 1882.
2. O avental maçônico de George Washington pode ser visto no Museu do Templo Maçônico, Filadélfia.

3. Para maiores detalhes ver *The Virgin and the Pentacle*, de Alan Butler. O Books, 2005.
4. David Ovason, *The Secret Zodiacs of Washington D.C.* Arrow Books, 2000.

Capítulo 12

1. Das páginas históricas do site do Grande Oriente da França: http://www.godf.org/foreign/uk/index_uk.html.
2. A Maçonaria é compatível com o cristianismo, antes que uma extensão dele. Embora muitos maçons sejam cristãos, o único pré-requisito para a filiação é que o aspirante reconheça a existência de uma divindade.
3. Consideramos que a expressão "uma conquista dupla" indica o cristianismo de ambos os tipos, católico e protestante, mas poderia igualmente indicar a igreja católica e o papa.
4. Crétineau-Joly, *The Roman Church and Revolution*, cerca de 1860, editora desconhecida.
5. Apocalipse 17.18 (Bíblia do Rei Tiago).
6. Logo depois de se tornar maçom, no irromper da Guerra Civil Americana, Pike foi promovido a general de brigada e recebeu um comando no Território Índio, onde treinou três regimentos confederados de cavalaria indígena. Ele próprio foi frequentemente visto usando adereços indígenas. Pike é o único oficial do exército confederado a ser homenageado com uma estátua em Washington, D.C.

Capítulo 13

1. Rig Veda 1,164,46.
2. Kipling, R., *Banquet Night*.
3. Davies, M., *Liturgical Time Bombs in Vatican II*. Tan Books, 1998.
4. Yallop, D., *In God's Name*. Jonathan Cape, 1984.

Pós-Escrito

1. Butler, A. e Richie, J., *Rosslyn Revealed – A Library in Stone*. O Books, 2006.

Cronologia

a.C.

967	Lançada a pedra fundamental do Templo do Rei Salomão.
586	Destruição do Templo de Salomão pelos babilônios.
539	Início da construção do segundo Templo por Zorobabel.
166	Comunidade de Qumran fundada por sacerdotes essênios.
19	Herodes, o Grande, começa a reconstrução do segundo Templo.
7	Nascimento de Jesus sob a luz da *Shekinah*.
4	Morte de Herodes, o Grande.

d.C.

cerca de 32	João Batista é morto.
cerca de 33	Jesus dá início à pregação messiânica em seu quadragésimo aniversário.
36	Última data possível para a crucificação de Jesus.
62	Morte de Tiago, irmão de Jesus, no Templo.
66	Começa a guerra dos judeus contra os romanos.
68	Manuscritos e tesouros enterrados sob o Templo.
70	Destruição de Jerusalém e do Templo por Tito.
325	Concílio de Niceia convocado pelo imperador Constantino.
1066	Conquista normanda da Inglaterra sob William I.
1070	Nasce Hugo de Payen.
1071	Turcos seldjúcidas tomam Jerusalém.
1090	Nasce Bernardo de Clairvaux.
1095	Começa a Primeira Cruzada.
1099	Jerusalém tomada pelos cruzados; Godofredo de Bulhões eleito chefe. Henri de St. Clair assume o título de barão de Roslin (Rosslyn).

	Morte do papa Urbano II.
1100	Morte de Godofredo de Bulhões, primeiro rei de Jerusalém.
	Morte de William II, da Inglaterra.
	Balduíno I feito rei de Jerusalém.
1104	Hugo de Payen viaja para Jerusalém com o conde Hugo de Champagne.
1113	Bernardo ingressa na Ordem Cisterciense.
1114	Hugo de Payen e Hugo de Champagne visitam novamente Jerusalém.
1115	Bernardo se torna abade de Clairvaux.
1118	Nove cavaleiros, sob o comando de Hugo de Payen, começam a fazer escavações no Templo arruinado.
1120	Foucher de Anjou presta juramento para se unir aos templários.
1125	Hugo de Champagne presta juramento em Jerusalém, levando os templários a onze.
1128	Concílio de Troyes confere regra aos templários.
1136	Morre Hugo de Payen.
1140	Templários levam manuscritos do Templo para a Escócia.
1285	Filipe IV, o Belo, é coroado como rei francês aos 17 anos.
1292/3	Jacques de Molay eleito último Grande Mestre dos templários.
1307	Filipe IV prende todos os cavaleiros templários na França.
1447	Documentos que estavam embaixo do Templo de Jerusalém agora em Rosslyn.
1598	Primeiras atas documentadas de uma loja maçônica.
1601	Tiago VI dos escoceses se torna maçom.
1603	Tiago VI se torna Tiago I da Inglaterra.
1625	Tiago I morre; Charles se torna rei.
1641	*Sir* Robert Moray iniciado na Maçonaria em Newcastle.
1642	Começa a Guerra Civil Inglesa.
1646	Fim da fase principal da Guerra Civil Inglesa em Oxford.
	Elias Ashmole iniciado na Loja Warrington.
1649	Charles I executado; é instituída a república (a Comunidade).
1658	Morre Oliver Cromwell.
1660	Charles II restaurado como rei da Inglaterra.
1688	"Revolução Gloriosa" na Grã-Bretanha: Tiago II foge; William III e Mary II soberanos unidos.
1714	Primeiras atas registradas da Grande Loja de York.
1715	Primeira fracassada sublevação jacobita para restaurar a dinastia Stuart.
1717	Formação da Grande Loja de Londres.
1724	Formação da Grande Loja irlandesa.
1736	Formação da Grande Loja escocesa.
1745	Segunda sublevação jacobita.
1801	É formado o Supremo Conselho do Trigésimo Terceiro Grau para os Estados Unidos da América.

1813	Formação da Grande Loja Unida da Inglaterra.
1877	Loja maçônica "Propaganda II" (P2) fundada no Vaticano.
1947	Descoberta dos Manuscritos do Mar Morto, em Qumran.
1951	Começa a escavação de Qumran.
1954	Formado o Grupo Bilderberg com intelectuais e a elite política do mundo.
1955	Manuscrito de Cobre aberto e decifrado como um inventário de tesouros ocultos.
1976	O reformador da missa católica, arcebispo Bugnini, é acusado de ser maçom.
1978	O papa João Paulo I morre 33 dias depois de ser empossado.
1982	Roberto Calvi encontrado enforcado na Ponte Blackfriars.
1991	Primeiro acesso público à coleção completa dos Manuscritos do Mar Morto.

Bibliografia

Nota: extratos da Bíblia tirados da *Bíblia de Jerusalém – Nova edição revista e ampliada*, Ed. Paulus, 2002 e da *Bíblia e Hinário Novo Cântico*, traduzida para o português por João Ferreira de Almeida, coedição Sociedade Bíblica do Brasil, Cada Editora Presbiteriana, 1999.

Allegro, J. M., *The Dead Sea Scrolls and the Christian Myth*. Prometheus Books, 1984.

_____, *The Treasure of the Copper Scroll*. Garden City, Nova York: Doubleday, 1960.

Bernier, F., *The Great Architects of Tiron. The Steps of Zion*. ULT, Arizona, 2005.

Brandon, G. F., *The Fall of Jerusalem and the Christian Church*. Londres: SPCK, 1951.

Brown, R. H., *Stellar Theology and Masonic Astronomy*. Nova York: D. Appleton & Co., 1882.

Butler, A. e Defoe, S., *The Warriors and the Bankers*. Templar Publishing, Toronto: 1999.

Butler, A., *Sheep*. O Books, 2006.

_____, *The Goddess, the Grail and the Lodge*. O Books, 2004.

_____, *The Virgin and the Pentacle*. O Books, 2005.

Castano, Engels, Havercamp e Heberer, *The Jews of Europe in the Middle Ages*. Hatje Cantz, 2005. Charpentier, L., *The Mysteries of Chartres Cathedral*. AB Academic Publishers, 1997.

Crawford, Barbara, E., *William Sinclair, Earl of Orkney and his Family: A Study in the Politics of Survival*. Edimburgo, 1985.

Crétineau-Joli, *The Roman Church and Revolution*. Editora desconhecida, cerca de 1860.

Daraul, A., *A History of Secret Societies*. Tandem, 1969.

Davies, M., *Liturgical Time Bombs in Vatican II*. Tan Books, 1998.

Eisenman, R. H., *Tiago, the Brother of Jesus*. Londres: Watkins, 2002.

Furneaux, R., *The Other Side of the Story*. Londres: Cassell, 1953.

Gilbert, A., *The New Jerusalem*. Londres: Corgi, 2002.

Herbert, A. S., *Peak's Commentary on the Bible: The Song of Solomon*. Londres: Nelson, 1963.

Kenyon, K. M., *Digging up Jerusalem*. Londres: Benn, 1974.

Kipling, R., *Banquet Night*.

Knight, C. e Butler A., *Civilization One*. Londres: Watkins, 2004.

Knight, C. e Lomas, R., *The Book of Hiram*. Londres: Century, 2003.

_____, *Uriel's Machine*. Londres: Century, 1999.

_____, *The Hiram Key*. Londres: Arrow Books, 2006.

Miller J., dr., "Geological surveying information", *New Cambridge Medieval History*, vol. 5. Cambrige University Press, 1999.

Ochsendorf, J., *Bridging the Voice*. Relatado no *New Scientist*, 10 de junho de 2006.

Ovason, D., *The Secret Zodiacs of Washington D.C.* Londres: Arrow Books, 2000.

Schonfield, H., *The Essene Odyssey*. Shaftesbury, Inglaterra: Element, 1984.

Stevenson, D., *The Origins of Freemasonry: Scotland's Century 1590-1710*. Cambridge University Press, 1988.

Summerson, J., *Sir Christopher Wren PRS*. Notas e registros da Royal Society of London.

Wallace-Murphy, T., *An Illustrated Guide to Rosslyn Chapel*. Editora e data desconhecidas.

Whiston, William, *The Works of Josephus*. Hendrickson Publishers, inc., 1987.

Williamson, G.A. (trad.), *Josephus and The Jewish War*. Harmondsworth, Inglaterra: Penguin, 1981.

Yallon, D., *In God's Name*. Londres: Jonathan Cape, 1984.